KB050656

철학과 함께하는 행복한 삶을

정진일

박영사

"나는 사람이 사는 목적은 사랑하고, 예지(叡智)를 활용하며, 창조하는 것이라고 말하고 싶습니다. 나는 사람이 이 세 가지 목적을 수행하기 위하여 모든 능력과 정력을 바쳐야만 된다고 생각합니다. 그리고 필요하다면 이 목적을 성취하기 위하여 자신을 희생하지 않으면 안 된다고 생각합니다. 희생이 없이 이러한 목적을 달성할 수 있다면 오죽 좋겠습니까만, 가치 있는 것은 자기희생을 요구할지도 모르며, 또한 만일 가치가 있다고 여겼을 경우에 여러분은 자기희생조차 서슴지 않을 마음가짐을 가져야 한다고 생각합니다."

A. 토인비, 홍사중 옮김 『대화』 22면.

머 리 말

이 책은 씩씩하고 건강하게 자라고 있는 귀여운 손주들을 지켜보면서 '어떻게 하면 이 애들이 잘 커서 훌륭한 사람이 되어 행복하게 살아갈 수 있을까?' 하는 생각을 하면서 쓰게 된 것이다.

사람들은 자식을 낳고 또 손주를 보면서 흐뭇해하고 기뻐하고 행복해한다. 더구나 애들이 부모의 뜻을 잘 따라 공부도 열심히 하고 운동도 잘하며 친구들과도 잘 어울리면서 성장하고 있는 것을 지켜보노라면 더없이 즐겁고 흐뭇할 것이다.

나는 할아버지로서 손주들에게 어려운 세상을 살아가는 데 무엇인가 도움이 되는 말을 해주고 싶기도 하였지만, 멀리 떨어져 살기 때문에 차분히 말해줄 기회도 없을 뿐만 아니라, 다 잘 하고 있는데 쓸데없는 군소리가 될 것 같기도 하여 참아버리고 말았다.

그러나 철학을 모르고 인생을 살아간다는 것은 목적지도 없이 여행하는 것과 같다. 철학 곧, '인생을 어떻게 사는 것이 바람직할 것인가?'를 공부하고 가르쳐 온 사람으로서 사랑하는 손주들에게 '길다고 하면 길고, 짧다고 하면 짧은 인생'을 어떻게 사는 것이 현명하게 사는 것이며, 가치 있게 사는 것이며, 행복하게 사는 것인가를 말해주기 위해서 이 책을 쓰게 되었다. 가까이 두고 읽고 또 읽기를 바라면서….

사람은 누구나 할 것 없이 행복하게 살기를 원한다. 행복하게 살기 위해서는 무엇보다도 먼저 우리가 살고 있는 이 세계가 어떤 것인가를 알아야 하고, 인간은 어떤 존재인가도 알아야 한다.

그래서 먼저 현대 과학이 밝혀 놓은 세계와 인간의 기원과 특징을 간단히 살펴보았다. 그리고 오늘의 우리나라 국민들이 신념으로 삼고 살아온 5대 이념 혹은 철학이라 할 수 있는 서양철학과 기독교, 그리고 도가철학과 불교철학과 유교철학의 세계관과 인간관에 관하여 알아보았으며, 인간은 선한 존재이며 지성을 발휘하여 문화를 창조하는 존엄한 존재이며, 자아를 실현하는 존재라고도 하였다. 다음으로 행복의 기본이 되는 일, 건강 · 장수, 그리고 휴식과 취미활동 중 중요하다고 생각되는 독서와 등산에 대하여 살펴보았다. 그 다음으로 사랑과 결혼과 가정 내지 가족의 문제를 알아보았다. 끝으로 행복론과 행복한 삶을 살아가기 위한 마음가짐과 사람들과 더불어 보다 더 가치 있게 사는 것이 어떤 것인지를 알아보았다.

그리고 모든 항목마다 이해를 돕기 위하여 그와 관련된 이야기를 삽입하였다. 진리와 정의를 위하여 어떠한 난관에도 굴하지 않고 인생을 꿋꿋하고 성실하게 살아간 철학자들을 많이 소개하였다. 그들의 거짓 없고 정의롭고 성실한 삶 속에서 진정한 행복이 무엇인가를 엿볼 수도 있기 때문이다.

나는 고교생들이 읽어야 할 철학 책으로 『동양의 지혜』와 『서양의 지혜』를 쓰고, 대학교 교양철학 교재로 『철학개론』을 썼는데, 후자는 거의 40년을 중단 없이 출판되고 있는 유일한 책이 되었다. 이에 힘입어서 『유교철학원론』 『도가철학개론』 『동양철학개론』 『중국철학사』 『서양철학개론』 『서양철학사』 『불교철학개론』 등을 써서 동 · 서양 철학의 대강을 체계적으로 쉽게 이해할 수 있도록 하였다. 그리고 이들을 토대로 하여 손주들을 위해 이 책도 쓰기에 이르렀다. 이리하여 이제 내가 쓰고 싶었던 책을 거의 모두 쓴 것 같아 흐뭇하다. 내가 이렇게 20여 권의 책을 쓰도록 한결같이 묵묵히 뒷바라지를 해준 아내의 배려가 있었기 때문이라고 생각된다. 고마운 마음을 전하면서 마무리한다. 끝으로 잘못된 곳을 모두 찾아내서 수정하여 좋은 책을 만들어 주신 박송이 과장에게 감사드린다.

2023년 5월 8일 아침. 지은이

차 례

들어가는 말

✦

철학과 행복,
그리고 우리의 미래

1. 행복한 삶과 철학

1) 철학(종교도 같음)은 ① 인간이 살고 있는 이 세계는 어떤 곳인가(세계관) ② 인간은 어떤 존재인가(인간관) ③ 인간은 어떻게 살 것인가(인생관)를 탐구하는 것을 근본으로 한다. 즉 이 세계(자연과 사회)에서 인간이 어떻게 사는 것이 참으로 잘 사는 것인가? 곧 행복하게 사는 것인가를 밝히기 위하여 부단히 노력하여 왔다.

인류의 역사를 살펴보면 원시사회에서는 사람들이 무지몽매하여 미신과 신화가 인간의 삶을 지배하였는데, 그 후 사람들은 이를 긍정하고 발전시켜 신이 우주 만물을 창조하고 인간의 운명을 좌우한다는 종교를 만들어 그것을 신봉하면서 행복을 추구하여 왔다.

그런가 하면 또 다른 사람들은 미신과 신화를 부정하고 이성을 통한 합리적인 철학을 만들어, 그 토대 위에서 과학과 기술을 발전시켜서 오늘의 문명을 창조하면서 행복한 삶을 살아왔다. 즉 근세 이후 과학 기술의 발전과 지동설의 발견, 그리고 모든 만물은 단세포 생물에서 진화하였다는 진화설의 출현 등 오늘의 인류 문명은 바로 철학에서 비롯된 과학과 기술의 발전과 함께 이루어지게 되었던 것이다.

2) 서양철학은 고대 그리스 식민지 밀레투스의 탈레스(Thales, B.C.624?~B.C.546?)에 의하여 창시되었다. 그는 메소포타미아문명과 이집트문명을 살펴보고, 자연을 관찰하고 사색하여 당시의 그리스인들이 믿어왔던 신화를 부정하고, '만물이 각기 자기 스스로 생성 소멸한다'는 물활론(物活論)을 주장하여 철학의 시조가 되었다.

그 후 그리스 아테네의 소크라테스(Socrates, B.C.470?~B.C.399)는 인간은 육체와 영혼이 결합된 존재라고 하였으며, 죽은 후 영혼의 세계로 가서 행복을 누리기 위해서는 인간이 행해야 할 덕을 알고, 그것을 행해야 행복하게 살 수 있다고 하였다. 플라톤은 스승의 사상을 계승하여 현실 세계를 이데아(Idea)의 그림자로 보는 이원론적 세계관을 제시하였는데, 이러한 그의 관념론이 서양철학의 세계관, 인간관, 인생관에 큰 영향을 미쳤다.

중세철학은 유대의 예수(Jesus Christ, B.C.4?~A.D.30?)가 유대교를 토대로 하여 창시한 기독교가 그리스 · 로마세계에 전해져 그리스철학을 받아들여 이루어졌다. 이것은 하느님이 우주 만물을 창조하고, 인간은 하느님을 신뢰하고 그 교리에 따라 살아야만 행복하게 살 수 있다는 것이다.

◆ 금동반가사유상(국보)
(국립중앙박물관)

근세철학은 중세에 신학의 시녀로 전락했던 철학을 회복시키기 위하여 신을 부인하는 철학이 출현하였다. 영국의 베이컨이 감각을 통한 경험을 중시하는 경험론을 창시하여 신은 경험되지 않으므로 철학에서 배격해야 한다고 하였으며, 프랑스의 데카르트는 이성을 중시하는 합리론을 창시하여 이성을 통해서 신을 인식할 수 있다고 하였다. 그리고 독일의 칸트는 신은 감각을 통해서 인식되지 않으므로 인정할 수 없으나, 이성으로 생각하면 신은 있다고 해야 한다는 관념론을 제시하였다.

현대철학은 제1 · 2차 세계대전으로 사람들이 고통을 겪으면서, 독일 쇼펜하우어의 생의 철학, 덴마크 키에르케고르의 실존철학, 독일 마르크스의 마르크스주의(공산주의) 철학, 영국 러셀의 분석철학, 미국 퍼스의 실용주의 철학 등이 다양하게 전개되었다.

동양철학은 중국의 노자(老子, B.C.570?~B.C.470?)가 신을 부정하고, 도(道)로 말미암아 만물이 생성 소멸한다고 하고, 인간은 그의 욕망으로 인하여 고통 속에 살게 되었으므로 욕망을 버리고, 무위자연(無爲自然)하게 살아야 행복한 삶(至樂)을 누릴 수 있다는 도가철학을 창시하였으며, 위진 남북조시대까지 발전하였다.

또 중국의 공자(孔子, B.C.551~B.C.479)는 유교철학을 창시하여 인간이 육체와 영혼의 결합으로 이루어져 있으며, 육체의 욕구로 말미암아 악을 행함으로 사회가 혼란하게 되기도 하지만, 영혼(마음) 속에 있는 인(仁 ; 사랑과 배려함)의 덕을 닦아서 행하도록 해야 한다고 하였는데, 그 후 주자학, 양명학 등으로 발전하여 오늘에 이르렀다.

인도의 석가(釋迦, B.C.556~B.C.486-남방불교)는 신을 부정하고 모든 만물은 오온(五蘊)이 화합하여 생겨났다가 해체되는 것이라고 하고, 사람은 탐욕에 빠져서 고통 속에서 살아가고 있으므로 탐욕을 버려서 해탈 · 열반에 이르러야 한다는 불교철학을 창시하여 오늘날까지 다양하게 발전하여 왔다.

3) 서양철학과 기독교는 인간은 우주 만물의 주인으로서, 자연의 모든 만물은 물론 다른 민족이나 다른 사람들까지 이용의 대상으로 여겨, 자연을 적극적으로 개발하고, 전쟁도 불사하면서, 식민지를 확장하기 위하여 과학 · 기술을 발전시키는 가운데 물질문명이 크게 향상되었다.

동양의 도가 · 유교 · 불교철학은 대체로 '인간은 만물과 한 몸(物我一體)'이므로 사람은 물론 만물을 사랑해야 한다고 하고, 욕망을 억제하라고 하였으며, 정신적 가치와 정신적 행복을 중시함으로써 물질문명이 서양에 뒤처지게 되었다.

2. 5대 이념이 공존하는 우리의 미래

1) 첫째로, 전술한 바와 같이 인류역사를 살펴보면 어떤 나라가 강성했을 때에는 그 시대를 이끌어 갈 철학이나 종교 같은 이념을 그 기반으로 하였다. 특히 고대에는 메소포타미아문명과 이집트문명이 그리스에서 만나서 이성주의 내지 관념론을 제시하여 그 시대를 지배하였으며, 중세에는 이들과 기독교가 로마에서 만나 그 시대를 지배하였다. 근 현대에는 여러 철학이 발생한 후 이들을 토대로 하여 성장하였다. 지금은 유교를 받아들여 실용주의를 완성한 미국이 세계를 이끌어 왔다.

그런데 21세기를 이끌어 나갈 이념은 어떤 것이 될 것인가에 대하여 **20세기 말(1980년대 초)에 노벨상 수상자들이 파리에 모여 난상 토론을 한 끝에 "현재 인류가 처해 있는 사회 환경의 도덕적 위기와 자연환경의 생태적 위기를 극복하여 21세기에 인류가 살아남기 위해서는 반드시 공자한테 가서 그 지혜를 빌리지 않으면 안 된다"는 이른바 '파리선언'을 채택하였다.**[1] 서구 물질문명의 영향으로 현대 이후 인류사회는 일찍이 공자와 맹자가 우려했던 대로 부모가 자식을, 자식이 부모를 죽이는 짐승보다 못한 험악한 사회로 되어가고 있으며, 생태계는 날로 악화되어 사람이 살 수 없게 되어가고 있으므로 우리의 문화전통과 의식구조의 중추인 유교를 21세기의 인류를 구원할 철학으로 본 것이다.

---

1 김충열 외, 『공자사상과 21세기』 219면.

그런데 우리나라는 도가, 유교, 불교를 일찍이 수입하여 숭상하여 왔다. 특히 조선조에는 유교를 국가 이념으로 삼아 500년 이상을 신봉함으로써 가장 대표적인 유교 국가로 공인받고 있다. — 지금 중국은 겉으로는 '인(仁; 사랑하고 배려함)의 덕을 바탕으로 하여 서로 사랑하고 화합하면서 살아가야 한다'는 유교를 숭상한다고 하면서, 실제로는 이와 정반대되는 증오와 대립과 투쟁을 중시하는 마르크스주의 곧 공산주의를 그 이념으로 삼고 있다.[2]

우리들은 지금 사랑과 배려와 화합을 그 이념으로 하는 유교에 입각하여 만들어진 태극기와 한글을 비롯하여, 역시 유교를 바탕으로 하여 만들어진 김치와 비빔밥 등 한식을 즐겨 먹는 등 전통문화를 만들어 향유하면서 살아왔는데, 그것들 대부분이 세계 최고의 것으로 평가받고 있는 것이다.(정진일, 『한국문화』1,2 참고)

그리고 우리나라에서는 유교를 철저히 공부하여 그 이념을 구현한 세종과 이순신과 신사임당, 그리고 유교철학자 이황과 이이가 새겨진 화폐만을 사용하고 있다. 그런데 유교가 인(仁)을 중시하여 다른 이념들도 용인함으로써 즉 세종은 훈민정음 반포 후, 석가를 찬양하는 『월인천강지곡』을 직접 쓰고, 많은 신하들의 반대를 뿌리치고 궁내에 법당을 지어 불교를 신앙함으로써 불교는 물론

2 달라이 라마(D. Lama)는 중국공산당은 정부 수립 후 인민들에게 전통의 타도를 외치면서 계급투쟁과 증오를 가르침으로써 仁의 가치 곧 인간 존중, 사랑, 양보, 희생 같은 것은 무용지물이 되어 경제가 발전하면 할수록 도덕적 해이, 이기주의, 범죄, 부패 등의 총체적 위기에 직면하게 될 것이라 하였다. — 김용옥, 『달라이 라마와 도올의 만남』(3) 674면 이하.

도가도 용인되었다.[3]

2) 둘째로, 인류역사가 서로 다른 이념들이 만나서 공존하고 융합하는 가운데 크게 발전하였다는 사실을 알아야 한다. 고대 그리스에서 메소포타미아문명과 이집트문명이 만나서 이성주의 내지 관념론 철학이 만들어져 문명을 꽃피웠으며, 중세에는 로마에서 그리스 철학과 유대의 기독교가 만나서 새로운 기독교 철학이 탄생하여 유럽을 지배하였다. 미국의 퍼스가 서양철학을 바탕으로 실용주의를 창시하였는데, 듀이가 중국 남경대학에 가서 2년간 유교를 공부하고 돌아가서 이를 완성함으로써 미국이 세계를 지배하고 있다.

그런가 하면 우리나라는 지금 19세기 이후에 정신적 가치를 중시하는 우리의 전통 이념 곧, 유 · 불 · 선(도가)의 동양철학을 바탕으로 하여, 이와는 전혀 다른 물질적 가치를 중시하여 온 서양철학과 기독교를 수용하여 5대 이념이 공존하고 융화하는, 세계 어느 나라에서도 찾아볼 수 없는(중국이나 일본은 기독교도가 소수) 나라로서 성장 발전하여 왔다. 이것은 우리들만이 가지고 있는 큰 강점이다. **이것이 바로 우리들의 사고력과 창의성을 증진시키는 동인(動**

---

3 길희성 교수는 '유교가 실제로 한국인의 행동규범과 가치관의 중추가 되어 있다'고 하고, 한국의 기독교인은 '유교적 기독교인'이요, 한국의 불교인은 '유교적 불교인'이라고 해도 틀리지 않을 것이라 하고, 유교가 불교와 기독교의 완충역할을 함로써 우리나라에서 종교 간의 갈등이나 마찰이 없다고 하였다. — 길희성 외, 『포스트 모던사회와 열린 종교』 18면.

因)이 되어 역동적인 성장과 발전을 하고 있다. — 이들 5대 이념에는 인생을 살아가는 데 필요한 최고의 지혜가 담겨 있을 뿐만 아니라, 어떤 문제를 다섯 가지 관점으로 사고하고 분석하여 최상의 해답을 찾아낼 수 있기 때문이다.

여기에 우리는 한나절이면 습득할 수 있는 최고의 문자 한글로 모든 지식과 기술을 초고속으로 받아들여서 그것들을 활용함으로써 성장을 지속하고 있다.

기독교를 신봉하면서 하버드 대학원을 다니던 현각 스님은 불교에 빠져 우리나라에 왔을 때(1990년), **"자기의 좋은 전통을 버리고, 미국사람들이 입고 먹고 사는 대로 좇아가는 한국 사람들을 이해할 수 없었다. 서양은 동양의 정신과 철학을 배우려고 안달인데, … 나는 한국인들이 자신들이 얼마나 아름다운 전통과 철학을 가지고 있는지를 일깨워주고 싶었다"**고 하였다.[4]

우리는 지금 선진 산업의 발전과 더불어 2020년에는 봉준호 감독의 '기생충'이 '아카데미상'에서 미국인 이외에 최초로 작품상과 감독상 등 4개 부분을 수상하고, 방탄소년단(BTS)이 발표한 여러 곡들이 거듭하여 미국 대표 음악차트, 곧 세계최고 음악차트인 빌보드와 싱글차트에서 1위를 차지하는가 하면, 7번째로 인공위성을 발사하였으며 이어서 달 탐사선을 쏘아 올려 세계를 놀라게 했다.

---

4 『朝鮮日報』 2010. 12. 11.

3) 셋째로, 우리는 오랫동안 유교 · 불교 · 도가를 신봉하면서 정신적인 가치를 중시하고 가난하게 살아왔으나, 조선조 말에 서양철학과 기독교가 수입되고 서구 물질문명의 영향으로 가치관의 변화가 일어났다. 그러나 일제 36년간의 지배와 착취, 6.25전쟁을 겪으면서 혹독한 가난과 극도의 고통 속에서 우리 국민들이 패배주의에 사로잡혀 있을 때, 박정희대통령이 '우리도 노력하면 잘 살 수 있다'는 자신감을 심어주는 새마을 운동을 일으키면서 중공업 진흥정책 등을 적극 추진하고, 그리고 이에 잘 호응한 기업인들의 적극적인 참여와 국민들의 꾸준한 노력으로 우리는 선진국에 진입하였다.

역사학자들의 우리나라에 대한 전망

20세기 최고의 역사학자 아놀드 토인비 교수(옥스퍼드대 사학과를 졸업한 어머니에게 3세 때부터 역사이야기를 듣기 시작하여 86세에 사망할 때까지 역사연구에 몰두)는 그의 대표작인 '『역사의 연구』(전 12권, 1961년)에서 순환사관(循環史觀)을 제시하였다. 여기서 그는 동방에서 역사가 출현하여 그리스 · 로마를 거쳐 유럽으로, 그리고 미국을 거쳐 동아시아로 순환하면서 발전할 것이라 하였다. 그는 또 중국을 비롯한 동아시아가 그들의 훌륭한 철학적 유산 곧, ① 유교의 인도주의 정신, ② 유교와 불교의 합리주의 정신, ③ 도가의 자연을 지배하려고 하면 자기 좌절을 초래한다는 사고 등을 물려받았으므로 21세기를 지배할 것이라 하였다.[5]

그런가 하면 21세기 세계 최고의 역사학자로 평가받고 있는 폴 케네디 교수(예일대)는 금세기에는 유교 · 불교 · 도가를 신봉해왔던 동아시아 국가들(한, 중, 일)이 세계를 주도할 것이라고 하였다. 그리고 이 나라들 가운데서도, ① 도덕적 마인드를 가지고 있으며(일본은 없음), ② 독창적인 문화유산을 가지고 있고, ③ 민주주의가 정착된(중국은 공산당 일당 독재국가) 한국이 그 중심 국가가 될 것이라고 하였다.

그리고 최근에는 21세기에 우리나라가 세계에서 경제적으로나 문화적으로 세계 최고의 선진국이 되어 인류를 이끌어 나갈 것이라고 전망하는 기관이나 전문가들이 여기저기에서 나타나고 있다.(제2장 제1절 6. 참고)

5 토인비 외, 번역위원회 옮김 『21세기를 여는 대화』 442면.

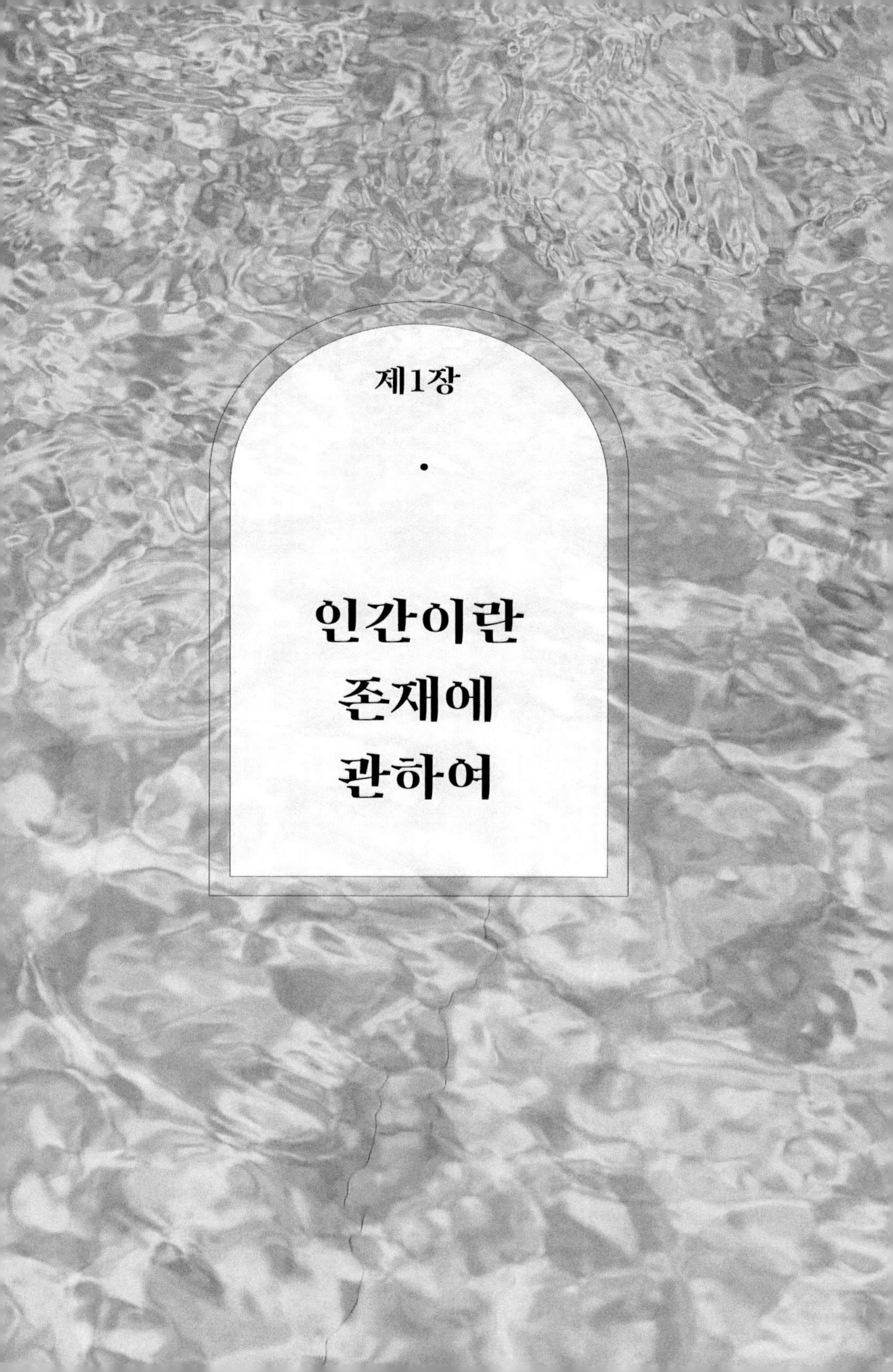

제1장

·

인간이란 존재에 관하여

제1절
✦
세계와 인간의 출현

1. 세계와 인간의 출현

현대 과학에 따르면 우주는 150억 년 전, 혹은 200억 년 전의 대폭발(Big Bang) 이후 꾸준히 팽창해가고 있다고 한다. 미국 항공우주국(NASA)에 의하면 대폭발 이후 약 500억여 개의 행성들이 만들어졌는데, 세계 곧 지구는 약 46억 년 전에 탄생된 것으로 추정된다고 하였다.(심규철 외, 『생명 과학2』 215면)

최초의 지구는 화산 활동으로 수증기와 열이 방출되었으며, 대기는 불안정하여 번개와 같은 방전 현상이 빈번하게 일어났을 것으로 추정되며(위의 책 216면), 지구의 표면은 화강암바위 층으로 뒤덮였는데, 그 표면에 억수같은 비가 쏟아져 내리면서 바위 표면이 벗겨지기 시작하고, 웅덩이가 생겨나고, 그것들이 커져서 강과 바다가 되었다. 대기에는 고온의 수증기와 산소, 이산화탄소, 질소 등으로 대류현상이 일어났으며, 태양이 구름 사이로 지구를 비추기 시작하였다.(반 룬, 박성규 옮김 『인류이야기1』 19면)

최초의 생명체는 오늘날의 세균과 유사한 원핵생물(prokaryote)인데, 이것은 약 39억 년 전에 출현한 것으로 추정되며, 그 후 21억 년 전에는 원핵생물보다 훨씬 더 복잡한 구조로 이루어진 진핵생물(eukaryote)이 출현하였다. 그리고 15억 년 전에는 다세포 진핵생물이 출현하였을 것으로 추정된다.(심규철 외, 앞의 책 221면-)

그 후로 식물들과 해파리 비슷한 연녹색 생물체들이 생겨났으며, 육지에는 식물들이 자라고, 물에서 살던 고기들이 육지로 올라와 아가미뿐만 아니라 폐로도 숨을 쉴 수 있는 동물인 개구리와 뱀 같은 양서류로 진화하고, 이어서 곤충과 조류와 파충류가 생겨났다. 파충류가 진화하여 공룡이 되었는데, 이것은 1백만 년 동안 생존한 후 멸종되었다. 그 후 알을 배에서 키워서 낳은 후에 새끼를 젖을 먹여 키우는 포유류가 생겨나서 육지에서 살기 시작하였다. 여러 종류의 포유류 가운데 원숭이(오랑우탄→고릴라→침팬지→사람)는 뒷발로 걷고 앞발은 많은 연습을 통해서 손으로 발달하였다. 그 후 소리로 의사를 전달하기 시작하였는데, 이 원숭이가 인류의 선조가 되었다고 한다.(반 룬, 위의 책 21면-)

원숭이에서 인류로 진화하는 순서는 크게 보아 다음과 같은 4단계로 나누기도 한다.(이하, 『파스칼 세계대백과사전』 인류)

원인(猿人, 약 400만~100만 년 전)의 대표적인 화석인류는 아프리카 유인원(類人猿)인 오스트랄로피테쿠스(*Australopithecus*)이다.

원인(原人, ~약 20만 년 전)의 대표적 화석인류는 호모에렉투스(*Homo erectus*)로서, 자바섬과 베이징 부근에서 발견되었다.

구인(舊人, ~약 3만 5000년 전)은 독일에서 발견된 네안데르탈인(*Homo neanderthalensis*) 및 이와 유사한 화석인류들의 총칭이다.

신인(新人, ~현재)은 그리말디인(*Grimaldi man*)과 크로마뇽인(*Cro–Magnon man*) 등의 화석인류와 현대인(*Homo sapiens*)이 이에 속한다.

이들은 약 10만 년 전부터 불을 사용하였으며, 약 3만 5천 년 전부터 말을 사용한 것으로 추정되고, 약 1만 5천 년 전에 유목생활을 하다가 그 후 농경을 하게 되어 비로소 생활이 안정되었다. 기원전 3100년경에 문자를 만들어 사실을 기록하기 시작하였다.

이리하여 기원전 3천 년쯤에 나일강 유역에서는 이집트문명, 유프라테스강과 티그리스강 유역에서는 메소포타미아문명, 인더스강 유역에서는 인더스문명, 황하유역에서는 황하문명의 4대 인류 문명이 형성되었다.

도가철학과 유교철학은 황하문명에서 발생했으며, 또 불교철학은 인더스문명에서 발생하였다. 그리고 서양문명의 2대지주의 하나인 서양철학은 이집트문명과 메소포타미아문명의 영향을 받은 고대 그리스에서 발생하였다.

2. 인간의 특징

현대에 와서 '문화인류학'이 새로 생겨났는데, 여기에서는 '인간의 특징'으로 다음과 같은 다섯 가지를 지적하고 있다.[6]

1) 허약한 신체

인간은 다른 동물과 마찬가지로 육체와 감관을 가지고 있으며, 또한 자기보존 본능이나 생식 본능도 가지고 있다. 그런데 인간은 비교적 커다란 체구를 가졌으면서 뿔, 날카로운 이빨, 강한 손발톱 같은 자기를 방어할 무기를 갖지 못하였으며, 추위를 이겨낼 가죽이나 털도 갖지 못하고, 약한 시력과 후각, 열등한 청각을 가졌을 뿐만 아니라 빨리 달리거나 자유롭게 헤엄치지도 못한다.

2) 도구 제작

그러나 인간은 직립보행을 하게 됨으로써 손으로 생활용구로부터 무기에 이르기까지의 여러 가지 도구들을 만들어 사용하게 되었다. 또 인간은 불을 만들어 사용함으로써 맹수들의 공격으로부터 해방되었으며, 또 화식을 하게 되었다. 그리고 불을 사용하여 밤을 단축시키고, 추위를 극복하여 추운 곳까지 생활권을 확대하는 등, 생존능력도 크게 증대시켰다.

---

6 이광규, 『문화인류학개론』 4면 이하.

3) 언어 사용

동물과는 달리 인간은 정신 곧 이성을 가지고 있어서, 말과 글을 만들어 사용함으로써 다른 사람들과 의사를 소통하게 되었으며, 그리하여 자기의 유익한 경험을 다른 사람들에게 전달할 수 있을 뿐만 아니라, 다른 사람의 경험까지 제3자에게 전달할 수 있게 되어 유익하고 편리한 삶을 살 수 있게 되었다. 이리하여 인간은 사고 능력을 크게 발달시킬 수 있게 되었다.

4) 사회생활

인간은 가족을 비롯한 친족집단과 국가를 비롯한 지역집단 등의 여러 가지 사회집단을 만들어 그 속에서 살아가고 있다. 인간은 사회의 일원으로 출생하여 사회에서 여러 사람들의 도움을 받으며 살다가 죽는다. 그리고 사회는 사회를 위한 모든 기능(직업)을 그의 구성원들에게 분배하였다. 그래서 흔히 인간을 정치적 동물 또는 사회적 동물이라고 한다.

5) 문화생활

인간은 살아가면서 당면한 여러 가지 문제들을 문화적인 수단에 의하여 해결하여 왔다. 즉 추우면 불을 피우거나 옷을 만들어 입고, 주거환경도 개선하여 환경의 제약을 극복함으로써 생명을 연장하여 왔으며,[7] 조직체계를 유지하기 위하여 여러 가지 제도와

---

7 이문웅, '인간과 문화' 장회익 외, 『인간이란 무엇인가』 138면.

규범을 만들어 여기에 따름으로써 편리하고 유익한 문화생활을 하면서 살 수 있게 되었다.[8]

다음의 제2절에서는 플라톤, 기독교, 도가, 불교, 유교의 인간관을 중심으로 차례로 살펴보도록 하겠다.

---

8 이광규, 『문화인류학개론』 35-44면. 문화에 대한 정의는 170개가 넘는다고 하였다.

진돗개의 뛰어난 능력

진도 여행을 하면서 진도읍의 '진돗개 테마공원'에 들려 진돗개 강아지들을 보고 촬영하였다.

다시 영상관에 들렀다가 '돌아온 백구 이야기'라는 짤막한 영상물도 보았다. 30여 년 전에 진도의 바닷가 마을에서 할머니와 손녀가 5년 동안을 데리고 살았던 진돗개를 대전의 한 애견가가 사서 승용차에 싣고 대전으로 갔는데, 7개월 만에 할머니 집으로 돌아와 버렸다는 내용의 영상물이었다.

♦ 진돗개 강아지들(진도에서)

천연기념물 제53호인 진돗개의 귀는 다 크면 뾰쪽하게 서는 것이 특징이다. 움직임을 감지하는 시각세포가 발달되어 있기 때문에 먼 거리에 있더라도 움직임만 있으면 바로 인지할 수 있어서 사냥에 유리하다.

청각 또한 매우 발달되어 있어서 사람보다 4배나 먼 거리에서의 소리를 들을 수 있고, 사람이 들을 수 없는 아주 작은 소리도 감지하여, 멀리서 주인의 발소리만 듣고도 주인이 오는 것을 알아낸다.

후각의 중추신경세포가 사람보다 40배 이상 발달해 있으며, 후각의 수용체도 사람의 44배에 달하여 냄새를 매우 잘 맡는다.

유연한 허리뼈와 근육을 가지고 있으며, 앞다리와 뒷다리로 이중 부양으로 달리기를 한다. 그래서 동물 중 가장 빠른 포유동물인 치타와 비슷한 시속 40~50km로 달릴 수 있는 능력을 가지고 있어서 사냥을 하는 데에 매우 유리하다고 한다.

제2절
✦
소크라테스와 플라톤의 세계와 인간

1. 서양철학과 소크라테스 · 플라톤

고대 그리스철학은 전술한 바와 같이 그리스 식민지인 소아시아 서해안 밀레투스에서 살았던 탈레스에 의하여 발생하였다. 이곳에 사는 그리스인들은 고대문명의 발상지였던 이집트나 메소포타미아와 그리스 본토를 왕래하면서 무역활동을 전개하여 부를 축적하는 한편, 이들 나라의 선진문명과 접촉함으로써 자기들의 전통적인 습속이나 관념에서 탈피하여 자유롭고 합리적인 사색을 전개할 수 있었다. 그리하여 제우스신을 비롯한 여러 신들에 의하여 세계가 지배된다는 당시의 원시적인 신화를 탈피하였다.

그 후 아테네(폴리스 국가)가 번창하자, 각지의 철학자들이 이곳으로 모여들어 학원을 열어서 강의함으로써 아테네가 철학의 중심지가 되었다. 이러한 가운데 소크라테스와 플라톤과 아리스토텔레

♦ **독배를 드는 소크라테스**(위키미디어)

스를 비롯한 수많은 철학자들이 출현하여 다양한 사상을 전개함으로써 서양철학의 풍성한 기틀이 다져졌다.

2. 소크라테스 · 플라톤이 본 세계와 인간

1) 육체와 영혼을 가진 인간

소크라테스는 사람이 육체와 영혼이 결합된 존재라고 하고, 그 영혼에는 이성이 있다고 하였다. 따라서 사람은 이치에 맞는 질문을 하고 대답을 할 줄 아는 이성적 동물이라고 하였다. 그리고 사람이 죽으면 육체는 땅으로, 영혼은 이데아 세계로 간다고 하였다.

그는 또 그 당시 아테네 시민들이 부정직한 선동 정치가들의 선동에 의하여 거짓과 위선이 만연되었다고 하였다. 이리하여 그는

"너 자신을 알라"고 하고, "사는 것이 중요한 것이 아니라 바르게 사는 것이 중요하다"라고 역설하였다. 그리고 그는 당시에 부정과 부패가 만연되어 있어서 아테네는 곧 멸망할 것이라고 경고하면서 선동 정치가들을 비판하였는데, 그들로부터 무고를 당하여 재판을 받은 끝에 사형선고를 받아 죽게 되었다. 세계역사상 진실과 정의를 위한 최초의 순교가 된 것이다.

플라톤은 소크라테스의 강연을 듣고 감동을 받아 소크라테스가 죽을 때까지 8년 동안 그를 따라다니면서 철학을 공부하였다. 그리고 그는 당당하게 재판에 임한 스승의 모습을 목격하였으며, 그것을 『소크라테스의 변명』으로 기록하였다. 소크라테스는 "죽음은 꿈도 꾸지 않고 깊이 잠드는 것이거나, 아니면 죽은 후 영혼이 이 세상에서 저 세상으로 여행을 가는 것 중의 하나일 것인데, 어느 것이든지 그것은 자기 자신에게는 행운"이라고 말하고 있다.

플라톤은 스승의 세계관과 인간관을 받아들여 우리가 경험할 수 있는 생성 소멸하는 이 세계, 곧 현상의 세계는 가짜의 세계라 하고, 참다운 세계인 영혼의 세계 곧 이데아(idea, eidos)의 세계가 있다고 하였으며, 그 세계만이 완전무결하고 영원불변의 진짜 세계라고 하여 두 개의 세계설을 제시하였다.(idea는 形相으로 번역되는 만물의 實體로서 정신적 존재를 의미)

그리고 그는 '사람은 그의 영혼이 육체라는 감옥에 갇힌 존재'이므로 육체의 욕구를 충족하기 위해서 비도덕적인 일들도 행하게 된다고 하였다. 그러나 만약 인간이 육체적 욕구를 탈피하여 신적 세계인 이데아계에 들어가려면 각자 자신의 영혼을 정화(淨化)시켜야 하며, 그러기 위해서는 영혼의 본성인 이성(理性)으로 사유하며, 그에 따라 올바르게 살아가도록 해야 한다고 하였다.[9]

2) 인간이 갖추어야 할 주요 덕(四主德)

플라톤은 인간의 영혼에는 이데아의 세계에 작용하는 이성이 있으며, 육체에는 물질적인 현상계에 작용하는 감각이 있다고 하였다. 그리고 이성은 이데아를 향하여 사유(思惟)를 하는 부분이요, 감각은 육체에 얽매여 인식하는 부분이라 하였다. 그리고 후자(감각)의 하위에는 감각적 육체적 욕구를 추구하는 정욕(情慾)이 있으며, 상위에는 이성의 명령에 복종하여 욕구를 억제하는 기개(氣槪)가 있다고 하였다.

정욕은 복부에 관계하는 부분으로 영양과 생식, 그리고 소유를 추구하는데, 절제(節制)의 덕이 필요하고, 기개는 심장에 관계하는 부분으로서 명예나 권력을 추구하는데 용기(勇氣)의 덕이 필요하며, 그리고 이성은 머리에 관계하는 부분으로, 지혜(知慧)를 그 덕으로 삼는다고 하였다. 사람이 이 세 가지 덕을 성실하게 실천함으로써 정의(正義)의 덕이 실현된다고 하여, 사람이 실천해야 할 덕으로 절제, 용기, 지혜, 정의를 들었다.

그는 더 나아가서 국가의 구성원들, 곧 통치계급과 방위계급과

---

9 최정식, '플라톤의 인간관' 남기영 외, 『인간이란 무엇인가』 96면 이하.

생산계급이 각자 지혜와 용기와 절제의 덕을 충실하게 실천할 때 정의가 실현되어 구성원들 간에 알력(軋轢)이 없는 살기 좋은 이상 국가가 이루어질 것이라고 하였다. 그리고 왕 곧 통치자는 국가의 올바른 모습을 바르게 볼 수 있는 지혜를 가진 철학자가 통치하여야 하며, 왕 곧 통치자가 지혜에 대한 진정한 욕구를 갖지 않으면 안 된다고 하였다.

소크라테스의 일화

소크라테스는 결혼 후 자식을 셋이나 얻었는데, 어떻게 가족의 생계를 유지해 나갔는지 알 수 없다. 왜냐하면 그는 특별한 수입도 없으면서 제자들의 초대를 받아 대접받는 것은 사양하지 않았으나, 돈을 받지 않고 가르치기만 했기 때문이다.

세계 3대 악처 중의 하나로 알려진 그의 아내 크산티페는 세 아들을 기르면서 살림살이에 쪼들렸으므로 바가지를 긁게 되었던 모양이다. 어떤 사람이 "당신은 아내의 잔소리를 듣고 어떻게 견디는가?" 하자, 그는 "물레방아 돌아가는 소리도 귀에 익으면 괴로울 것이 없지!"라고 했다고 한다. 하루는 집에서 제자들과 문답을 하고 있었는데, 점심때가 되자 아내가 다른 곳으로 가라고 하였다. 그가 들은 척 만 척 하자, 아내는 큰소리를 치면서 바가지로 물을 퍼부었다. 그러자 그는 제자들을 이끌고 집을 빠져나가면서 "천둥이 친 다음에는 소나기가 오는 법이지!"라고 태연히 말했다는 것이다.

어떤 제자가 그에게 "선생님! 결혼을 하는 것이 좋겠습니까? 안 하는 것이 좋겠습니까?" 하고 물었다. 그러자 그는 "결혼하게! 온순한 아내를 얻으면 행복할 것이고, 사나운 아내를 얻으면 철학자가 될 것이니까!"라고 했다는 것이다.(꼭 읽어야 할 책 — 플라톤의 『소크라테스의 변명』 『향연』)

제3절

✦

기독교에서 본 세계와 인간

1. 들어가는 말

이스라엘에서는 배타적인 민족종교인 유대교(『구약성서』)를 모태로 하여 예수 그리스도(B.C.4?~A.D.30)가 기독교를 창시하였다. 그러나 기독교는 얼마 후 정부의 탄압을 받게 되어 예수가 사형되자, 베드로를 비롯한 예수의 제자들과 사도 바울(Paul) 등의 포교활동에 의하여 그리스와 로마에 전파되었다. 그리하여 기독교는 그리스의 인간중심주의 철학을 제압하면서 서양의 중세를 지배하게 된다.

이러한 이스라엘의 신중심주의(Hebraism)의 기독교사상은, 그리스의 인간중심주의(Hellenism) 사상이 폴리스를 배경으로 한 자유 시민들 사이에서 발생한 것과 달리, 광막한 사막을 배경으로 절망적인 자연환경(무더위와 사막 등)과 다른 민족의 압박 속에서 인간의 무기력함을 체험한 유목인들 사이에서 발생하였다. 이러한 기독교는 절대적인 유일신(唯一神)에 대한 비합리적인 신앙을 통하여 자신들의 구원이나 행복을 기원하는 것이었다.

2. 『구약』에서 말한 세계와 인간

유대교의 경전인 『구약성서』는 천지창조와 인간의 탄생에 관하여 다음과 같이 서술하고 있다. "처음에 하느님께서 하늘과 땅을 창조하셨다. 땅은 아직 꼴을 갖추지 못하고 비어 있었는데, 어둠이 심연을 덮고 하느님의 영이 그 물 위를 감돌고 있었다." 그리고 이어서 하느님께서는 첫날에는 빛을 창조하여 밤낮을 만들고, 둘째 날에는 하늘을 만들고, 셋째 날에는 땅을 만들고, 넷째 날에는 하늘에 빛나는 것들을 만들어 큰 빛은 낮을 다스리고, 작은 빛은 밤을 다스리게 하였으며, 또 별들을 만들었다. 다섯째 날에는 산과 바다에 동식물들이 번성하게 하였다. 여섯째 날에는 흙의 먼지로 하느님의 모습대로 사람 곧, 최초의 인간인 아담(히브리말로는 '사람'의 뜻)을 만들어 코에 입김을 불어넣어서 숨을 쉬게 하였다. 그리고 세계의 모든 것을 다스리라고 하였다.(한국천주교주교회의, 『성경』 창세기)

그 후 하느님께서는 아담에게 에덴동산을 돌보게 하였으며, 이 동산에 있는 모든 열매는 따 먹어도 좋지만 선악과(善惡果)만은 따 먹지 말라고 하였다. 그리고 아담을 깊이 잠들게 한 다음 아담의 갈빗대 하나를 뽑아서 하와라는 여자를 만들어 같이 살게 하였다.

그 후 이들은 뱀의 유혹을 받아 선악과를 따 먹게 되었다. 이리하여 그들은 에덴동산에서 쫓겨나 이 세상에서 땅을 갈아 농사를 지으며 살게 되었다. 이들은 카인과 아벨을 낳았으며, 카인은 농사를 짓고 아벨은 양치기를 했는데, 카인의 농사는 잘 되지 않았지만 하느님을 충실하게 섬기는 아벨의 양치기는 번창하였으므로 카인이 동생을 시기하여 하느님께 기도하고 있는 아벨을 돌로 쳐서 죽여 버린다. 바로 이 카인이 우리 인류의 조상이 되었다고 한다.(한국천주교주교회의, 『성경』 창세기)

이렇게 아담과 하와가 하느님의 명을 거역하여 죄를 지었으며, 그 큰아들 카인은 살인죄를 지었으므로 그들의 후예인 인간은 하느님 앞에 무릎 꿇고 자신의 죄를 회개하면서 용서를 빌어야 한다고 하였다.

3. 『신약』에서 본 신과 인간

『신약성서』에 의하면 유대인인 예수는 유대의 민족 신인 심판의 신이요 처벌의 신인 하느님을 받아들였다. 그러면서도 그 하느님을 민족의 신이요, 처벌의 신이 아니라 모든 인류의 신이요, 사랑의 아버지로서의 신이라고 하였다.

예수는 하느님의 속성으로 ① "무엇이든지 내 이름으로 구하면 내가 다 이루어주겠다"고 하여 하느님은 창조자임을 말하였고, ② "하느님은 영(靈)이시다"라고 하여 하느님은 영적 존재 곧 인격자라고 하였으며, ③ “하느님은 빛이니라”고 하여 하느님은 지배자라고 하였고, ④ “하느님은 사랑이시라”고 하여 하느님은 자신의 아들인 인간에게 도움과 구원을 주는 사랑의 아버지라고 하였다.

♦ 십자가의 예수상(소록도)

예수는 또 유대교(『구약』)의 인간관을 받아들여 하느님이 지은 아담과 하와가 하느님의 명령을 따르지 않았으며, 그들의 아들 카인은 동생을 죽이는 살인죄를 지었으므로 이 죄인들의 후손인 모든 인간에게는 죄의 피가 흐르고 있다고 하였다. 그러므로 인간은 폭력, 사기, 절도, 살인 등의 죄를 범하고, 나태, 무기력, 우둔, 시기, 질투는 물론 이웃집 여인을 마음속으로 간음하는 등의 죄를 범하고 있다고 하였다.

또한 인간은 자기를 완전히 통제하지 못하며, 자기가 지은 죄도 자기 힘으로 처리할 수 없으며, 오직 하느님만이 우리의 죄를 해결하여 줄 수 있다고 하였다. 그래서 하느님은 인간을 구원하기 위하여 자신의 아들인 예수를 이 세상에 보내 십자가에 못 박혀 죽게 하였다. 즉 예수가 인간으로 탄생[受肉]한 목적은 인간의 죄를 대신 속죄[代贖]하기 위한 것이라 하였다.

그리고 예수는 하늘나라가 가까웠으므로 이를 맞이할 준비 곧, 신앙을 통한 구원을 얻으라고 하였다. 이것이 이른바 종말론이다. "그 날의 환란 후에 해는 어두워지고, 달은 빛을 잃을 것이며, 별들은 하늘에서 떨어지고 …." 이리하여 하늘나라가 곧바로 온다는 것이다. 그는 또 "구하라! 주실 것이다. 찾아라! 찾아질 것이다. 문을 두드려라! 그러면 열릴 것이다"라고 하였다.

예수는 또 "원수를 사랑하라! 누가 네 뺨을 때리거든 다른 뺨을 돌려대고, 누가 네 겉옷을 빼앗거든 속옷까지도 거절하지 말라!"고 하였다. 그리고 하늘나라에서는 누구든지 형제자매이므로, "전심전력을 다하여 하느님을 사랑하고, 이웃을 내 몸같이 사랑하라!"고 하였다.(이상, 정진일, 『서양의 지혜』 예수)

인간은 하느님 곧 신의 피조물이므로 인간의 원초적인 목적은 자기를 만들어주신 신의 뜻을 알아서 그것을 실현하는 것이다. 그런데 신의 뜻을 알기 위해서는 신의 말씀을 잘 해석해야 하고, 신의 말씀을 잘 해석하려면 신의 도움이 필요하다는 것이요, 그 도움을 요청하는 것이 신앙이며 기도라는 것이다. 결국 인간은 신앙과 기도를 통해서만이 신의 목적을 희미하게나마 알 수 있으며, 신은 신앙하고 기도하는 자만을 사랑하고 돕는다고 하였다. 신의 이러한 도움이 은총이며, 이러한 은총은 교회를 통하여 베풀어지고 있다고 하였다.[10](꼭 읽어야 할 책 — 『구약성서』 창세기, 『신약성서』 마태복음)

---

10 남기영 외, 『인간이란 무엇인가』 320면 이하.

예수의 영혼관

기독교인들은 사람이 죽으면 몸은 흙으로 돌아가고, 그 영혼은 하느님의 심판을 받아 하느님을 신봉하고 선을 행한 자는 천당으로, 그리고 신을 믿지 않고 악을 행한 자는 지옥으로 보내질 것이라고 믿고 있다. 그러나 이와 같은 인간관은 소크라테스적 사유를 따른 것이다. 히브리적 사유에 있어서는 처음부터 육과 영이 분리된 두 실체로 이해되지 않았으며, 따라서 죽음은 곧 육체와 영혼이 하나로 되어 있는 인간 그 자체의 죽음인 것이다.(한자경, 『동서양의 인간이해』 208면)

바로 이와 같은 '죽음의 이해' 위에서만 우리는 예수가 십자가에 못 박히기 전에 왜 그렇게 불안해하고 괴로워하였는가를 알 수 있게 된다. 그리고 겟세마네에서 죽음을 예견한 예수는 '죽음에 앞서서 아무런 불안도 없이 독배를 마시고 죽어간 소크라테스의 태도'와는 달리, 자신의 죽음을 매우 두려워하였으며 십자가에 매달리게 되자, "나의 하느님, 나의 하느님, 어찌하여 나를 버리시나이까?!"라고 절규하였다. 이것은 예수가 영혼불멸을 확신하지 못한 확실한 증거가 되는 것이다.(위와 같음)

제4절
✦
도가에서 본 세계와 인간

1. 들어가는 말

도가철학(道家哲學) 곧 도가는 일찍이 기원전 500년경에 노자(老子)에 의해서 창시되었다. 그는 도(道)를 우주 만물의 근원으로 내세워 자신의 철학을 전개하였다. 이것은 그 후 장자(莊子)에 의하여 크게 발전되었으므로 노장철학이라고도 한다. ― 고대 중국의 춘추전국시대에는 도가와 유교를 비롯한 묵가, 법가, 음양가, 명가, 병가 등 이른바 제자백가(諸子百家)가 일어났다.

도가는 유교와 함께 중국문명의 2대 지주로서 당나라 때까지 발전하면서 유교를 비롯한 여러 학파에 커다란 영향을 미쳤다. 그리고 불교가 중국에 유입되고 정착되는 과정에서 불교에도 커다란 영향을 미쳤으며, 무엇보다도 중국의 불교를 대표하는 선종(禪宗)에 크게 영향을 미쳤다. 또한 중국 송나라 이후 신유학인 주자학과 양

♦ 노자석상(중국 복건성 청원산)

명학의 형성에도 영향을 미쳤다. 그리고 우리나라에 수입된 이후 주로 예술 방면이나 민간의 세속생활 속에 침투하였다.

2. 노자와 장자가 본 세계와 인간

1) 도는 만물을 생성하는 근원적 존재

노자와 장자는 중국철학의 역사상 가장 먼저 우주론과 인간론과 인식론, 수기론 등의 체계적인 철학을 제시하였다.

노자는 "맑기도 하구나! 있는 것 같은데, 나는 그것(道)이 누구의 자식인지 알 수 없다. 그런데 그것은 하느님보다 먼저 있었던 것 같다"고 하여, 그 이전의 중국인들이 믿어 왔던 주재자로서의 하늘 곧 하느님을 부정하고, 도(道, 곧 氣)를 우주 만물의 근원적 존재로 내세워서 그의 사상을 전개하였다.(道를 도가에서는 우주 만물의 근원적 존재로서 끊임없이 생성 소멸하는 氣, 곧 energy와 같은 것이라 하며, 그것은 형태[狀]나 형상[象]이 없는 황홀한 것이므로 드러나지 않는 것이라 한다. 따라서 無라고도 한다. 그리고 동시에 道를 길의 의미로 理法 혹은 법칙을 의미하는 것이라고도 한다. 다시 말하면 도가에서 도는 우주 만물의 근원적 존재이면서, 그것이 변화 곧 생성 소멸하는 이법 혹은 법칙의 의미로 사용하였다.)

노자는 도를 '없는 것 같지만 우주 안에 가득 차 있는 만물의 근원적 존재로서 그것은 무위자연(無爲自然)의 기능을 가지고 있어서 만물은 스스로 생성하고 소멸하여 다시 도로 돌아간다고 하였다. 따라서 크게 보면 '도는 곧 만물이요, 만물은 곧 도인 것'이다.(무위자연의 無爲는 有爲 곧 人爲에 반대되는 개념으로서, 자연스럽게 혹은 저절로 그렇게 된다는 뜻이다. 따라서 노자는 인위적인 문명으로 말미암아 인간 사회가 혼란스럽게 되었으므로 문명을 버려야 한다고 한다.)

장자는 이러한 노자가 말한 도를 그대로 받아들여 도는 형체가 없으므로 눈으로는 볼 수 없지만, 실제로 존재하는 것으로서 우주 만물의 근원적 존재라고 하였다. 그리고 도는 다른 것에 의지함이 없이 스스로 영원히 존재하며, 하려고 하는 의지도 없이 우주 만물을 생성 변화시키는 근원적 존재라고 하였다.

2) 순진무구한 인간

노자는 사람도 모든 만물처럼 도(道)로부터 무위자연의 덕(德)을 부여받아서 생겨났으므로 사람의 덕 곧 본성은 원래 순박하다고 하였다.

장자는 사람이 모든 만물과 마찬가지로 도로부터 그 덕, 곧 본성을 부여받아서 태어났으므로 동물과 다름없는 본성인 식욕이나 성욕과 같은 본질적 욕구를 가지고 있으며, 자연 속의 지극히 미소한 존재에 불과하여 천지에 비교하면 큰 연못의 개미집 정도밖에 안 되는 작은 세계 속에 살고 있으며, 그 세계에 비하면 큰 창고 속의 싸라기 정도밖에 안 되는 중국 속에 살고 있다고 하였다. 그리고 사람을 만물에 비교하면 말의 몸뚱이에 붙어 있는 하나의 털끝 정도에 불과하다고 하였다.

그는 또 사람의 삶은 순식간에 지나가버린다고 하였다. 즉 "모든 만물의 삶은 마치 말이 달리는 것처럼 순식간에 빨리 지나가며, 마찬가지로 인간의 삶은 마치 망아지가 조그만 틈 사이를 통과하는 것처럼 눈 깜짝할 사이에 지나간다"고 하였다.

3) 올바른 삶을 위한 수기(修己)

노자는 불교나 플라톤철학이나 기독교처럼 이 세상에서의 인간의 삶을 우환(憂患, 근심과 걱정-고통)이라고 하였으나, 이들이 내세나 천국 같은 영혼의 세계를 인정한 것과는 달리, 이 세상 이외의 그 어떤 곳도 인정하지 않는다.

그에 의하면 사람들은 부귀나 명예, 높은 지위나 권력 같은 물질적이고 외면적인 것으로부터 즐거움과 행복을 얻을 수 있을 것으로 생각하고, 그것을 얻기 위해 피땀 흘려 일하고 다투면서 자기 몸과 마음을 망가뜨리고 우환에 시달리며 살아가고 있으나, 첫째로는 도를 체득하고, 둘째로는 우리의 일상적 · 감각적인 지식을 버리고, 셋째로는 지나친 욕망을 버리고, 넷째로는 마음을 비워서 그것을 고요하게 해야 행복하게 살아갈 수 있다고 하였다.

장자는 사람이 모든 만물과 마찬가지로 도로부터 생성되었으므로 그 본성은 원래 만물과 마찬가지로 순수하고 소박했는데, 바깥 사물과 접촉하면서 욕망을 갖게 되고, 그러한 욕망[人爲]에 빠짐으로써 원래의 순진무구한 본성을 잃어버리고 고통에 시달리게 되었다고 하였다. 그러므로 바깥 사물에 얽매임[外馳]으로부터 벗어나서도, 곧 자연의 상태인 천성에 따라 무위자연하게 살아야 한다고 하였다.

그는 이러한 경지에 이른 사람, 곧 성인 혹은 진인(眞人)이 되려면 바깥 사물에 마음을 쓰지 아니하고, 어떤 감정도 품지 아니함으로써 마음을 재계[心齋]하여 청정하게 해야 하며 더 나아가서 자기를 잊고[喪我, 忘我], 사물을 잊는 경지[忘物]에 이르러야 한다고 했다. 이것을 좌망(坐忘)이라고 하였다.(心齋 ; 마음을 비워서 깨끗하게 함. 坐忘 ; 고요히 앉아서 모든 것을 잊어버린 상태를 말함.)

4) 이상적 인간

노자는 사람이 도로부터 덕을 부여받아 태어났으므로 원래는 갓난아이처럼 순진무구하고, 어리석은 사람처럼 무지 무욕하다고 하였다. 그래서 원래 사람은 무위자연하게 무사(無私)하고 무욕하게 살았으므로 누구나 행복하게 살았으나, 점차 인위적인 문명이 발달함으로써 이에 물들어 욕망을 갖게 되어 우환 곧 고통에 시달리게 되었으므로 원래의 자연 상태로 돌아가야 한다고 하였다.

장자는 노자의 사상을 그대로 받아들여 인위적인 문화를 버리고, 순수하고 담박한 경지에 이른 사람 곧, 심재 좌망하여 끝없는 들판을 산책하는 경지(逍遙無碍)에 이른 사람이 되어야 한다고 하였다. 그는 이런 사람을 일컬어 성인 혹은 진인, 또는 지인(至人, 지극한 사람)이라 하고, 신인(神人, 신 같은 사람), 천인(天人, 하늘 같은 사람), 대인(大人, 위대한 사람)이라고도 하였다. 그리고 그는 진인은 삶과 죽음을 초월하여 이 세상의 속박으로부터 (정신적으로) 벗어나서 자유롭게 즐길 수 있다고 하여 다음과 같이 묘사하였다.

"커다란 풀숲지대를 불태워서도 그를 뜨겁게 할 수 없고, 황하와 한수를 얼어붙게 하는 추위로도 그를 춥게 할 수 없으며, 뇌성벽력이 산을 허물어뜨리고, 태풍이 바다를 뒤흔들어도 그를 놀라게 할 수 없다. 그러한 사람은 구름을 타고 해와 달을 몰아 이 세상 밖에서 노니는 것이다."(이상, 정진일, 『중국철학사』 88면 이하)

장자의 죽음에 대한 태도

장자는 젊어서 결혼하여 자식까지 두었는데 아내가 일찍 죽자, 다리를 벌리고 항아리를 붙들고 앉아서 부지깽이로 그것을 두들기며 노래를 부르고 있었다고 한다. 그런데 그의 친구 혜시가 조문을 갔다가, 이것을 보고 크게 놀라서 '그대는 부인과 결혼하여 자식을 낳아 기르고 지금까지 해로하였으면서, 이렇게 하는 것은 너무 심하지 않는가?!' 라고 하였다. 이에 그는 다음과 같이 말하였다.

"그런 것이 아니네! 나도 처음에는 놀라고 슬퍼서 어쩔 줄을 몰랐으나, 그 근본을 생각해 보고 나서야 생명이란 원래 없었던 것임을 알았네! … 기가 변해서 형체가 되었고, 형체가 변해서 비로소 생명이란 것이 되었으며, 이제 그 생명이 또 변해서 죽음으로 간 것이네! 이것은 봄, 여름, 가을, 겨울의 네 계절이 왔다가 가고, 갔다가 오는 것과 다름이 없네! 내 아내는 지금 바로 천지라는 큰방에서 편안히 잠든 것인데, 내가 시끄럽게 소리 내어 그녀를 붙들고 통곡을 한다면 내가 얼마나 자연의 이치에 어두운 사람이 되겠는가?!"(김동성 옮김 『장자』 지락 139면)

그는 몽현에서 옻나무 동산 관리를 지내면서 가난하게 살았는데, 사랑했던 아내가 죽자 그 슬픔을 이겨내지 못하여 관리를 그만두고 여러 곳으로 유랑하면서 아무런 구속 없이 낚시나 하면서 유유자적(悠悠自適)하게 살다가 죽은 것 같다.[11] (꼭 읽어야 할 책 — 『노자』 『장자』)

11 러셀은 1920년에 북경대학에서 1년간 도가철학과 유가철학 등을 공부한 후 서양문명은 몰락의 길로 가고 있으며 동양철학이 인류의 발전을 이끌어 갈 것이라고 하였다. 토인비는 1974년에 유교와 불교와 도가 등의 훌륭한 사상을 간직하고 있는 동아시아인들이 다음 세기를 주도할 것이라고 하였다.

제5절
✦
불교에서 본 세계와 인간

1. 들어가는 말

원래 인도에는 종교인 브라만(Brahman)교가 있었는데, 석가의 시대에는 육사외도(六師外道)라는 반 브라만 자유사상가들이 나와서 여러 가지 철학을 제시하였다. 이 시기에 석가는 브라만교가 '내세가 있다'고 상정(想定)하여 전개한 무의미한 형이상학(形而上學)적 문제나 종교적 교리를 피하고, 또한 자이나교가 신을 부정하면서 자기 힘으로 해탈하기 위해서 나체생활을 하거나 엄격한 금욕주의 규범을 만들어 이를 강요하는 것과도 달리, 쾌락도 고행도 아닌 중도(中道)의 수행을 하면서 진리를 깨달아 인생의 삶[生], 늙음[老], 병듦[病], 죽음[死] 등의 괴로움[苦]을 극복하고 해탈(解脫) · 열반(涅槃)에 이르도록 하여 행복한 삶을 살 것을 목표로 하는 불교철학을 창시하였다.(형이상학이란 서양철학의 이데아나 동양철학에서 無나 空이나 理나

氣 등과 같은 눈에 보이지 않는 우주 만물의 근원적 존재를 탐구하는 철학의 한 분야를 말한 것이다.)

석가는 35세에 인간의 생 · 노 · 병 · 사 등의 괴로움으로부터 벗어날 방도, 곧 해탈 · 열반에 이를 수 있는 방도를 깨달은 후 80세의 나이로 죽을 때까지 45년간을 끊임없이 사색하고 전도함으로써 불교는 인도 전역으로 널리 확산되었다. 그러나 그 후 인도에서 불교를 받아들여 브라만교를 혁신한 힌두교가 일어나 확산됨으로써 불교가 쇠퇴하게 된다. 석가 사후에는 자기 자신만의 해탈을 추구하는 소승불교가 일어났는데, 이것은 그 후 스리랑카를 비롯하여 미얀마나 태국 등의 동남아시아의 여러 나라로 전파되었다.

그 후 순전히 시주자들의 보시(布施)로 운영되던 교단이 심각한 재정난에 봉착하게 되면서, 종교 곧 신앙으로의 전환 운동이 일어나면서 보살이라고 하는 이상적 인간상을 내세워, 그것을 신격화함으로써 종교화되었다. 그리하여 모든 사람이 함께 괴로움(苦)으로부터 벗어나서 해탈 · 열반에 이르고자 하는 대승불교가 일어나서 널리 확산되었으며, 그 후 중국을 거쳐서 우리나라와 일본으로 전파되어 크게 발전하였다.

2. 석가가 본 세계와 인간

석가는 우주 만물과 인간, 그리고 그 삶에 관하여 깨달은 진리로서 제행무상(諸行無常), 제법무아(諸法無我), 일체개고(一切皆苦), 열반적정(涅槃寂靜)의 이른바 4법인(四法印) 등의 교리를 제시하였다. 여기서 법(法, dharma)이란 진리를 말하고, 인(印)이란 도장 곧 확실한 표지를 말하는 것이다.

♦ 월출산마애여래좌상 (국보)

1) 제행무상과 연기설

석가가 말한 제행무상의 제행(諸行)은 시시각각으로 변화하는 모든 존재를 말하고, 무상(無常)은 변화하지 않는 존재는 아무것도 없다는 것이다. 다시 말하면 모든 만물은 서로 만나서 인연(因緣)을 맺음으로써 곧 생성 소멸한다는 것이다. 삼라만상은 전지전능한 신에 의해서 생성 소멸되는 것이 아니라, 그 자체의 연기법(緣起法, 緣起說)에 의해서 스스로 생성 소멸하고 있다는 것이다.

여기서 말한 연기법은 석가가 발견한 만고불변의 진리로서, 이것은 첫째로, 모든 존재는 인연(因緣)으로 말미암아 생성된다는 것으로서, 사물(예를 들어 나무)은 인간의 의지 작용인 행위 곧 업(業, 목수)으로 말미암아 만들어지는 것(報; 집, 책상 등)처럼 원인과 결과 사이에 인과관계가 있다는 것이다(因果性). 둘째로, 모든 존재가 생성 소멸하고 변화함에는 내인(內因; 제1원인 예컨대 콩)과 외연(外緣; 보조

원인 흙, 수분, 온도 등)의 화합에 의하여 이루어진다는 것이다(因緣和合性). 셋째로, 모든 존재는 상호 의존하여 존재한다는 것이다. 즉 이것으로 말미암아 저것이 생겨나게 되고, 저것으로 말미암아 이것이 생겨나기도 하고 사라지기도 한다는 것이다(相依相關性).[12]

2) 제법무아와 오온설

제법무아의 제법(諸法)은 모든 존재를 가리키는 것이므로 제행(諸行)과 같은 의미이며, 무아는 변함없이 항상 존재하는 하나의 실체(實體), 곧 영원불변의 존재는 없다는 것이다. 그러므로 '나'라는 존재는 영원불멸의 존재가 아니라, 일시적으로 존재하다가 사라져 버린다는 것이다. 따라서 그 당시 인도의 브라만교에서 말한 '우주 만물을 창조했다'는 영원불멸의 브라만(Brahman, 梵)이나 영원불멸의 아트만(ātman, 我) 같은 신적인 존재는 없다고 하였다. — 따라서 석가의 불교는 철학이라 할 수 있다.(諸行無常이 '모든 만물이 시간적으로 유전 변화하는 것임을 말한 것'이라면, 다음의 諸法無我는 '공간적으로 상주불변하는 실체가 없다는 것'을 말한 것이다.)

그는 이 제법무아(諸法無我)라는 것 곧, 우주 만물의 어떤 것도 영원불멸의 존재가 아니라는 것을 좀 더 구체적으로 설명하기 위하여 오온설(五蘊說)을 제시하였다. 즉 모든 만물 특히 사람은 누구나 '나[我]'라는 존재가 영원히 살 것으로 생각하여 그에 집착하는데, 그 '아'라는 것은 바로 몸[色] · 감각[受] · 표상[想] · 의지[行] · 의

12 고익진, 『불교의 체계적 이해』 40면-.

식[識]의 다섯 가지 화합물에 지나지 않다고 한다. 불교에서는 몸을 색(色)이라 하고, 마음을 명(名)이라 한다. 색은 흙[地] · 물[水] · 불[火] · 바람[風]과 같은 네 가지 요소[四大]로 이루어졌다고 하고, 명은 수 · 상 · 행 · 식으로 구성되었다고 하였다.

다시 말하면 인간은 위에서 말한 바와 같이 자신을 구성하는 오온 곧 다섯 가지 요소들이 화합함으로써 이루어져 일시적으로 존재하는 것으로서, 인연이 다하여 해체되면 더 이상 존재하지 않게 된다는 것이다.

3) 일체개고와 사성제

그는 인간이 생 · 노 · 병 · 사의 괴로움[苦] 외에도 사랑하는 사람과 헤어지는 것이 괴롭고, 싫은 사람과 만나는 것이 괴롭고, 구하려는 것을 얻지 못하는 것이 괴롭고, 오음(五陰-五蘊)이 만나는 것이 괴롭다고 하여 괴로운 것으로 4고와 8고를 말하고, 또 108번뇌를 말하기도 하였다. 인간은 괴로움 속에서 살 수 밖에 없다는 것이요, 따라서 일체개고(一切皆苦) 곧 인생의 모든 것이 괴로움뿐이라는 것이다. 이것을 고성제(苦聖諦)라고 하였다.

그는 또 이러한 괴로움은 무명(無明) 곧 무지로 인한 욕망으로 말미암아 생겨난 것이라고 하였다. 욕망은 인생을 이끌어가는 원동력이 되기도 하지만, 한없는 욕망 곧 탐욕 때문에 인간은 괴로움에 시달린다는 것이다. 좀 더 자세히 말하면 인간이 탐욕[貪]을 비롯한 성냄[瞋]과 어리석음[癡]이라는 나쁜 마음[三毒心]을 비롯한 여러 가지 번뇌로 말미암아 시달리게 된다는 것이다. 이를 집성제(集聖諦)라고 하였다.

그리고 그는 이러한 탐 · 진 · 치 등의 번뇌를 없애버리면 괴로움도 사라지게 된다고 하였다. 이를 멸성제(滅聖諦)라고 하였다.

그는 또 무명으로부터 벗어나서 번뇌를 없애버리고 해탈 · 열반에 이르는 방도로 8정도를 말하였다. 이를 도성제(道聖諦)라고 하였다. 그리고 이러한 네 가지 진리를 사성제(四聖諦, 四諦)라 하였다.

4) 팔정도 등의 수행과 열반적정

그는 괴로움[苦]을 없애버리고 열반적정(涅槃寂靜)에 이르는 방도로서 여러 가지 수행법을 말하였는데, 그중 가장 중요한 것이 팔정도이다. 첫째는 바르게 봄(正見)이다. 둘째는 바르게 생각함(正思惟)이다. 셋째는 바르게 말함(正語)이다. 거짓말, 이간질하는 말, 욕설, 아첨하는 말 등의 네 가지 구업(口業)을 짓지 말라는 것이다. 넷째는 바르게 행동함(正業)이다. 특히 살생 · 도둑질 · 그릇된 음행의 세 가지를 행하지 말라는 것이다. 다섯째는 바르게 생활함(正命)이다. 정당한 방법으로 재물을 얻으라는 것이다. 여섯째는 바르게 노력함(正精進)이다. 일곱째는 바르게 마음을 집중함(正念)을 말하였다. 여덟째는 바르게 선정함(正定)이다. 곧 올바른 선정(禪定, 止)을 함으로써 지혜(智慧, 觀)를 얻어서 열반적정에 이른다는 것이다.

그는 또 하나의 수행법(修行法)으로 선(禪)의 수행법을 말하였는데, 그 가운데 중요한 것은 좌선(坐禪)과 선문답(禪問答)이라 할 수 있다. 좌선은 앉아서 명상을 하여 깨닫는 것이고, 선문답은 말을 주고받는 가운데 깨닫는 것이다.

그는 "산림은 우거지고, 강물은 그 둑에까지 가득 차 있었다. … 나는 곧바로 보리수나무 밑으로 가서 풀을 뜯어서 깔고 결가부좌(結跏趺坐)를 하고 앉았다. … 그리하여 나는 자리에서 일어나지 않고, 번뇌를 모두 없애게 되었다"고 하였다. 좌선을 통해서 해탈 · 열반에 이르렀다는 것이다.

해탈은 괴로움(苦)의 세계(輪廻轉生)의 굴레에서 벗어나는 것을 의미하는 것으로, 대체로 열반과 같은 의미로 사용하고 있다.

열반은 '불어서 끄다'는 뜻의 니르바나(nirvāna)를 음역한 것인데, 이것은 번뇌(탐욕 등)의 불길이 꺼진 고요한 상태를 뜻하는 것이다. 이것은 수행을 통해서 이르고자 하는 궁극 목표이다. 이러한 열반은 극락(極樂) 곧 자유와 행복의 경지에 이른 것을 말한다.(이상, 정진일, 『위대한 철인들』 254면 이하)

원효의 깨달음과 업적

원효(元曉)는 617년 지금의 경북 경산군 자인면 유곡리에서 하급관리인 설담날(薛談捺)의 아들로 태어났다. 본명은 서당(誓幢 혹은 新幢)이며, 원효는 법명이다.(정진일, 『위대한 철인들』 350면 이하)

어린 시절에 관한 기록이 없다. 청소년기에 화랑이 되었는데, 전투에 참여해서 동료들이 죽어가는 것을 목격하고 29세에 불교에 귀의한 것으로 보인다.

33세 때에 다른 불교학도들처럼 당나라에 유학하려고 8년 후배인 의상과 함께 길을 떠났다가, 요동 근처에서 고구려의 순찰대에 신라의 첩자 협의로 붙잡혔으나 혐의가 풀려 귀국했다.

그 후 신라가 백제를 병합한 다음 해인 45세에 또다시 의상과 함께 바다를 건너서 당나라로 가기 위해서 서해안의 당주로 갔다. 어느 날 저녁 당주 근처의 해변의 어느 산기슭에 이르러 날이 어두워지자 쓰러져가는 초막에 들어가 몹시 피로했으므로 곯아떨어지게 되었다. 밤중에 심한 갈증을 느껴서 잠을 깬 그는 주위를 더듬다가 무슨 그릇에 있는 물을 맛있게 마시고 잠들었다. 아침에 잠에서 깨었을 때에 주위를 살펴보니 그가 맛있게 마셨던 물은 해골에 고인 더러운 물이었음을 알았다. 그러자마자 오장이 뒤집혀 배 속에 있는 것을 죄다 토하고 말았다.

이때 그는 세상의 온갖 것이 오직 마음 하나라고 하신 부처님 말씀의 뜻을 깨달았다고 한다. 이리하여 그는 "내가 미처 깨닫지 못하고 법을 구하러 당나라에 들어가려 했으나, 이제 깨달았으므로 굳이 당나라에 갈 필요가 없게 되었다"하고 되돌아왔다.(의상은 당나라로 가서 화엄학을 공부하고 돌아와서 한국의 화엄종 발전에 크게 기여하였다.)

그 후로 그는 불교경전은 물론 도가경전까지 읽고 도통하여 독자적인 불교

체계를 수립하여 많은 책을 썼으며(현재 23권), 불교를 서민에게도 전파하기 위하여 광대의 복장을 하고 불교의 이치를 노래로 만들어 부르며 표주박을 두드리며 춤을 추면서 서민들에게까지 포교하였다.

그는 686년 70세에 경천 남산 혈사(穴寺)에서 숨을 거두었다. 요석공주와의 사이에서 낳은 설총(薛聰)이 그의 아들이다.

그는 해동종의 조사로 불리게 되었으며, 한국 불교사상 제1인자로 존경받게 되었다. 최남선은 "인도의 서론적 불교, 중국의 각론적 불교에 대하여 원효가 최후의 결론적 불교를 건설했다"고 평가하였다.(꼭 읽어야 할 책-『반야심경』 해설서)

제6절

✦

유교에서 본 세계와 인간

1. 들어가는 말

중국 최초의 나라인 주(周)나라(B.C. 1046?~223)는 건국 초기에 학교를 세워 관리들이나 그 자제들을 가르쳐서 나라의 공직을 맡게 함으로써 나라가 크게 발전하였다. 그러나 건국 후 수백 년이 지난 춘추말기에 이르러 국력이 쇠약해지면서 이러한 관학이 유명무실하게 되었으며, 사회가 혼란에 빠지게 되었다. 그러자 공자가 서당을 열어 제자들을 모아 예(禮) · 음악(樂) · 활쏘기(射) · 말타기(御) · 글쓰기(書) · 산수(數)의 여섯 과목(六藝)의 교과서를 만들어 가르침으로써 유교철학이 창시되었다.

주나라 후기에 이르러 쇠약해지면서 전쟁의 소용돌이에 빠져들어 극도로 혼란하게 되자, 공자는 "아침에 도(道)를 들어서 알게 된다면 저녁에 죽어도 여한이 없겠다"고 하면서 인간이 어떤 존재인가를 알고자 하였으며, 어떻게 하면 '혼란을 종식시키고 평화스럽게 살 수 있을 것인가?' 하는 방도를 찾으려고 고심한 끝에 인간은 누구나 선천적으로 남을 사랑하는 마음인 인(仁)의 덕을 가지고 있다는 것을 발견하였으며, 그러므로 그러한 덕으로 사사로운 감정과 욕망을 절제하고, 예(禮→天理)를 따르도록 함으로써 인의 덕을 두텁게 하여, 그것을 행하게 하면 평화로운 세계(平天下) 곧 살기 좋은 대동 사회를 이룩할 수 있다고 하였다.

◆ 공자상 (중국 산동성 곡부)

공자의 유교는 그 후 송나라 때에 도가를 비롯한 다른 학파의 철학사상을 받아들이고, 인도에서 들어온 불교까지 수용하여 체계화된 새로운 유교철학 곧 신유학(新儒學)인 주자학이 발생하였다. 이리하여 유교철학이 완벽한 철학체계를 갖추게 되었다.

2. 주자가 본 세계와 인간

1) 만물이 리와 기로 이루어짐

한(漢)나라 때에 동중서(董仲舒)가 순자(荀子)의 기론과 음양가의 음양오행설을 받아들여 기론적 우주론을 주장했는데, 송나라 때에 주돈이(周敦頤)가 이를 받아들이고 또 당나라 이래로 크게 발전한 불교(중국에서는 佛學이라 함) 특히 선종을 수용하여 신유학을 제시하였는데, 정이(程伊) 등이 이를 발전시켰고, 그 후 주자(朱子는 존칭, 본명은 朱熹)가 이를 받아들여 완성하였다. 그리하여 그 후 신유학을 정주학 혹은 주자학이라고 한다.

주자는 태극(太極) 곧 기(氣)는 천지 사이에 가득 차 있는데, 그것은 생의(生意=살고자 하는 욕구)를 가지고 있는 존재로서 그것이 스스로 움직여서 양기(陽氣)가 되고, 머물러서 음기(陰氣)가 되며, 이 음양의 두 기가 화합하여 금(金) · 목(木) · 수(水) · 화(火) · 토(土)의 오행(五行)을 낳고, 이 음양의 기와 오행의 질(質)이 일정한 이법 곧 리(理)에 따라 화합하여 만물을 생성한다고 하였다.(理는 우주 만물의 운행 법칙과 같은 기를 움직이는 원리를 의미한다. 天理라고 할 때 천은 자연을 뜻하므로 천리는 자연의 법칙을 뜻한다. 氣는 우주 만물을 생성하는 근원적 존재 energy를 의미한다.)

2) 리와 기로 이루어진 인간

주자는 만물이 근본적으로 기(氣)라는 존재와 리(理)라는 원리로 말미암아 생겨났지만, 그 만물들이 차별이 있게 된 것은 그 부여받은 기의 맑고 흐림, 정밀하고 조잡함, 바르고 치우침, 통하고 막힘 등의 차이가 있기 때문이라고 하였다. 즉 사람과 만물이 생겨날 때에 똑같이 천지의 리와 기를 얻어서 본성과 형체를 갖게 되었으나, 사람만이 형기의 올바름을 얻었으므로 조금 다를 뿐이라고 하였다.

그는 또 인간은 음기에서 생겨난 육체와 양기에서 생겨난 영혼 곧 정신으로 이루어졌는데, 인간의 육체를 이루는 무겁고 탁한 기를 백기(魄氣)라 하고, 정신을 이루는 가볍고 맑은 기를 혼기(魂氣)라고 하였다. 사람이 살아있는 동안에는 백기(육체)와 혼기(정신)가 서로 결합되었지만, 사람이 죽게 되면 혼기와 백기가 흩어진다고 하였다. 이 때 육체를 이루고 있던 백기는 땅으로 돌아가고, 정신을 이룬 혼기는 하늘로 올라가서 서서히 사라진다고 하였다.

3) 본연의 성과 기질의 성

주자는 사람의 정신 곧 마음속에 있는 리를 성(性)이라고 하였으며, 그 성에는 리에서 비롯된 본연의 성(本然之性)과 기에서 비롯된 기질의 성(氣質之性)이 있다고 하였다.

그는 사람의 본연의 성에는 인(仁), 의(義), 예(禮), 지(智), 신(信)의 덕이 갖추어져 있으므로 사람의 본성은 선하다고 하였다. 그러나 그 본연의 성이 욕망을 가지고 있는 기질의 성 속에 있으므로 그 기질의 성에 얽매여서 악하게 될 수도 있다고 하였다. 그는 이를 비유하여 말하기를 본연의 성은 맑은 물과 같고, 기질의 성은 병과 같아서, 맑은 물을 투명하고 깨끗한 병에 넣어 놓으면 맑게 보이지만, 흐리고 더러운 병에 넣어 놓으면 흐리게 보이는 것과 같다고 하였다.

4) 수기를 하여 성인 · 군자에 이름

주자는 사람이 방심(放心)을 하게 되면 기질의 성 곧 인심(人心)에 끌려 욕망과 간사함과 나태함 등의 나쁜 마음이 일어나서 악을 행하게 되는 것이므로 본연의 성인 인(仁)의 덕을 닦기 위한 수기(修己) 곧 수신(修身)이 필요하다고 하였다. 그리고 이러한 수신을 하기 위하여 한편으로 항상 깊이 생각하고(窮理), 다른 한편으로 경계하고, 조심하고, 두려워하는 마음(居敬)으로 사사로운 마음(邪心)이 일어나지 않도록 해야 한다고 하였다.

사람들이 수신을 하여 인(仁)의 덕을 두텁게 하면 인격의 완성자인 성인(聖人) · 군자(君子)가 되어 인, 곧 사람을 사랑하고 배려하면서 산다면 대동사회(大同社會)라는 이상 사회를 이룩할 수 있다고 하였다.(이상, 정진일, 『중국철학사』 266면 이하) (꼭 읽어야 할 책 — 『논어』)

5) 모두 함께 잘 사는 대동 사회

공자는 대동사회라는 이상사회를 다음과 같이 그렸다.

"큰 도가 행해지면 천하는 공중(公衆)을 위한 것이 된다. 현명하고 능력 있는 사람을 추대하고, 신의와 화목의 덕과 도를 가르치고 닦도록 한다. 그리하여 사람들이 오로지 자기 어버이만을 사랑하거나 자기 자식만을 사랑하는 것이 아니라, 모든 늙은이들을 안락하게 해주고, 젊은이들이 그 능력을 발휘할 수 있도록 하며, 어린이들을 길러주고, 홀아비, 과부, 고아, 자식 없는 늙은이, 병든 사람 할 것 없이 모두 보살펴 준다. … 자기의 온갖 노력을 아끼지 아니하되 자신을 위해서만 노력하지 아니한다. 따라서 모략이나 술수와 같은 것이 없어지고, 도둑이나 난적이 생기지 아니하며, 바깥문을 잠그지 아니하고도 편안하게 살 수 있게 된다. 이러한 세계를 대동(大同)이라 한다."(『예기』 예운)

자랑스러운 태극기

1) 유승국 교수는 "세계 어느 나라나 저마다 자기의 국기를 만들어 사용하면서 공동체 의식을 고취하고, 국민정신을 드높이려고 한다"고 하고, "국기는 자기 나라를 상징하는 숭고하고 신성한 표지이므로 국민들은 그것에 경건하고 존엄한 태도를 보인다. 국기는 그 국가와 더불어 영고(榮枯)를 같이하며, 국민과 더불어 애환(哀歡)을 함께하는 것이다"라고 하였다.[13]

태극기는 박영호가 일본 통신사로 가면서 메이지마호 위에서 고종의 위임을 받은 대로 그린 것이다. 이것은 유교 경전인 『주역』과 주돈이의 『태극도설』 등을 토대로 하고, 우리의 전통을 가미하여 독창적으로 만든 것이다. 이것을 그의 일본 숙소에 게양한 후 가지고 귀국하였는데, 고종은 1883년 3월 6일, 그것을 조선의 국기로 공포하였다.[14]

1919년 3월 1일 정오에 3 · 1운동을 일으킨 민족대표들은 탑골공원에서 국기를 흔들며 독립만세 운동을 전개하였는데, 이때 처음으로 '태극기'로 부르기로 하였다. 그 후 독립투사들이 독립운동을 하면서 태극기를 사용하였으며, 또한 1942년 3월 1일에 상해 임시정부는 태극기라는 명칭을 확인하였다고 한다.

광복 후 1949년 1월 14일에 이승만 초대 대통령을 위원장으로 하는 '42인 태극기 제정위원회'에서 논의를 한 끝에, 일제에 항거하다 순국한 애국지사들이 태극기를 가슴에 품고 싸웠으므로 태극기를 우리나라의 국기로 하기로 합의하였다. 그리고 그 해 10월 15일 지금과 같은 형태의 태극기를 대한민국의 국기로 할 것을 공포하였다.

---

13 유승국 외, 『東方思想論攷』 733면.

14 『한국민족문화대백과사전』 태극기.

2) 바탕의 흰색은 순결성과 순수성, 그리고 평화를 사랑하는 민족의 이상을 드러낸 것이며, 가운데의 원은 우주를, 홍색(양, 陽)과 청색(음, 陰)으로 된 태극은 만물의 근원으로서 음과 양 곧, 하늘과 땅이 혹은 남성과 여성이 서로 화합하는 가운데 생성 발전하는 것을 상징하는 것이다. 특히 이러한 태극기의 음양도(陰陽圖)를 S라인으로 디자인 해놓은 것은 음과 양이 꼭 껴안고 돌고 있는 형상, 곧 우주 만물이 끊임없이 움직이고 화합하면서 생성 소멸하는 역동적인 모습을 매우 잘 드러낸 것이다.

♦ 휘날리는 태극기 (북한산 백운대)

그리고 건(乾) · 곤(坤) · 감(坎) · 이(離)의 4괘는 하늘과 땅과 물과 불이 서로 화합하면서 즉, 하늘[乾]과 땅[坤]의 기운, 혹은 불과 물의 기운이 서로 만나서 화합하고 상호작용하면서 조화를 이루어 영원토록 생성 · 발전할 것을 나타낸다.

황색으로 된 무궁화의 깃봉은 우리의 국화인 무궁화처럼 오래토록 영화를 누리자는 것이다. 그리고 이와 같이 깃봉을 황색으로 함으로써 태극기의 바탕색인 백색, 4괘의 색인 흑색, 태극의 음방인 청색, 양방인 홍색과 더불어 5색을 이루어 오행을 갖춤으로서 음과 양이 화합하여 오행을 낳고, 음양과 오행이 화합하여 만물을 생성한다는 유교철학의 우주론인 음양오행철학을 따랐음을 알 수 있다.

3) 중국 지식인들 가운데에는 자기네들의 것을 우리나라에 빼앗겼다고 안

타까워하는 사람들이 많다고 한다. 특히 북경대학교의 철학과 교수 주백곤(朱伯崑)은 1994년에 한 · 중 · 일 3국의 유학자들이 모인 장소에서 '공개하지 말아 달라'고 하면서, 자기 나라의 국기인 오성기는 철학적으로 아무런 의미가 없다고 하고, 한국의 태극기야말로 깊은 철학적 의미가 담겨 있는 세계에서 가장 훌륭한 국기라고 칭찬했다 한다.

태극기는 음과 양의 두 기(氣)가 서로 반대되면서도 서로 화합하는(相反相成) 작용을 통하여 우주 만물이 생성 · 변화한다는 유교의 우주론과 이러한 우주론과 마찬가지로 인간이 서로 사랑하고 상부상조하면서 살아감으로써 화목하고 평화롭고 행복하게 살아갈 수 있다는 인류의 근본적인 지혜를 밝혀놓은 것이다.

이것은 우리 국민은 물론 모든 인류가 하나같이 지향해 나가야 할, 그래서 모든 인류가 이 깃발 아래 모여들어야 할 이념을 간명하게 잘 표현해 놓은 것이라고도 할 수 있다. 따라서 이것은 세계의 모든 국기들 가운데서 가장 훌륭한 국기라고 할 수 있을 것이다.(이상, 정진일, 『한국문화 1』 태극기)

제7절

✦

인간은 어떤 존재인가

1. 선한 존재

1) 앞에서 철학이나 종교에 따라 인간관이 서로 다르다는 것을 확인하였다. 그럼에도 불구하고 몇 가지 인간에 대한 공통된 특성을 찾아볼 수 있는데 그것은 첫째로, 인간은 육체와 정신으로 이루어져 있으며, 그리하여 인간은 한편으로는 육체적 욕구로 인하여 악행을 행하기도 하지만, 다른 한편으로는 이성과 양심을 지닌 정신 곧 영혼을 가지고 있어서 욕망을 조절하고 다른 사람과 사물을 사랑하고 배려하는 선한 존재라는 것을 알 수 있었다.

서양 철학사를 보면 홉스는 인간에게는 자기보존 본능이 있어서 자기의 욕구를 채우기 위하여 타인을 희생시키는 '인간은 인간에 대하여 늑대'와 같은 이기적인 악한 존재라고 하였다.

루소는 자연 상태의 인간은 '자기 자신에 대한 사랑'의 감정을 가지고 있으나, 이것은 이기심과는 달리 이웃 사람과 모든 대상에 대한 동정의 근원이 되는 감정이라 하여 성선설을 주장하였다.

칸트는 역시 사람에게는 감성적 욕망에 따르는 경험적 의지와 선을 실현하려는 선의지(善意志)인 양심이 있어서 선의 사회가 가능하다고 하는 성선설을 주장하고, 나아가서 전쟁 없는 평화의 세계에 관한 구체적인 방법을 제시하기도 하였다.

한편 유교에서는 성선설과 성악설 등 여러 가지 인성설이 전개되었는데, 공자가 '사람은 누구나 인(仁 ; 사랑하고 배려하는 마음)의 덕을 가지고 태어났다'고 하였고, 맹자가 이를 받아들여 인간은 태어날 때부터 인(仁→惻隱之心), 의(義→羞惡之心), 예(禮→辭讓之心), 지(智→是非之心)의 네 가지 덕이 갖추어져 있는 것으로 보아 사람의 본성이 선하다는 성선설(性善說)을 주장하였다. 그 후로도 여러 가지 인성론이 제기되었으며, 논의를 거친 후, 주자에 이르러 사람에게는 선한 본연의 성이 기질의 성 속에 자리 잡고 있다고 하였다.

2) 참고로 생물학자 등의 인간의 본성에 관한 주장을 살펴보면 인간의 본성에 관한 견해가 대립되어 있음을 알 수 있다.

생물학자 리처드 도킨스는 그의 『이기적 유전자』(홍영남 옮김)에서 생명체의 유전자(DNA)는 하나의 생존 기계 곧 자기의 불멸의 유전자를 유지하고, 그것을 지키기 위해서는 어떤 악행이라도 행하는 일종의 기계라고 하였다.

생물학자 매트 리들리는 그의 『이타적 유전자』(심좌섭 옮김)에서 어머니가 자식에게 헌신적인 것이 어머니가 가진 유전자의 이기성 때문이라 해도 세상의 모든 어머니가 자식에게 이타적으로 행동한다는 사실 자체가 부정되는 것은 아니라고 하였다.

달라이 라마는 아기가 태어날 때 그 아이의 마음속에는 오직 자기 배를 채우고 편안하게 있고 싶은 욕망만 가지고 있다고 하지만, 인간이 기본적으로 이기적이라는 가정을 버리게 되면, 우리는 '아기가 다른 사람에게 기쁨을 줄 수 있으며, 또 그렇게 할 수 있는 능력을 가지고 태어난다'고 말할 수 있을 것이라고 하였다. 즉 해맑은 얼굴로 자기 얼굴을 바라보며 미소 짓는 어린 아이를 보면서 기쁨을 느끼지 못하는 사람은 없을 것이기 때문이라 하였다.[15]

---

15 달라이 라마 외, 류시화 옮김 『달라이 라마의 행복론』 69면.

진실한 생활로 시종하라!

(나는 대학 재학 때에 도스토옙스키가 쓴 『카라마조프가의 형제들』을 읽고 그 감동으로 전율을 느꼈다. 그 후 '거짓된 삶을 사는 자는 반드시 파멸한다'는 말을 좌우명으로 삼고 살아왔다.)

『카라마조프가의 형제들』에 나오는 아버지 표도르는 소도시에서 술집과 고리대금업을 경영해서 벼락부자가 되어 젊은 여자들을 성노예로 삼았다. 그리하여 큰아들이 좋아하는 여자까지 매수하려고 하므로 큰아들 드미트리는 아버지를 죽여버리겠다고 공언하고 돌아다녔다. 그 후 뇌전증(간질)이 있는 넷째가 성직자인 셋째형의 '아버지 같은 사람은 세상에 불필요한 사람'이라는 말을 듣고 살해해버리고, 자기는 그 시간에 간질을 앓았다고 해버리자, 큰아들 드미트리가 강한 의심을 받았다.

드미트리는 최후 진술에서 "나는 검사가 지적한 대로 부족하고 죄 많은 과거를 살았습니다. 그러므로 그 어떤 처벌을 받아도 그것을 감수할 것입니다. 그러나 내가 우리 아버지를 죽이지 않았다는 것만은 진실입니다. 그럼에도 불구하고 판사님들께서 '내가 나의 아버지를 죽였다'는 판결을 내린다면, 내가 가장 두려워하는 것은 하느님을 믿지 못할 것 같다는 절망입니다"라고 하였다.

(그는 재판을 받는 동안 아버지를 죽이지 않았으나, 그동안의 자신의 방탕한 생활을 반성하고 20년의 징역형을 받아들인다. 그리하여 진실로 사랑했던 그루센카와도 헤어져 시베리아 형장으로 떠난다.)

2. 존엄한 존재

1) 무한한 능력을 가진 존엄한 존재

인간의 둘째 특성으로, 인간은 누구나 존엄한 존재라는 것이다. 우리의 정신 속의 이성에는 양심이 있어서 그에 따라 선을 행할 수 있을 뿐만 아니라, 이성을 통하여 지성을 발휘함으로써 문화를 창조하는 존엄한 존재라는 것이다.[16]

플라톤은 인간이 육신을 가지고 태어난 것부터가 감성의 노예가 된 상태이며, 털옷도 얻어 입지 못하고 맨발로 태어나서, 공격과 방어의 능력에서 자연의 혜택을 입지 못한 나약한 존재이지만, 탁월한 창조 능력인 이성을 가지고 있다고 하였다.[17]

칸트는 인간은 육체와 영혼으로 결합된 존재로서 경험적 의지와 이성에서 오는 양심 곧 선의지를 가지고 있으며, 그리하여 인간은 자율적으로 선을 실천하는 인격체로서, 결코 수단이 될 수 없는 '목적 그 자체'라고 하여 인간을 존엄한 존재라고 하였다.

니체는 인간은 신의 창조물이 아니라 자연의 창조물이라 하였

---

16 안병욱 교수는 "이성은 분석하고, 사고하고, 기억하고, 추리하고, 발명하고, 발견하고, 표현하고, 창조하고, 종합하는 것이다. 이러한 이성은 탁월한 문제해결 능력이요, 놀라운 환경 적응능력이요, 뛰어난 학습능력이요, 종합적인 사리판단능력이다. 인간은 이러한 이성으로 사고하여 위대한 발명과 발견을 하였으며, 탁월한 문명체계를 건설하여 오늘에 이르렀다고 하였다." — 안병욱, 『사랑과 지혜와 창조』 58면 이하.

17 파스칼은 '인간은 자연 속에서 가장 연약한 갈대이다. 그러나 생각하는 갈대이다'라고 하였다.

으며, 인간은 자신이 사회와 문화를 창조해나가는 창조주라 하였다. 그리고 자연이 주는 한계를 초월할 수는 없으나 항상 자신을 극복해 나가는 무한한 능력을 가진 창조적 자유인이라고 하였다.

석가 역시 인간을 존엄한 존재라고 하였다. 『불경』에는 인간의 몸으로 태어난 것의 가치를 '눈먼 거북이가 망망대해를 떠다니다가 작은 구멍이 뚫린 나무판자를 만나 자신의 머리를 그 구멍 속에 집어넣어서 살아난 것(盲龜遇木)과 같다'고 하였다. 인간 곧 '나'는 소중하고 존엄한 존재임을 천명한 것이라 할 수 있다.

전술한 바와 같이 공자는 사람은 누구나 인(仁)의 덕을 갖추고 태어났으므로 그 덕을 닦아서(修身, 修己) 그것을 행하면 누구나 훌륭한 인격자 곧 성인 · 군자가 될 수 있다고 하였다. 그리고 맹자는 "백성은 가장 귀하다. … 임금은 대단치 않다"고 하였다. 그리고 또 자사는 『중용』에서 사람(人)이 하늘(天)과 땅(地)과 더불어 천지 만물을 변화시키고 육성하는 일에 참여하는 세 주재자(三才) 가운데 하나라고 하였다. 그런가 하면 주희는 모든 만물 가운데 사람만이 마음(정신)과 의지와 지각과 신령함과 언어구사력을 갖추고 있는 가장 빼어난 존재요, 가장 영특한 존재라고 하였다.

2) 이성과 양심의 빛

(1) 앞에서 살펴본 바와 같이 인간은 대체로 육체적 감각적 욕구를 가지고 있어서 악을 행하여 고통과 불행을 겪기도 하지만, 반면에 정신 곧 이성 속에는 양심이 있어서 이것으로 육체적 감성적

욕구를 억제하고 조절할 수 있게 되어 있다. 그래서 사람에게는 이러한 이성과 양심이 중요하므로 이성의 집인 두뇌는 두개골로 안전하게 감쌌으며, 양심의 집인 심장은 늑골로 보호하고 있는 것이라고 하는 사람도 있다.

(2) 칸트는 "나의 가슴을 벅차오르게 하는 것이 둘이 있으니, 하나는 내 머리 위에서 밤하늘에 별이 빛나고 있는 창공을 바라볼 때, 그리고 또 하나는 조그만 가슴속에서 반짝이고 있는 양심이 있음을 느낄 때이다"라고 하였다. 신비로운 우주 자연을 바라볼 때와 나의 작은 가슴속에서 양심이 반짝이고 있는 것을 느낄 때 가슴이 벅차오른다는 것이다.

빅토르 위고는 "바다보다 웅대한 광경이 있다. 그것은 하늘이다. 하늘보다 웅대한 광경이 있다. 그것은 인간의 양심이다"라고 하였다.

요컨대 양심이 없다면 인간은 그의 욕망으로 말미암아 추잡한 짐승이 되고, 악마로 전락하여 사회는 혼돈과 파멸의 나락으로 떨어지고 말았을 것이다. 양심에서는 정의의 줄기가 나오고 진실의 가지가 퍼지고 신뢰의 꽃이 피어나고 성실의 열매가 열리고 도덕의 향기가 풍겨나는 것이라 할 수 있다.[18]

---

18 안병욱, 『사랑과 지혜와 창조』 28면 이하.

양심의 탈환을

(이희승 교수는 수필집 『소경 잠꼬대』에서 양심을 잃어서는 안 된다는 것을 잘 지적해 놓았다. 양심이 마비되어 가고 있는 이 시대에 우리 모두가 읽어 보고 마음을 다져야 할 글이 아닌가 싶어서 그 요지를 다음과 같이 줄여 옮겨 보았다.)

우리나라에는 지금 필요한 일이 한두 가지가 아니지만 무엇보다도 급하고 가장 근본적인 문제는 양심의 탈환이다. 탈환이란 무슨 소리인가? 지금 우리는 양심을 고스라니 빼앗기고 있다. 빼앗기다니, 양심의 도둑은 누구일까? 그것은 욕심이란 놈이다.

사람이 어찌 욕심이 없을 수가 있겠는가?! 생명을 이어가자니 자연 욕심을 부릴 수밖에 없다고 변명할지도 모른다. 그러나 분수에 지나치는 과도한 욕심 때문에 야단이다.

남이야 가졌든 가지지 못했든 자기만 많이 가지면 된다는 욕심, 남이야 죽든 말든 자기만 살찌면 좋겠다는 욕심, 이러한 욕심들이 요원의 불길보다 더 창궐하고 있으니 이를 어찌하면 좋을지 가슴이 답답하기 짝이 없다.

남에게 해를 끼치고 얻는 그 부귀도 잠시, 그 영화도 순간에 그치며, 그 다음 순간에 오는 것은 참혹한 파멸이요, 나락(奈落)이요, 무간지옥(無間地獄)이다. 악을 행한 사람에게는 재앙이 온다는 것은 일호차착(一毫差錯 ; 털끝만큼의 어그러짐)이 없는 천리요 공도(公道)인 것을 어찌 잠시라도 잊을 수 있겠는가?[19]

---

19 이희승, 『소경 잠꼬대』 117면.

3. 자아를 실현하는 존재

인간의 셋째 특성으로, 사람은 누구나 다 저마다 귀중한 임무(특히 창조의 충동)를 띠고 이 세상에 태어났다. 그러므로 사람은 누구나 자신의 임무를 달성하기 위해서 전심전력을 다할 때 비로소 자신의 삶의 의미와 가치를 발견하게 되는 것이다. 다시 말하면 자기 자신의 존재의 목적을 발견하고 그것을 성취해야 할 것이다. 그러기 위해서는 자신의 목표를 세워서 꾸준히 성실하게 노력하여 자아실현 곧 자기완성을 이룩해야 한다. 그렇게 해야만 우리는 최상의 만족 상태 곧 행복에 이르게 될 수 있을 것이다.

1) **공자**는 "나는 15세에 학문에 뜻을 두었고, 30세에 자립하였으며(而立), 40세에 불혹하였고(不惑), 50세에 천명을 알았으며(知天命), 60세에 사리에 통하였고(耳順), 70세에 이르러서 마음이 원하는 바를 따라도 법도에 어긋남이 없게 되었다(不踰矩)"고 하였다.

그는 15세에 인생의 목표를 세워 일생동안 발분망식(發憤忘食)한 끝에 유교를 창시하였는데, 그 후로 그것이 수천 년 동안 중국의 통치 이념이 되었으며, 동아시아 여러 나라에도 커다란 영향을 미쳤다. 이제 21세기에는 그가 창시한 유교는 인류가 추종해야 할 이념으로서, 즉 노벨상 수상자들이 선언한 바와 같이 인류를 이끌어 나갈 이념으로 발전하여 나가고 있다. 미국에서는 공자를 인류 역사상 가장 위대한 스승으로 숭배하여 일찍부터 공자의 탄생일을 스승의 날로 정하여 기념하고 있다.

2) **플라톤**(427~347)은 명문 귀족 집안에 태어나서 다른 명문 집안 출신의 젊은이들과 마찬가지로 정치가가 되기 위하여, 디오니소스의 학교에 입학하여 훌륭한 스승의 지도 아래 교육을 받고 있었다. 그는 호머나 소프론 등의 시를 애독하였으며, 자신도 많은 시를 짓고, 희곡을 쓰기도 하였다.

♦ **플라톤**(위키미디어)

그러나 나이 20세가 되었을 때, 디오니소스 극장의 경연대회에 참가하기 위하여 희곡 대본을 써 가지고 가다가, 극장 앞에서 잠시 소크라테스가 일반 대중들에게 하는 강연을 듣고 큰 감명을 받아 "플라톤은 이제 당신이 필요합니다"라고 하면서, 가지고 가던 비극 대본을 불태워 버리고 정치가가 되려는 자신의 꿈을 포기하였다.

그는 곧바로 소크라테스의 제자가 되어 스승이 죽을 때까지 8년 동안 그를 따라다니며 철학을 공부하였다. 그리고 스승이 사형당한 후에는 피신하여 다른 나라를 전전하면서 견문을 넓히고, 40세에 아테네로 돌아와 아카데미아 학원을 세워서, 청년들에게 철학을 가르쳐 훌륭한 사회지도자로 육성하려고 하였다.

그리고 그는 집필에 몰두하여 죽을 때(80세)까지 많은 책을 써서 서양철학의 확고한 기틀을 다졌다. 후세 사람들은 플라톤의 소크라테스와의 만남을 역사상 가장 위대한 만남이라고 말한다.

화이트헤드는 "유럽 철학의 전통은 플라톤 철학에 주석을 다는 것으로 되어 있다"라고 하였으며, 버네트는 "서양문화의 가장 좋은 것, 가장 중요한 것은 모두 플라톤에 그 원천이 있다"라고 하였다.

3) **나폴레온 힐**(1883~1970)은 미국 버지니아 주 산골마을의 한 칸의 통나무집에서 가난한 대장장이 아들로 태어났다.

그는 고등학교 때까지의 성적이 좋았으면서도 가난해서 대학에 진학을 하지 못하여 자살까지 생각하였다가, 잡지사 기자로 취직하였다. 얼마 후 '돈을 벌어서 큰 부자가 되어야 하겠다'는 커다란 목표를 세웠다.

그는 돈을 버는 비결을 알기 위하여 당시 미국 제1의 부호 카네기 사장을 찾아가서, 그 비결을 가르쳐달라고 하였다. 사장은 자기가 어떻게 부자가 되었는지를 구체적으로 알지 못하여 말하여 줄 수가 없으므로 네가 그것을 회사에 나와서 찾아보라고 한다.

그는 다음 날부터 카네기 회사에 출근하여 20여 년 동안에 걸쳐서 당시 자수성가한 사람들 500여 명을 조사하고 직접 면담도 하여 그들의 성공의 비결을 찾아서 『생각하라, 그리고 부자가 되라』는 책을 썼다. 이 책은 '사업가의 바이블'로 명성을 얻었다.

그는 곧바로 퇴직하고 창업을 하여 그가 제시한 성공의 비결에 따라 노력한 끝에 억만장자가 되었다. 그리고 미국 최초로 장학재단을 만들어 많은 장학금을 기부하였으며, 교육 분야에 많은 돈을 희사하여 기부의 왕으로 이름을 떨치다가 88세를 일기로 위대한 생을 마쳤다.

태산이 높다하되

다음 시조들은 사람들이 큰 목표를 세워서 성실하게 노력하면 성공할 수 있다는 주제의 시조이다.(이기문, 『역대 시조선』에서)

태산이 높다하되 하늘 아래 뫼히로다
오르고 또 오르면 못 오를 리 없건마는
사람이 제 아니 오르고 뫼흘 높다 하돗다
— 양사언

잘 가노라 닷지 말며 못 가노라 쉬지 마라
부디 긋지 말고 촌음을 앗겨스라
가다가 중지 곧 하면 아니 감만 못하리라
— 김천택

태산에 올라 앉아 사해(四海)를 굽어보니
천지 사방이 훤츨도 하져이고
장부의 호연지기(浩然之氣)를 오늘이야 알괘라
— 김유기

♦ 泰山 (중국 산동성) 7천 계단을 오르는 사람들

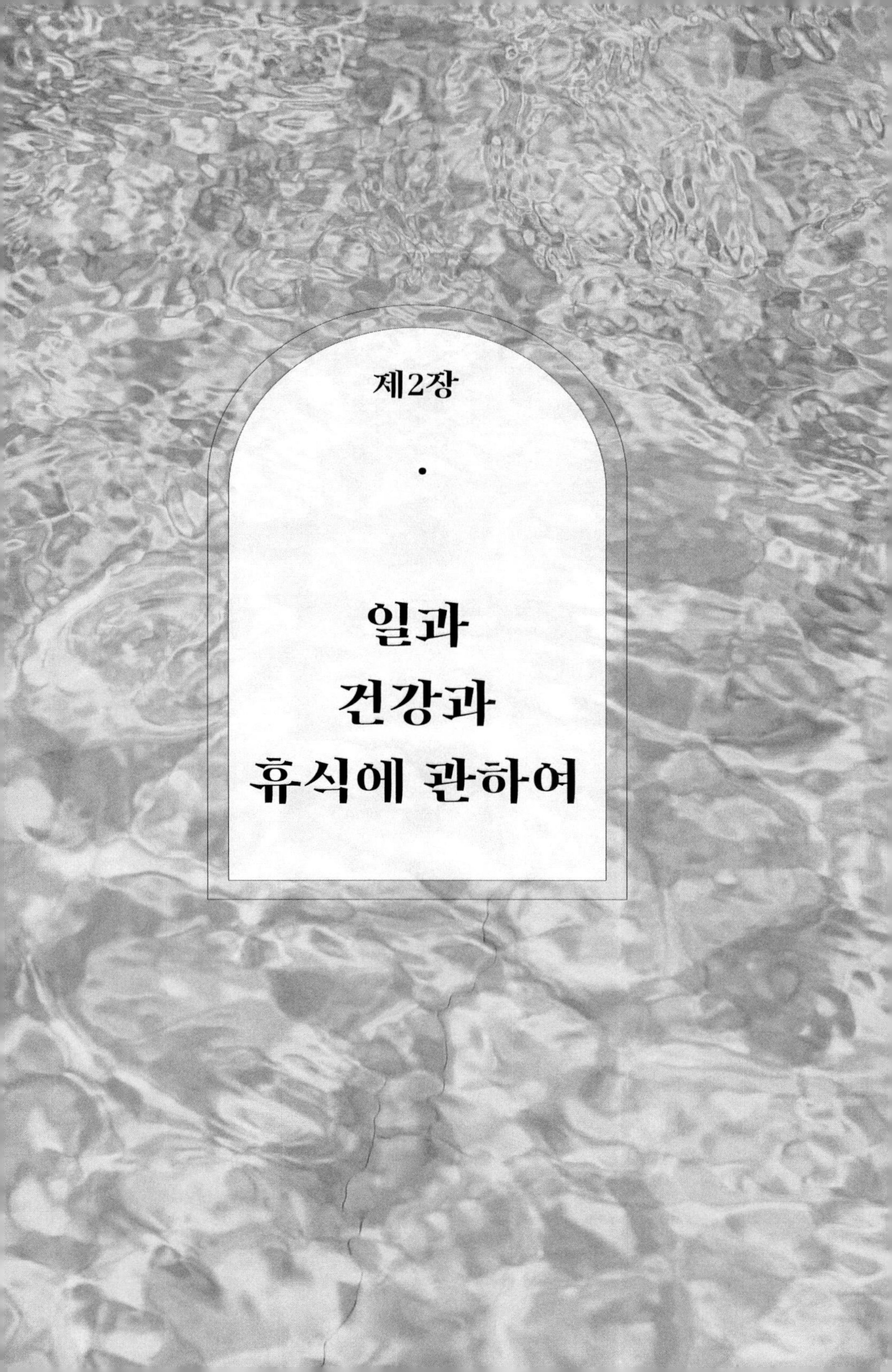

제2장

일과 건강과 휴식에 관하여

제1절
✦
일(직업)의 의미

1. 일(직업)의 의미

1) 인생의 목적

어떤 철학자는 "무엇인가 할 일이 있으며, 저녁이면 집에서 사랑하는 사람을 만날 수 있으며, 미래에 대한 희망이 있다면 행복한 사람이라 할 수 있다"라고 하였다. 이것은 인간 행복의 첫 번째 요소는 바로 일 곧 직업이라는 것이다.

이희승 교수는 인생의 목적에 대하여 다음과 같이 말하였다.[20]

'사람은 일하려고 먹느냐? 먹으려고 일하느냐?' 이 문제에 대해서는 얼핏 대답하기 어렵다, 만일 먹으려고 일한다고 한다면 먹는 것이 인생의 최고 목적이 될 것이요, … 또 일하려고 먹는다고 한다면 일이 인생의 최후 목표가 될 것이다. … 그런데 현실적으로

20 이희승, 『먹추의 말참견』 163면.

일하려고 먹는 사람보다는 먹기 위하여 일하는 사람이 훨씬 많다. 그러나 만일 사람이 순전히 먹으려고만 일을 한다면 인간과 동물을 구별할 수 없게 될 것이다.

사람이 다른 동물들처럼 먹기 위해서만 일을 한다면 사람의 삶은 아무 가치도 없는 것이 되며, 매우 비참한 꼴이 되고 말 것이다. 그래서 인생의 목적은 어떻게 하면 가치 있는 일을 많이 하느냐에 있다고 해야 할 것이다. 그렇게 하는 것이 바로 인간다운 삶이 되고 행복한 삶이기 때문이다.

2) 일의 사전적 의미

한글학회의 『우리말 큰 사전』에서 일은 '무엇인가를 이루기 위하여 몸과 정신을 쓰는 짓'이라고 하였다. 그리고 이희승 편저 『국어대사전』은 일을 '업으로 삼고 행하는 모든 노동, 벌이, 사업, 용무'라고 하였다.

『옥스퍼드 영어사전』은 일(work)을 '목표, 또는 결과를 성취하기 위하여 정신적 또는 육체적 노력을 동반하는 행위'라고 하였으며, 『웹스터 영어대사전』은 일을 '목표, 또는 결과를 성취하기 위하여 장애물을 극복하면서 자신의 능력을 발휘하는 활동'이라 하였다. 『랜덤하우스 영어사전』은 일을 '어떤 것을 생산하거나 성취하기 위하여 조작된 노력이나 노고, 노동, 수고 등'이라고 하였다.

안호상 교수는 일 곧 근로(勤勞) 또는 노동(勞動)이라는 말에 대하여 “일 곧 근로 또는 노동(勞動)은 부지런하고(勤) 수고롭게(勞) 일하기(動)라는 뜻이다. 일은 항상 정신과 육체의 힘의 소비로서 괴로움을 면치 못하는 것”이라고 하였다.

♦ 기와이기 (김홍도의 ‘단원풍속도첩’)
(국립중앙박물관)

3) 일의 중요성

앞에서 말한 바와 같이 일이야말로 인간의 행복의 첫 번째 요소라 할 수 있다. 괴테는 “기꺼이 일하고, 그리고 그 일한 것을 기뻐하는 사람은 행복하다”라고 하였으며, 로댕은 “직업(일)은 생활의 방편이 아니라 생활의 목적이다. 일한다는 것은 인생의 가치요, 인생의 환희요, 행복이다”라고 하였다. 그리고 여운형은 “가장 기쁘고 행복한 때는 일하는 순간이요, 가장 슬프고 괴로운 때는 할 일 없이 놀 때이다”라고 하였다.

일은 인간이 지니고 있는 향상욕과 성취감을 충족시켜 줌으로써 삶의 보람과 기쁨 곧 행복을 안겨주는 것이다. 그리고 또한 그 성과로 얻어지게 되는 보수는 우리가 살아가는 경제적 기반이 되기도 하고, 그것은 더 나아가서 우리의 마음에서 망상과 잡념 등을 추방하여주기도 하며, 우리의 마음에서 슬픔을 몰아내고 고뇌를 없애버리게도 하는 것이다.

인간은 이러한 일, 곧 직업 활동을 통해서 자신의 개성이나 능력을 한껏 발휘하여 사람들로부터 평가와 인정을 받고, 또한 명예와 지위를 얻고 존경도 받게 되므로 인생에서 매우 중요하다는 것은 분명하다. 그래서 사람들은 자기가 하는 일이 설령 그것이 보잘것 없는 것이라 하더라도, 아무것도 할 일이 없는 사람들보다 더 행복감을 느끼게 되는 것이다. 그런데 만일 그 일이 자신에게 흥미깊은 것이라면 거기에서 더 높은 만족을 얻을 수 있을 것이다.

세계보건기구(WHO)에서 실험한 결과, 일을 좋아하여 열심히 일하면서 보람을 느끼는 사람은 일을 할 때 뇌에서 엔도르핀이 분비되어 건강하게 된다고 하며, 만일 사람이 자신이 좋아하는 일을 할 기회를 빼앗기게 되면 중성지방이 증가하거나 혈당치가 높아져서 쉽게 질병의 위험권에 들어가게 된다고 하였다.[21]

---

21 하루야마 시게오, 반광식 옮김 『뇌내혁명』 209면.

미켈란젤로와 '천지창조'

♦ **천지창조 (미켈란젤로)**(위키미디어)

미켈란젤로는 1475년 3월 6일, 이탈리아의 중부에 있는 소도시 피렌체에서 행정장관인 아버지 로드비크와 어머니 프란체스카 사이의 5형제 중 둘째아들로 태어났다. 여섯 살 때 어머니가 돌아가신 후, 그는 어떤 석수(石手)네 집의 양아들로 들어가서 살았다.

그는 석공들이 조각하는 것을 보고 자라면서 조각에 관심을 갖게 되었다. 12세 때에는 도제학교에 들어가서 데생과 조각 수업을 받았다.

19세에는 로마로 가서 2년 동안에 걸쳐 '피에타(마리아가 죽은 예수를 안고 있는 모습)' 조각을 완성하였다. 그 후 피렌체로 돌아와서 걸작 '다비드'의 제작에 착수하여 3년 반에 걸쳐 완성한다. 이때 한 소녀가 그에게 '왜 그렇게 돌을 쪼아대고 있는가?'하고 묻자, 그는 '잠자고 있는 천사를 깨우고 있는 것이다'라고 했다 한다.

33세 되는 해 5월 어느 날, 교황 율리우스 2세가 불러서 자기 사후에 들어

갈 묘지를 조성하라고 하여 그 일을 착수하였다. 그러나 교황이 그 일에 별로 신경을 쓰지도 않으며, 면회를 요청하여도 만나주지도 않으므로 그는 공사를 하다 말고 피렌체로 돌아가 버렸다. 이를 알게 된 교황이 그를 여러 차례 불렀으나 응하지 않았다.

교황의 호출이 거듭되자 할 수 없이 찾아갔다. 교황은 반갑게 맞이하면서 베드로 성당에 있는 시스티나 예배당(당시 기독교 세계 총본산)의 천정화를 그리라고 하였다. 그는 자기는 화가가 아니라고 하였으나, 교황은 "자네는 조각가이자 훌륭한 화가가 아닌가?!"라고 하며 강력히 부탁하였다. 당시의 벽화는 석회와 물을 섞은 후 벽에 바르고 석회의 물기가 마르기 전에 그림을 그려 거기에 물감이 스며들게 하는 프레스코 기법일 뿐만 아니라, 누워서 천정에 그리는 일이어서 매우 힘든 작업이었다. 그래서 그는 자기의 경쟁자이기도 한 화가 라파엘로를 추천하기도 하였으나 교황은 받아들이지 않았다. 그는 할 수 없이 자기가 그것을 그리기로 하였다. 그것은 힘들기는 하였지만 커다란 영광이기도 하였기 때문이었다.(르네상스 3대 화가 : 미켈란젤로, 레오나르도 다빈치, 라파엘로)

그는 『구약성서』의 '창세기' 편 이야기부터 그리기 시작하여 4년여에 걸쳐서 완성하였는데, 교황은 그에게 두 명의 기사와 몇 명의 잡부를 붙여주었으나 기사들은 내보내고 잡부의 보조를 받아 혼자서 그 천정화를 다 그렸다.

그는 편지에서 이렇게 말하였다. "나는 일찍이 아무도 하지 않았던 노력을 이 일에 집중하고 있습니다. 낮이고 밤이고 일 이외에는 생각하지 않고 있습니다." "나는 거의 식사할 시간조차도 가지지 못했습니다. 요 수년 이래로 피로 때문에 건강을 망치고 있습니다." 이것은 그의 영혼이 광기(狂氣)에 빠진 상태였음을 말하고 있는 것이다. 이렇게 해서 그려진 '천지창조'로 시작되는 아홉 장면의 천정벽화가 완성된 것이다.

그는 관절염, 신경통, 그리고 눈병까지 얻었다. 고향으로 돌아가서 다시 조각 작업을 계속하였다. 그는 42세 때에 벌써 노쇠를 자각하였으며, 48세에는 하루를 일하는 데 네 번은 휴식을 취한다고 하였다.

그럼에도 불구하고 55세 때에 새 교황 바오로 3세가 그를 불러 예배당 벽면의 그림도 그려달라고 하여 이에 응하였다. 그는 '최후의 심판'을 그리기 시작하여 5년 반 동안에 걸쳐서 완성하였다. 이 벽화에는 400여 명의 인물이 그려져 있다. 이것은 천정벽화와 어우러져 하나의 벽화로서 최고의 인류문화유산이 되었다.

그 후 그는 '성가족' 등의 회화와 많은 시와 수많은 조각 작품을 남기고, 1564년 89세에 로마에서 위대한 생을 마감하였다.(이상, 곰브리치, 『서양미술사』. 로맹 롤랑, '미켈란젤로', 신구 『세계의 인간상 8』 등 참고)

2. 일과 그 특징

1) 인간의 역사는 일의 역사

인간의 역사는 일의 역사라고 해도 지나친 말이 아닐 것이다. 인간이 이 세상에 출현하면서부터 오늘에 이르기까지 일하면서 살아 왔으며, 미래에도 일하면서 살 것이기 때문이다.

김태길 교수는 "대부분의 사람들이 미성년 시기를 장래의 일 곧 직업을 위한 준비활동으로 보내고, 성년이 된 후에는 은퇴할 때까지 직업 활동을 계속하는가 하면, 은퇴한 후에도 자신의 직업과 관련해서 연금을 받으며 살아가게 된다. 그러므로 사람은 평생을 직업과의 관계를 맺고 살아가고 있는 것이다. 이렇게 본다면 직업 활동은 우리 인간에게 있어서 가장 중요한 삶의 한 과정이라고 생각하지 않을 수 없다"고 하였다.(김태길 외, 『삶과 일』 142면)

그는 또 "일 곧 직업 활동을 통해서 사람들은 경제적 소득을 올리면서, 자신의 창의성을 발휘하여 자아실현을 이룩하는 것이다. 그뿐 아니라 사람들은 직업 활동을 통해서 사회에 봉사하고 사회에 공헌을 하면서 행복한 삶을 살아가는 것이다. 그리고 또 직장에서 일하면서 접촉하는 직장 동료들과 바람직한 교유를 통해서도 많은 보람을 얻을 수 있는 것이다"라고 하였다.(위의 책 145면)

2) 직업의 특징

고영복 교수는 대체로 직업은 다음과 같은 세 가지 특징을 가지

고 있다고 말하였다.[22]

첫째로, 직업이란 생계를 유지하는 데에 필요한 돈을 벌기 위하여 행하는 계속적인 활동이다. 따라서 이 경우에는 생업(生業)이라고 할 수 있다.

둘째로, 직업은 자기의 개성을 발휘하면서 사회에 기여하는 것이다. 이러한 측면에서 이를 천직(天職)이라고 할 수 있다. 인간은 직업 활동을 통해서 능력을 발휘하여 여러 가지 문화를 산출하며, 상호 협조하여 사회를 유지 발전시키고 있다.

셋째로, 직업은 사회에서 역할 분담을 하는 것이다. 직업은 각자에게 역할을 부여하며, 이것을 통하여 상호의존 및 역할을 다하는 것이다. 그래서 직업을 직분(職分)이라고도 한다. 인간은 직업을 통하여 다른 사람과 사회관계를 형성하며, 공동체 생활의 존속 · 발전에 참여하는 것이다.

---

22 고영복 외, 『현대와 생활』 269면.

김대성과 불국사 · 석굴암

김대성(金大城)은 700년(효소왕 9년)에 당시 신라의 경주 북쪽 모량 마을에서 태어났다. 아버지 김문량은 중시(中侍 : 총리)를 역임하였다.

아버지는 그의 나이 11세 때 돌아가셨다. 그는 커가면서 사냥을 좋아하였는데, 토함산에 올라가 곰을 한 마리 잡아가지고 내려오다가 한 산골 집에서 묵게 되었는데, 그날 밤 꿈에 신이 나타나 '네가 나를 죽였으니 내가 너를 잡아먹겠다'고 덤벼들었다고 한다. 그 후 사냥을 그만두고 곰을 잡았던 곳에 장수사라는 절을 지었다 한다.

745년(경덕왕 4년)에는 아버지가 역임하였던 중시에 취임하였다가, 5년 후에 사임하고 이듬해인 751년부터 불국사와 석굴암이 있는 석불사의 창건을 시작하여 전국의 미술가들은 물론 당나라에서까지 석공을 초치하여 공사를 하였다. 이때 옛 백제에서 온 석공(아사달)의 아내(아사녀)가 면회를 왔어도 경비가 '면회금지령'을 들어 못 만나게 하면서까지 일을 추진했다고 한다(無影塔의 전설이 있다).

김대성은 죽을 때까지 20년 동안 설계를 비롯하여 건축, 조각, 공예 등의 작업을 위하여 심혈을 기울이다가 완공을 앞두고 774년 사망하였다. 그는 노령에 이르기까지 여기에 몰두하여 우리나라 최고의 예술 작품을 남기게 되었다.(황수영, '김대성', 『한국의 인간상 5』에서)

그가 전심전력을 다해서 건축했던 불국사와 석굴암은 신라문화의 결정체로서, 우리나라 문화재의 얼굴이며, 한국미의 상징이라 할 수 있다. 국내 최초로 유네스코 세계문화유산으로 지정되었다.[23]

---

23 유홍준, 『나의 문화유산답사기3』 227면.

석굴암에 대하여

유홍준 교수는 다음과 같이 말하고 있다.(『나의 문화유산답사기 2』 159면)

"석불사의 석굴(석굴암), 그것은 종교와 과학과 예술이 하나됨을 이루는 지고의 최고미(最高美)이다. 거기에는 전 세계 고대인들이 추구했던 이상적인 인간상으로서 절대자의 세계가 완벽하게 구현되어 있다. … 우리는 석굴에 감도는 고요의 심연에서 끝도 없이 흐르고 있는 신비롭고 장중한 정밀(靜謐)의 종교음악을 감지할 뿐인 것이다."

"석굴에는 불, 보살, 천(天), 나한(羅漢) 등 모두 마흔 분 모셔져 있다. 거기에는 절대자를 중심으로 한 천상의 질서가 정연하게 펼쳐져 있다. … 그 절묘한 만다라를 모두 해석해낼 학자는 아직 없다. 석굴암은 인간이 만들어낼 수 있는 가장 완벽한 기술로 축조되었다. …

보지 않은 자는 보지 않았으므로 말할 수 없으며, 본 자는 보았으므로 말할 수 없다."

3. 일에의 몰입과 그 성취

1) 목표를 세워서 노력해야 한다

(1) 인간의 자아실현 욕구

사람은 누구나 자아실현 욕구를 가지고 있으며, 이 욕구를 충족하려고 노력하는 가운데 자아실현을 이룩하게 된다고 한다.

심리학자 A. 매슬로는 사람에게는 ① 최하위 욕구인 음식을 먹는 것, 잠자는 것, 섹스 하는 것과 같은 생리적 욕구가 있으며, ② 이것이 충족되면 다음으로는 감성적 · 재정적 안정과 같은 안전의 욕구를 갖게 되고, ③ 다음으로는 애정과 소속감의 욕구, 곧 가정이나 조직에 속하고 싶은 욕구를 갖게 되고, ④ 다음으로는 명예욕처럼 남이 알아주기를 바라는 자아존중 욕구를 갖게 되고, ⑤ 마지막으로는 자아실현 욕구를 갖게 된다고 하였다.[24]

(2) 목표를 세움

펑마이펑은 목표가 없는 사람은 지속적인 노력을 통하여 성장해 나갈 수 있는 힘을 상실한 사람이므로 결국 나태해질 수밖에 없고 하였다. 반대로 목표가 뚜렷한 사람은 자신의 미래를 스스로 설계할 능력을 갖추고 있기 때문에 좀 더 충실한 삶을 살아가게 되며, 언제 어디서나 끊임없이 노력하게 된다. 이러한 사람은 곧 기대를 가지고 살아가는 사람은 이미 행복한 존재이다. 그러므로 자

---

24 엘렌 레펠 셸, 김후 옮김 『미래의 일자리』 161면.

신을 행복하게 하고 싶다면 우선 목표를 세워야 한다고 하였다.[25]

그는 또 만약 사람에게 아무런 목표가 없다면 마치 불나방처럼 이리저리 날아다니며 유리창을 마구 들이박게 될지도 모른다고 하였으며, 목표가 분명하고 그 목표를 향해 끊임없이 전진해 나간다면, 언젠가 천국은 그 앞에 찬란한 모습을 드러낼 것이라고 하였다.[26]

오래전에 미국의 예일대 졸업예정자들을 대상으로 조사한 결과, 구체적인 인생의 목표를 가지고 있는 사람이 3%에 불과하였는데 그로부터 20년 후 다시 조사한 결과 그 3%의 사람이 가진 부를 합친 것이 나머지 모두(97%)의 것을 합친 것보다 더 많았다는 사실이 밝혀졌다고 한다.[27] 구체적이고 뚜렷한 목표를 세워서 자신을 가지고 꾸준히 노력하면 성공할 수 있다는 사실을 이보다 더 설득력 있게 보여준 사례는 많지 않을 것으로 보인다.

(3) 신념의 힘

미국의 철학자이며 심리학자인 윌리엄 제임스는 "보통사람은 그들의 잠재 능력의 10%밖에 발휘하지 못한다"라고 하였다. 그러므로 역사상 성공한 사람들은 대부분 일찍부터 '나는 할 수 있다'는 자신감을 가지고 자신의 꿈 곧 인생의 목표를 세워서 그것을 달성하기 위하여 노력함으로써 자기 자신의 능력을 최대로 발휘한 사람들이라 할 수 있다.

---

25 펑마이펑, 권용중 옮김 『니체의 행복철학 147』 31면.

26 펑마이펑, 위의 책 66면.

27 올리브 버크먼, 김민주 외 옮김 『행복중독자』 38면 이하.

애덤 잭슨은 "삶 속에서 무엇을 원하든 당신이 먼저 해야 할 일은 무엇이 가능하고 무엇이 가능하지 않은지에 대하여 자신의 마음가짐과 신념을 점검하는 일이라고 할 수 있는데, 그것은 어떤 일에 대한 가능성을 믿지 않는다면 그 일을 해내기 어렵기 때문이다"라고 하였다. 사람이 무엇을 하기 위해서는 '그 일을 성취할 수 있다'는 신념 곧 확신이 있어야 하는데, 그것을 갖기 위해서는 하루에도 세 번 이상 반복적인 기도나 기원 같은 자기 암시를 하라고 하였다. 그리고 나아가서 강렬한 욕망을 가지고 성실하게 꾸준히 노력해야 한다고 하였다.[28]

세계적인 주식 부호 워렌 버핏은 "사실 나의 성공 비결이라 한다면 항상 창업에 성공한 사람들의 이야기에 푹 빠져 사는 정도랄까, 나는 그들의 사업에 대한 강렬한 욕망을 가지고 꾸준하게 노력한 이야기를 들어보면서 미래에 성공한 내 모습을 상상하는데, 그것이 나에게 성공을 향해 달려갈 원동력이 되었다"라고 하였다.[29]

2) 몰입과 자아성취

(1) 일에의 몰입

사람은 목표를 세워서 그것을 성취할 수 있다는 확신을 가지고 거기에 완전히 몰입하여 전력투구를 할 때, 그 집중도가 높아져서 하는 일의 효율성이 증진되어 성공하게 된다고 한다. 우리는 흔히 악기 연주나 음악 감상, 그림 그리기, 요리하기, 스포츠 게임, 바둑

---

28 애덤 잭슨, 장연 옮김 『책의 힘』 32면 이하.

29 쑤린, 원녕경 옮김 『어떻게 인생을 살 것인가』 183면.

등의 취미활동에 쉽게 몰입하지만, 여기서 말하는 몰입은 이런 것들이 아니라 어떤 일에 대한 것을 말한다.

몰입이란 어떤 일에 주의를 집중하여 배고픔도 피로도 잊어버리고, 재미있게 전심전력을 다하여 시간 가는 줄도 모르고 거기에 빠져버리는 열정을 쏟아붓는 상태를 말한다. 환경에 방해를 받거나 어떤 변수에도 흔들림 없이 거기에 빠져서 전력투구하는 것을 말한다. 이러한 몰입에 대하여 칙센트미하이는 '자신이 하는 일에 빠져들어 자의식(自意識)도 잃고 시간 개념이 없어질 정도에까지 이른 상태'라고 하였다. 예술가들이나 의사만이 아니라 용접공 같은 노동자들에서도 그런 상태를 흔히 볼 수 있다고 한다.

(2) 자아성취 곧 자아실현

사람에게 중요한 것은 자기가 몰입할 수 있는 일, 곧 적성에 맞는 일(목표)을 찾는 것이다. 사람에 따라서는 일찍이 자신의 소질이나 적성을 빨리 발견한 사람이 있으나 대부분의 사람들은 그렇지 못하며, 또 대부분의 일은 누구나 할 수 있는 것이므로 잘 선택하여 확신을 가지고 몰입해서 자아실현을 성취해야 할 것이다.

에디슨은 초등학교에 입학하여 공부에 취미가 없어서 공부를 하지 않아 학력이 뒤처져 3개월 만에 퇴학을 당했다. 그는 자기 집 지하실에 실험실을 설치하여 실험과 공작에 몰입한 후, 발명을 하기 시작하였으며, 그리하여 일생 동안에 전화기 · 전기 · 축음기를 비롯하여 평생 동안 1,300건 이상의 특허를 받아 세계 제1의 발명

왕으로 칭송을 받게 되었다. 그렇게 된 것은 그는 항상 그가 하는 일에 몰입하였기 때문이었다고 한다. 그는 "천재란 1%의 영감과 99%의 땀이다"라고 하였다.

『일을 잘한다는 것』의 저자들은 일을 할 바에는 몰입을 잘해야 한다고 하였으며, 그래서 조그만 가게를 하더라도 그 가게만의 뛰어난 특징이 있게 해야 한다고 하였다. 그리고 취업한 딸에게 유능한 사원이 되려면 "① 회사에서 누구를 만나든 '안녕하세요?' 하는 등 인사를 잘 하고 ② 주변에서 일 잘한다고 알려진 사람을 주시해서 살펴보고 ③ 항상 고객의 시각으로 생각하면서 일을 하라"고 했다는 것이다.[30] 이것들은 일을 함에 있어서 몰입 곧 최선을 다하라는 것이라 할 수 있겠다.

---

30 야마구치 슈, 구스노키 겐, 김윤경 옮김 『일을 잘한다는 것』 192면.

생각하라 그리고 성공하라

1) 구체적인 목표를 세워라

앞에서 언급한 나폴레온 힐의 『생각하라, 그리고 부자가 되라』는 책에서 말하는 성공할 수 있는 비결의 핵심 요점은 다음과 같다.

첫째로, 인간은 '자기가 생각하고 있는 것과 같은 인간이 되는 것'이므로 야망 곧 커다란 목표를 세우라고 하였다. 그런 목표란 우리의 열정을 일깨워주고 그것을 실현하기 위해서 적극적으로 노력하게 만드는 가슴 뛰는 목표를 말한다. 그러한 목표를 추구하는 과정에서 우리는 기쁨과 환희를 느낄 수 있다고 한다.

둘째로, 자기 자신의 목표를 달성하기 위해서는 우선 자기가 그것을 할 수 있다는 자신감을 가져야 하며, '내가 그것을 할 수 있다'라고 내가 나에게 강렬한 자기 암시를 하라고 하였다. 그리고 남에게 암시를 주는 것이나 마찬가지로 내가 나에게 암시를 주는 '자기 암시'도 똑같은 일종의 최면술이라 할 수 있으며, 그것은 자기가 자기 자신을 칭찬하는 것이기도 하다. '칭찬은 고래도 춤을 추게 한다'는 말처럼, '자기가 자기 자신을 칭찬하는 것도 자기 자신에게 용기를 북돋아 준다'는 사실을 알아야 한다.[31]

셋째로, 성공하기 위해서는 자신의 목표를 적어놓고 틈나는대로 자기 자신을 칭찬하면서 기도하고 다짐하면서 전심전력을 다하라는 것이다. "나에게는 인생 최대의 목표를 달성할 능력이 있다. 그러므로 인내하며, 끈기 있게 나의

---

31 헨리 포드가 자동차를 만든다고 하자 사람들은 비웃었으나, 단 한 사람 발명왕인 에디슨만이 엔진 설계도를 보고 '틀림없이 좋은 발명품이 될 것'이라고 칭찬하자, 용기백배하여 자동차회사를 설립한 끝에 성공하여 자동차 왕이 되었다. — 김옥림, 『인생의 고난 앞에 흔들리는 당신에게』 112면.

모든 정열을 여기에 쏟아서 기어이 그 목표를 달성하고야 말겠다"라고 마음속 깊이 새기고 다짐하면서 성실하게 노력해야 할 것이다.

2) 성실함은 성공의 원동력

중국에 사마광이라는 유학자가 있었는데, 그의 한 제자가 평생토록 마음속 깊이 새겨두고 행할 만한 말을 해달라고 하자, 스승은 말하기를 그것은 '성실(誠)'이라 하였다. 그러자 제자는 다시 그것을 행하는 방법을 말해달라고 하였고, 스승은 "그것은 거짓말을 하지 않는 데서부터 시작한다"고 하였다.

유교의 경전인 『주역(周易)』은 주로 성명(性命, 인간의 본성)과 천도(天道, 자연의 이법) 같은 형이상학적인 이론을 말하고 있다. 즉 "만물의 변화(易)의 도(道)는 한 번은 음이 번성하고 한 번은 양이 번성하며, 성장과 쇠멸의 변화를 그치지 않는다"하고, "해가 중천에 이르면 곧 기울어지고, 달이 가득차면 곧 이지러지며, 천지 만물이 생성 소멸하는 것은 시간과 더불어 변화하는 것이다"라고 하였다. 그리고 "하늘의 운행은 건실하여 잠시도 쉬는 일이 없다. 군자는 이것을 본떠서 굳세어 쉬지 않고 노력한다"라고 하였다. 천도는 성실하게 운행되고 있으며, 사람은 이것을 본받아서 성실하게 행해야 한다는 것이다.

그런가 하면 유교의 경전인 자사의 『중용』은 그 전반부에서는 중(中)을 말하고, 그 후반부에서 사람이 잘 살기 위해서는 성(誠) 곧 성실하게 노력할 것을 강조하여 말하였다. 즉 "오직 지극히 성실한 사람만이 자기의 성(性)을 다 발휘할 수 있다(22장)"라고 하였다.

그리고 주자학의 완성자인 주자는 인생을 살아감에 있어서 성실함이 무엇보다도 중요하다고 하였는데, 성실함(誠)이 무엇인가에 대하여 다음과 같이 말하였다. 즉, 그것은 '진실하고 거짓이 없음(眞實無妄)'을 이른 것으로서, 천리(天理)가 본래 그러한 것이라고 하였다.

다시 말하면 우주 만물 곧 자연은 낮이 지나면 밤이 오고, 밤이 지나면 낮이 오며, 그리고 봄이 지나면 여름이 오고, 여름이 지나면 가을이 오며, 가을이 지나면 겨울이 오고, 겨울이 지나면 다시 봄이 오듯이 자연은 변함 없이 거짓 없이 꾸준히 운행됨으로써 우주 만물이 생성되고 소멸하는데, 이러한 천지 만물의 생성 소멸의 도를 성실함이라 한다는 것이다. 따라서 인간은 이러한 자연의 대원리인 성실함을 다하여야 자신이 하고자 하는 일을 성취할 수 있다는 것이다.(꼭 읽어야 할 책 – 『주역(周易)』과 『중용』)

4. 일의 본질에 대한 고찰

1) 현대인의 직업

현대인들의 삶에 있어서 일 곧 직업은 무엇보다도 중요한 위치를 차지하고 있다. 그러므로 우리들은 사람을 처음으로 만나면 서로 '무슨 일을 하느냐?'고 물으며, 서로가 하는 일에 대하여 말하는 것이 보통이다.

현대인에 있어서도 일은 자신의 생존을 유지하기 위한 필요불가결의 수단이며, 그것은 또한 가족을 부양하고 이웃과 세상을 지탱하고 발전시키기 위하여 매우 중요한 것이다. 그래서 자기가 하는 일에 보람과 기쁨을 갖지 못하고 마지못해 하고 있다고 생각하는 사람도 자기에게 주어진 일을 감당하고 있는 한, 그도 쓸모 있는 사람이라고 할 수 있는 것이다.[32]

따라서 일을 하지 않는 사람이나 직업이 없는 사람은 그의 경제적 필요와 상관없이 마치 우리 사회에서 무가치한 존재로 취급되기도 한다. 그래서 사람들은 조금이라도 더 나은 일을 찾으려고, 혹은 더 나은 직장을 얻으려고 전심전력을 다한다.

우리는 일이 우리의 삶에서 그토록 중요한 것인지, 우리의 삶에서 얼마만큼을 일에 내어주어야 하는지에 대해서는 생각할 틈도 없이 일하면서 살아가고 있다. 이와 같이 일은 가정생활보다, 취미나 오락보다, 여가나 휴식보다 더 중대한 것이다. 우리는 가정에서

---

32 구상, 『삶의 보람과 기쁨』 40면.

가족과 함께해야 할 시간에 회사에 남아서 야근을 해야 하고, 때로는 직장에서의 성공 곧 승진을 위하여, 때로는 치열한 경쟁에서 밀려나지 않기 위하여 '퇴근 후의 시간'을 어떻게 활용할 것인지 고심하기도 한다.[33]

2) 일(노동)의 보람

러셀은 그의 『행복의 정복』에서 행복을 가져오는 요소의 하나로 '일'을 들면서 다음과 같이 말하였다.[34]

"대부분의 사람들이 자기의 직업을 통해서 그가 하는 일 그 자체에 대하여 흥미 있는 것이라고 할 수는 없을 것이다. 그러나 그렇다고 하더라도 그날그날 자기 자신이 무엇을 할 것인가를 찾으려고 애를 쓸 필요 없이 해야 할 일이 주어져 있다는 것이야말로 일의 분량에 있어서 지나치게 과도하지만 않다면 분명히 유쾌한 것이 아닐 수 없을 것이다. 더구나 좋은 일이기만 하면 그것이 어떤 일이든 성실하게 몰두한다면 그것에 흥미를 갖게 되고 그리하여 성공한다면 행복한 상태에 이르게 될 것이다."

실제로 그가 하는 일이 재미가 별로 없다고 할지라도 하지 않으면 안 될 일을 하고 있을 때에 느끼는 권태감은 하는 일이 없이 하루하루를 보내고 있을 때에 느끼게 되는 권태감과는 비교가 될 수 없다고 한다.

---

33 시울라, 안재진 옮김 『일의 발견』 345면.

34 러셀, 김영호 외 옮김 『행복의 정복』 243면 이하.

그런가 하면 그가 하는 일이 가져다주는 이와 같은 직접적인 이로운 점 외에 그 일에 결부되어 있는 다른 이로운 점도 있는데, 그것은 다른 것이 아니라 다가오는 휴일을 아주 즐거운 것으로 만든다는 것이다. 한가로운 시간을 현명하게 보낼 수 있게 된다는 것은 매우 즐겁기 때문이다.

일일부작 일일불식

중국의 당나라 때에 백장(百丈) 회해(懷海)는 총림에서 시행해야 할 규칙으로 선원청규(禪院淸規)를 제정하였다. 원래 계율은 출가자의 생산 활동을 금하고 있음에도 '하루 일하지 않으면 하루 먹지 아니한다(一日不作, 一日不食)'는 계를 새롭게 삽입하였던 것이다.

그 후로 자신도 이를 철저히 지켜서 그 모범을 보임으로써 출가자들이 모두 일을 하도록 하였다. 그런데 그가 노쇠하여 매우 힘들어 하였으므로 젊은 스님들이 그에게 일을 하지 못하게 하자, 그는 그날 하루를 굶어버렸다. 이렇게 하여 청규를 모든 출가자들이 철저하게 실천한 결과 당나라 무종이 이른바 '불교를 배척하고 석가를 훼손한다(排佛毁釋)'는 중국 역사상 최대의 불교탄압을 가함으로 말미암아, 거의 모든 중국 불교 종파가 하루아침에 몰락했음에도 선종만이 살아남아 발전하였다.

— 9년 동안의 장기에 걸쳐서 행해진 농민봉기(黃巢의 난)를 겪고 난 당나라 무종은 재정 위기를 극복하려고 845년에 사원의 전답을 몰수하였으며, 4,600여 개의 사원을 파괴하고, 40,000여 개의 정사를 헐어서 그 목재와 건축자재는 정부 건물을 수리하는 데에 쓰고, 금과 은 불상들을 돈으로 주조하고, 철로 된 불상들은 농기구를 만드는 데 사용했으며, 26만여 명의 남자 승과 16만여 명의 노예를 강제 환속시키는 등 역사상 최대의 불교 탄압을 가하였다. (任繼愈, 추만호 외 옮김 『중국중세불교사상비판』 200면)

5. 일과 인간다운 삶

1) 맹자는 모든 백성들에게 생산적 직업을 갖도록 하는 것이 중요하다고 하였다. 즉 "정해진 일이 있는 사람은 일정한 마음(행복한 마음)을 지니게 된다. 그러나 정해진 일이 없는 사람은 일정한 마음을 지닐 수 없다"라고 하였으며, "진실로 일정한 마음이 없으면 방탕, 편벽, 사악, 사치 등 못할 짓이 없을 것이다"라고 하였다. 따라서 오늘날 모든 국가의 위정자들은 사람들 특히 젊은 사람들을 위한 일자리를 만들기 위하여 최대의 노력을 기울이고 있는 것이다.

♦ **하회 · 병산탈 (국보)** (문화재청)

2) 전술(제1장 7절)한 바와 같이 인간의 삶의 목적은 자아실현에 있으며, 자아실현은 일 곧 노동을 통해서 자신의 창의력과 변용력

을 발휘함으로써 이루어지는 것이다. 이때 인간은 자아실현의 자유를 만끽하게 되는 것이다.

차인석 교수는 인류역사의 초기부터 인간이 자유의 의미를 깨닫게 된 것은 바로 이러한 노동을 통해서 자연에서 자신을 분리시키기 시작했을 때부터였을 것이다. 그리고 인간은 밭을 갈고 씨를 뿌려서 굶주림과 헐벗음으로부터 스스로를 자유롭게 할 수 있게 되었으며, 자신의 뜻에 맞추어 자연을 변형하고, 자연을 자기의 것으로 삼음으로써 정복의 희열을 느꼈을 것이다.[35]

그리고 그들은 나무를 깎아서 조각을 하고, 악기를 만들어 자연에 없는 선율을 엮어 내기도 하고, 면포 위에 아름다운 모습을 그려 놓기도 하며, 흙을 빚어 상을 만들기도 하였다. 이같이 인간이 그의 영혼, 상상력, 그리고 의지를 통해서 문화와 역사를 창조함으로써 그들의 삶을 풍성하고 아름답게 하였다.[36]

---

35 차인석, '인간다운 삶과 …', 한국철학회, 『인간다운 삶과 철학의 역할』 14면.

36 차인석, 위의 책 15면.

긍정적으로 일하라

공자에게 형의 아들 공멸이 있었는데, 공자가 그에게 "벼슬해서 얻은 것은 무엇이며, 잃은 것은 무엇이냐?"라고 묻자, 공멸은 얻은 것은 한 가지도 없으나, 잃은 것은 세 가지나 있다고 하였다. 즉 나라의 일에만 얽매이게 되니 학문을 익힐 수가 없었으며, 녹봉이 적어서 죽을 먹고 살 형편이니 친척 간에 소홀하게 되었고, 공무에 다급해서 죽은 자를 조상하지도 못하고, 병든 사람도 문병하지 못하게 되어 친구들 간에 소홀하게 되었다고 하였다.(이민수 옮김, 『공자가어』 175면)

공자는 관리를 하고 있는 제자 복자천을 찾아가서 공멸에게 물은 그대로 물었다. 그런데 복자천은 공멸과는 달리 벼슬에 나온 뒤로 잃은 것은 아무것도 없으나, 얻은 것이 세 가지가 있다고 하였다. 즉 그는 젊어서 배웠던 것을 실천하게 되어 학문이 더욱 밝아지게 되었고, 녹봉을 받은 것으로 친척들까지 돌봐주게 되어 친척 간에 더욱 친하게 되었고, 공무를 마친 후에는 죽은 사람도 조상할 수 있었으며 병든 사람도 위문하게 되어, 친구 간에도 더욱 정이 두터워지게 되었다고 하였다.(위와 같음)

공자가 이 말을 듣고 복자천에게 "너는 군자로구나, 군자가 아니라면 이런 말을 할 수 있겠느냐?"라고 말하였다.

이 이야기는 『공자가어』에 나오는 것으로서, 똑같은 일을 두고 한 사람은 부정적으로 생각하고 있으며, 다른 한 사람은 긍정적으로 생각하여 행복하게 살아가고 있음을 알 수 있다.

6. 일(노동)의 미래

1) 일자리에 대한 전망

전술한 바와 같이 일, 곧 노동이야말로 인간의 삶에 있어서 필수 불가결한 것이요, 인간이 행복한 삶을 살아가는 데 있어서 가장 중요한 요소 가운데 하나인 것이 분명하지만, 오늘날 과학 기술의 급격한 발전과 사회 구조의 급속한 변화로 말미암아 있던 일자리가 갑자기 없어지기도 하고, 새로운 일자리가 생겨나기도 하므로 문제가 아닐 수 없다. 특히 안정적인 중산층의 일자리가 하나하나 사라져가고 있다는 사실은 큰 문제가 아닐 수 없다. 엘렌 러펠 셸(『일자리의 미래』), 제러미 리프킨(『노동의 종말』) 등 많은 사람들이 미래의 일자리에 대한 어두운 전망을 내놓고 있으며, 그 대책을 강구할 것을 촉구하고 있다.

제러미 리프킨은 미국을 비롯한 여러 선진국들을 중심으로 이 문제를 조사하여 『노동의 종말』이라는 책을 썼는데, 여기에서 그는 갈수록 일자리가 줄어들 것이라며 다음과 같이 전망하였다.

① 오늘날 대부분의 민주 국가에서는 선거에서 표를 얻기 위하여 무리하게 빚을 내어 여러 가지 복지정책을 쓰면서 국가의 채무가 크게 늘어나 위험한 수준에 이른 나라들이 늘어가고 있으며, 따라서 공무원을 감원하고 있다.

② 그리고 과학 기술이 빠르게 발전하면서 일자리가 크게 줄어들고 있다. 즉 힘든 일은 물론 반복적으로 하는 일을 기계로 대체함으

로써 철강 산업이나 자동차 산업의 기계화가 이미 이루어졌다.

③ 더 나아가서 생각하는 기계의 출현으로 바둑 두는 로봇은 물론 암을 수술하는 로봇, 심지어는 작곡하고 노래하는 로봇과 소설 쓰는 로봇까지 등장하였다.[37]

이처럼 대부분의 산업계가 생산 자동화라는 시대로 진입하고 있어 노동자가 거의 필요 없는 경제의 세계가 되고 있다고 한다.[38]

2) 일자리와 우리의 미래

『주역』은 일찍이 '역사는 순환한다'는 이른바 순환사관(循環史觀)을 제시하였는데, 전술한 바와 같이 A. 토인비 역시 순환사관을 제시하였다. 그는 여기서 동방에서 역사가 출현하여 그리스 · 로마를 거쳐 유럽으로, 그리고 미국을 거쳐 동아시아로 순환하면서 발전할 것이라 하였다.

그리고 폴 케네디는 동아시아가 21세기를 주도할 것이며, 그 가운데서도 한국이 그 중심 국가가 될 것이라고 하였다. 세계 최고의 투자기관인 골드만삭스는 일찍이 '한국은 꾸준히 성장하여 2050년에는 1인당 GDP가 81,482달러에 이르러 미국 다음의

---

37 1993년 컴퓨터가 만든 소설 초판이 1만 5,000부 이상이 팔렸다고 한다. — 제러미 리프킨, 이영호 옮김 『노동의 종말』 247면.

38 화낙사의 로봇들이 건물 안에서 이리저리 돌아다니며, 회로판을 용접하고, 카메라의 눈을 통해 일을 검사하기도 하며, 야간에도 희미한 조명 아래 작업을 계속하는 것을 보고, 매달 2,000명이 넘는 방문객들이 탄복한다고 한다. — 폴 케네디, 변도은 외 옮김 『21세기 준비』 121면.

세계 2위에 이를 것'으로 전망하였다.[39]

♦ **발사되는 누리호**
(한국항공우주연구원의 공공저작물)

지금 우리나라는 21세기 주도산업인 TV · 냉장고를 비롯한 전자제품이 미국을 비롯한 유럽 선진국에 최고 제품으로 절찬리에 판매되고, 로봇이나 자율자동차 등을 비롯한 미래 산업의 핵심 재료인 반도체와 2차 전지를 생산하고 있다. 미래 먹거리로 대표적인 발효식품인 김치를 비롯한 우리의 여러 식품들이 최고 식품으로 인정받아 선진국으로 그 판매가 점차 확산되고 있다. 그리고 3 · 4일 근무시대로 진입하고 있는 오늘날 레크리에이션 시대의 도래와 함께 따뜻한 가족주의 문화에 바탕을 둔 우리의 영화와 드라마와 게임 산업, 그리고 K팝 등을 비롯한 한류(韓流) 문화, 100세 시대의 도래와 함께 의료산업의 발전 등으로 우리의 일자리에 대한 전망은 매우 밝다고 한다.[40]

---

39 『朝鮮日報』 2005, 12, 23. // IHS 글로벌 인사이트는 '2031년에 한국민 1인당 GDP가 72,432달러로 일본을 추월한다'라고 하였다. — 『東亞日報』 2010. 8.14.

40 미국 펜실베니아대 샘 리처드 교수는 매년 반복하는 그의 인기 교양강좌에서 학생들에게 '자기에게 자식이 있다면 한국어를 배우게 하고, 서울로 유학을 보내겠다'라고 하고 있는 것이 그것을 증명한다. 그는 한국

최근에는 세계 7번째로 2022년 6월 21일 누리호를 발사하여 한국의 신 우주위성기술을 보유하게 되었으며, 8월 5일 달 탐사선 다누리호를 발사하여 달 궤도를 돌면서 최고의 카메라를 부착하여 달의 지하에 있는 유익한 광물정보를 알 수 있게 되어 그것들을 채굴하여 가져올 수도 있게 된다고 한다.

은 1960년대 후진국에서 삼성 · LG그룹 · 현대 등의 여러 회사가 4~50년 동안에 세계 최고의 기업으로 발전하였으며, 문화에너지를 발휘하여 한류 열풍을 일으키는 등 선진국으로 도약했다고 강의하고 있다. — 『YouTube』 샘 리처드 교수의 강의.

세종대왕의 한글 창제

우리나라 역사상 가장 위대한 일 곧, 가장 큰 업적을 들라고 하면 세종대왕의 한글 창제일 것이다. 세종은 당뇨병을 비롯한 여러 가지 병에 시달리면서, 그리고 당시 사대주의에 빠진 관리들의 저항을 물리치면서 힘겹게 이루어낸 결과물이기에 더욱 값지다고 하겠다.

1) 한글 창제와 보급

문자는 문화발전의 밑바탕이 되는 매우 중요한 것이다. 우리 민족은 오랫동안 세계에서 가장 어려운 중국의 한자를 빌려 매우 불편하게 생활을 하다가, 세종이 오랫동안에 걸쳐 자녀들과 집현전 학자들의 도움을 받아 자모 28자를 창제하고(1443년), 3년 후인 1446년(세종 28년) 음력 9월 상순에 『훈민정음(解例本)』을 출판함과 동시에, '훈민정음(訓民正音)'이라는 이름의 새 글자를 반포하였다.[41] 이 훈민정음은 창제자와 반포일, 그리고 창제 철학 등이 기록되어 있는 세계 유일의 독창적인 문자이다. 이 문자는 1913년에 주시경 선생이 한민족의 글, 으뜸가는 글의 뜻으로 '한글'이라고 이름 하였다.

세종은 『훈민정음』(국보) 서문에서 "우리나라의 말이 중국과는 달라 문자로는 서로 통할 수가 없다. 그러므로 어리석은 백성들이 서로 하고 싶은 말이 있어도 제 뜻을 충분히 펼 수가 없다. 나는 이것을 매우 가엽게 여겨서 새로 스물여덟 자를 만들어, 사람마다 쉽게 배워 일상생활의 편의에 도움을 주고자 한다"라고 하였다. 세종은 안질, 고혈압, 당뇨병 등에 걸려 청주의 초수(椒水)에 요양을 가면서도 한글 창제에 관한 일만은 손을 놓지 않았다고 한다. 그는 어

41 『한글새소식』 505호, 19면.

리석은 백성을 위해서 할 일 가운데 글자 만드는 일이 가장 중요하다고 생각하여 혼신의 힘을 다 쏟았다.

세종은 '훈민정음'의 창제나 사용을 반대하는 사람들이 있어서 그들을 물리치는 데도 애를 먹었다. 집현전 부제학 최만리 등이 '무엇 때문에 야비하고 상스러운 무익한 글자를 만들어서 중국을 버리고, 스스로 오랑캐와 같아지려고 하는가?'라고 하는 격렬한 상소를 올리자, 세종은 진노하여 "그대가 운서(韻書 ; 음성에 관한 글)를 아는가? 사성(四聲) 칠음(七音)의 자모가 몇인지를 아는가?"라고 하면서,[42] 반대만 일삼는 다수의 집현전 학자들을 해임하고 정인지 등을 새로 임명하였다. 그리고 세종은 훈민정음을 보급하기 위하여 정음청을 설치하고, 정인지 등에게 명하여 『용비어천가(龍飛御天歌)』를 짓게 하였으며, 수양대군으로 하여금 『석보상절』을 쓰게 하고, 직접 『월인천강지곡(月印千江之曲)』을 지었다. 그는 또 김문 등에게는 유교경전을 훈민정음으로 번역하도록 하였다. 그 후 조선 중기부터는 훈민정음으로 쓴 시가나 소설들이 많이 나와서 널리 보급되었다.

2) 한글은 전 인류의 귀중한 자산

일찍이 옥스퍼드대학교 언어학대학에서는 현재 사용되고 있는 세계 문자에 대하여 합리성, 과학성, 독창성 등을 기준으로 우수 문자를 평가하였는데 한글을 1위로 선정하였다.

영국의 언어학자 샘슨(G. Sampson)은 '발음기관을 상형하여 글자를 만들었다는 것도 독특하지만, 기본 글자에 획을 더

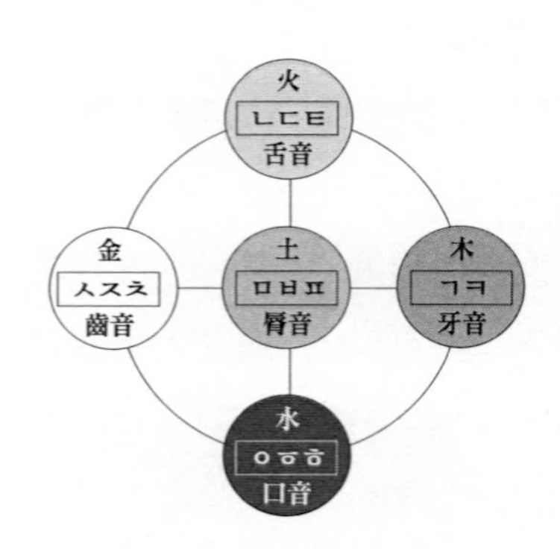

♦ 한글 자음의 오행체계도

• ; 天, ㅡ ; 地, ㅣ;人.

♦ 모음의 기초와 그 의미

42 『한국민족문화대백과사전』 한글.

하여 음성학적으로 동일계열의 글자를 파생해내는 방법(ㄱ-ㅋ-ㄲ, ㄷ-ㅌ-ㄸ 등)으로 만든, 가장 진화한 문자로서 표음문자이며 세계 유일의 자질문자(資質文字, feature system)로서도 가장 우수한 문자'라고 하였다.

미국 매사추세츠대학 노암 촘스키 교수는 '한글은 환상적인 꿈의 언어'라고 하였으며, 시카고대학 레어드 다이아몬드 교수는 '한글은 표음문자와 표의문자의 장점만 합쳐서 만들어 놓은 세계 최고의 독창적인 문자'라고 극찬하였다. 또한 메릴랜드대학 로버트 램지 교수는 '한글보다 뛰어난 문자는 없으며, 한글은 한국의 높은 문화수준을 보여주는 것'이라 하였다. 그런가 하면 시카고대학 제임스 매콜리 교수는 매년 10월 9일이면 휴강을 하고, '세계의 위대한 유산이 탄생한 날을 찬양하고 기념하는 것은 언어학자로서 당연한 일'이라 하였다.

독일의 언어학자 베르너 사세는 '한글은 유교철학과 과학이론을 결합한 세계 최고의 글자'라고 하였으며, 일본의 국제교양대학교의 노마 히데키 교수는 『한글의 탄생』을 써서 '한글의 탄생은 세계문자사의 기적'이라고 하며, '한글은 전율 넘치는 지적(知的) 혁명의 소산으로서 한국인들만의 것이 아닌 전 인류의 귀중한 자산'이라 하였다.

중국의 컴퓨터 자판을 보면 엉뚱한 알파벳만 있다. 한자를 자판에 나열하는 것이 불가능하므로 중국어 발음을 영어로 묘사해서 알파벳으로 입력하고, 단어마다 해당 글자를 찾아서 입력키를 눌러야 한자로 바뀐다. 일본 컴퓨터 자판 역시 알파벳이다.

21세기 정보화시대에 가장 최적화된 글자인 한글의 컴퓨터 업무능력은 한자나 가나보다 7배 이상의 경제 효과가 있다고 한다.

중국의 한자(10만자 이상)로는 400여 개, 일본의 가나(104자)로는 300여 개, 영어(26×4=104자)로는 300여 개의 소리밖에 표현할 수 없는 데 비하여 한글은 24개의 자모를 조립하여 11,172개 소리를 표기할 수 있다고 한

다.(『한글 새소식』 527호 17면, 528호 13면)

우리나라는 가장 문맹률이 낮은 0%에 가까운 국가가 되었으며, 유엔의 유네스코는 1989년부터 문맹퇴치사업에 큰 공을 세운 개인이나 단체에게 '세종상(King Sejong Award)'을 수여하고, 문자가 없는 나라들에 한글을 사용할 것을 권유하고 있다. 그래서 현재 세 나라가 자국의 통용문자로 한글을 사용하고 있다.(이상, 정진일, 『한국문화 1』 한글과 훈민정음)

한국국제교류단의 통계에 따르면 한국어를 가르치는 해외 초등 및 중등학교는 2022년 5월경 44개국 18,020개교이고 학생 수는 약 17만 명에 달한다. 대학은 2020년도에 107개국 1,411개의 대학에서 한국학 또는 한국어학 강좌를 개설하였고 미국 아이비리그 대학인 하버드대, 예일대, 코넬대, 컬럼비아대, 프린스턴대, 펜실베이니아대, 다트머스대, 브라운대에서도 한국어 학과를 개설하였다. 스탠퍼드대와 UC버클리대 및 콜로라도주립대는 한국어 강좌를 개설했다.

제2절
✦
건강과 장수

1. 건강과 오복

1) 『서경』의 오복

일을 잘하기 위해서 또는 자신의 목표를 달성하기 위해서 무엇보다도 중요한 것은 건강과 장수이다. 우리는 건강하지 못하여 몸이 약하거나 병에 걸리게 되면 자기의 능력과 역할을 다하지 못하게 되며, 자신은 물론 주위 사람들까지 고통 받게 된다. 그리하여 "건강한 육체에 건강한 정신이 깃든다"라고 하여 우리는 건강을 중시하여 왔던 것이다. 아무튼 건강과 장수는 일을 잘하기 위한 필수 요건이기도 하지만, 그것은 바로 행복의 중요한 요소이기도 하다. 그리하여 간디는 "인간의 첫째 의무는 자기의 몸과 마음(心身)을 건강하게 하는 것이다"라고 하였다.

우리나라를 비롯한 동아시아 유교 국가들에게는 일찍이 오복

(五福)이라는 말이 전해 내려왔다. 즉 유교의 '오경' 중 하나인 『서경』(홍범)에는 하느님(天)이 우임금에게 나라를 잘 다스리도록 '홍범구주(洪範九疇)'를 내렸다는 기록이 있는데, 그 맨 마지막의 아홉 번째에 '다섯 가지 복'이라는 것을 말하고 있다. 즉, 첫째는 오래 사는 것(壽), 둘째는 부유하게 사는 것(富), 셋째는 건강하고 안락하게 사는 것(康寧), 넷째는 큰 덕을 닦는 것(攸好德), 다섯째는 천명을 다하고 죽는 것(考終命)이다.

그 후로 일반 서민들에게 공감을 받을 수 있는 『통속편(通俗編)』이 쓰였는데, 여기의 「축송」 편에서도 장수와 건강을 말하고 있다. 즉 환담(桓譚)은 첫째는 오래 사는 것, 둘째는 부유하게 사는 것, 셋째는 귀함을 받는 것, 넷째는 건강하고 안락한 것, 다섯째는 자손들이 번성하는 것을 들었다.

2) 노인 오복

이숭녕 교수는 '노인 오복'을 말하였다. 즉 "나는 '노인 오복'을 주장하는데 이것도 젊어서 노력한 대가로 얻어지는 것이지, 사주팔자의 소관으로 믿었다가는 늙어서 초라한 신세를 면치 못할 것이 뻔하다"라고 하면서 ① 건강, ② 해로(偕老), ③ 돈, ④ 취미, ⑤ 자손이 잘 사는 것을 들었다.[43]

첫째로, 건강을 들었다. 사람에게 건강이 없다면 수백 억의 재산도 헛것이다. 이것이야말로 젊어서부터 노력한 자에게만 하늘이

43 이숭녕, 『산좋아 산을 타니』 26면 이하.

내리신 천복이려니 한다.

둘째로, 해로를 들었다. 늙으면 없어서 아니 될 존재가 바로 아내다. 진정한 인생의 벗으로서 아내가 있어야 한다. 나이 들수록 둘이 다 건강해야만 해로의 값이 발휘될 것이다.

셋째로, 돈을 들었다. 오늘날 핵가족시대로 되어 가므로 마지막에 남는 것은 부부뿐인데, 자식에게 의지하지 않고 살아갈 수 있으려면 돈이 있어야 한다.

넷째로, 취미를 들었다. 늙을수록 소일거리가 있어야 한다. 바둑, 낚시, 화초 가꾸기, 등산 같은 소일거리가 없으면 신경질과 잔소리가 많아져서 자손들에게 푸대접을 받기 쉽다.

다섯째로, 자손이 잘 살아야 한다고 했다. 자식이나 손주들이 건강하게, 그리고 생활고 없이 잘 살아야 걱정을 하지 않게 된다.

한국적인 인간 오복

언론인인 조풍연 선생은 "지금 생각해도 『서경』에서 말하고 있는 오복은 인생의 행복에서 빠져서는 안 될 다섯 가지를 어쩌면 그렇게도 잘 가려냈을까? 감탄할 만큼 적절한 것들만 들어 놓았다"라고 하였다.[44]

그는 그렇다고 해서 이러한 『서경』의 오복이 어느 시대든 한결같이 적절한 것이며, 그것들을 다 갖추어야만 행복할 것이냐? 하는 문제는 다시 생각해 볼 문제라고 하였다. 그리고 오늘의 이 시대에 들어맞는 자기 자신의 오복을 다음과 같이 제시하였다.

첫째, 우리 인간은 언제 어디서나 몸과 마음의 자유를 누리며 살 수 있어야 하고, 둘째, 건강하고 마음 편하게 살면서 장수할 수 있어야 하며, 셋째, 사랑을 주고받을 수 있는 상대가 있어야 하며, 넷째, 무엇인가 자기가 좋아하는 할 일이 있어야 하며, 다섯째, 여가를 즐길 수 있는 자기가 좋아하는 취미가 있어야 한다고 하였다. 현대인의 오복으로 자유, 건강과 장수, 사랑, 일, 취미를 말한 것이다.

---

44 조풍연, '한국적인 인간 오복'에서, 김계숙 외, 『행복과 자유』 140면.

2. 건강 · 장수의 요령

건강이 인생에서 소중한 것임에도 사람들은 흔히 건강에 주의를 기울이지 않고 소홀히 하다가 병에 걸려 고통 받고 힘들어 한다.

우리는 몸을 지혜롭게 관리하면 병에 걸리지 않고 건강하게 살 수 있다고 한다. 규칙적으로 생활하고 운동하면서 섭생, 곧 영양을 잘 섭취하고 절도와 절제를 잃지 않고 과로하거나 과식하지 않고 하루하루를 즐겁게 살면 누구나 건강하게 살 수 있다는 것이다. 다음에서는 전문의사의 저서를 통해서 건강 · 장수의 기본 요령을 간단히 언급하겠다. 의사로서 많은 사람을 치료한 경험을 토대로 하여 잘 쓴 하루야마 시게오의 『뇌내혁명』과 이시형 교수의 『이시형처럼 살아라』는 저서가 눈에 띄었다.

1) 긍정적으로 규칙적으로 살아라

『뇌내혁명』은 첫째로, 건강 · 장수하는 데에 가장 해로운 것은 스트레스(질환의 70-90%)라고 하였다. 화를 내거나 스트레스를 많이 받으면 노르아드레날린이란 독성이 발생되는데, 그로 인해 뇌의 일부가 오그라들고, 질병에 걸리거나 노화가 촉진되어 건강이 악화된다. 그리고 이웃이나 사회에 해를 끼치거나 남에게 원망을 사는 행동을 하면 무슨 까닭인지 잘 알 수 없지만 뇌는 그 사람을 서서히 죽음으로 유도해 간다.(하루야마 시게오, 위의 책 32면 이하)

반대로 늘 미소를 띤 얼굴로 사물을 보며 긍정적으로 생각한다면 뇌 안에서는 뇌세포가 활성화되고 몸을 이롭게 하는 유익한 호르몬이 분비되어 사람의 마음을 즐겁게 하면서 질병이나 암세포를 파괴한다. 그리고 바람직한 행위를 하면 아무리 괴롭고 힘들다 해도 그것을 통해서 쾌감을 얻을 수 있다. 그러면 우리 뇌에서 그만큼 많은 유익한 호르몬이 분비되어 건강하게 된다.(앞의 책 98면)

둘째로, 건강 · 장수에 또 해로운 것은 콜레스테롤이나 중성지방으로 혈관이 막히는 것이라고 하였다. 이를 방지하기 위해서는 지방 섭취량을 줄이고, 제2의 심장이라고 하는 근육량(허벅지 근육이 전체의 80%)을 키워야 한다. 그런데 성장이 만료된 25세 이전에는 과격한 운동도 가능하지만, 그 이후에는 맨손체조 같은 가벼운 운동을 꾸준히 해서 근육을 조금씩이라도 키워야 한다. 체조는 평상시 잘 쓰지 않는 근육을 움직여주므로 건강에 좋다. 노화를 방지할 뿐만 아니라 골다공증을 예방하며, 뇌에서 성장 호르몬을 분비하게 하고, 지방도 연소시킨다.(앞의 책 88면 이하)

체조 이외에도 매일 같이 한 시간 정도의 산책을 하면 좋다. 걸음걸이는 평소보다 조금 빠르게, 가슴을 펴고 허리와 등을 바르게 하고, 보폭을 넓게 하는 것이 좋다. 그리고 걷는 양은 하루에 총 1만 3천 보 정도가 좋은데, 일상생활에서 걷는 양이 있으므로 약 8천 보 내지 1만 보만 걸어도 된다고 한다(꾸준히 하면 치매, 뇌졸중, 심장질환, 골다공증, 암, 고혈압, 당뇨 등 예방과 치료). 걷는 동안에는 꿈이나 희망 같은 명상을 하면 더 효과적이라고 한다.(앞의 책 131면 이하)

2) 좋은 생활습관을 가져라

이시형 교수는 『이시형처럼 살아라』에서 장수 의사의 상징인 일본의 히노하라를 소개했다. 그 의사는 100세를 넘긴 나이에도 진료, 순회강연, 집필 등 살인적인 스케줄을 거뜬히 소화해 내고 있으며, 계단을 오를 때에도 마치 토끼처럼 두 계단씩 껑충껑충 뛰어다닌다고 한다. 그런데 그 의사는 "사람은 타고난 유전자로 마흔까지는 산다. 그 이후는 제2 유전자 곧 좋은 생활습관과 운동으로 살아야 한다"고 했다는 것이다.(이시형, 『이시형처럼 살아라』 91면)

수면학회는 성인은 하루 6시간 반에서 7시간 반 정도의 수면이 적당하다고 하였다. 밤 10시부터 새벽 2시 사이의 숙면시간에는 성장 호르몬 분비를 촉진시켜 지친 세포를 신선하게 하며, 피부를 젊고 아름답게 해준다고 하였다. 그리고 취침 전 4시간은 위장이 비어 있어야 깊은 잠을 잘 수 있다고 하였다.

먹는 음식은 일단 맛있는 것을 먹어야 한다. 그리고 천천히 잘 씹어서 물같이 되었다고 생각될 때까지 20~30분 동안에 걸쳐서 맛있게 먹으면 좋다. 꼭꼭 씹어 먹으면 밥에서 단맛이 난다. 식전에 식이섬유 위주의 간식을 조금 먹고, 식사는 푸짐하게 먹어야 한다. 사람은 배가 불러야 만족을 느끼기 때문이다. 그러나 좀 아쉽다는 선에서 끝내고, 저녁은 좀 적게 먹는 것이 좋다.(위의 책 210면)

김치, 간장, 된장, 고추장 등 발효식품에 더하여, 제철에 나오는 자연산 나물과 김이나 미역 등 해조류와 멸치를 비롯한 어물에 이르기까지 고르게 구성된 우리의 전통식은 영양 면에서 균형식단이다. — 특히 김치는 세계 5대 건강식품의 하나로 선정되었으며 또 비빔밥이 세계 최고의 음식으로 평가를 받았다는 점들은 그것을 증명한다. 미국 건강잡지 『헬스』는 김치에는 비타민 A, B, C 등이 풍부하고, 유산균이 많으며, 무기질과 섬유질이 풍부하다고 하였다.

이시형 교수는 100세까지 현역으로 뛰면서 치매에 걸리지 않으려면 늘 공부해야 한다고 하였으며, 고맙게도 뇌는 쓰면 쓸수록 좋아진다는 것이 최근 뇌 과학계의 결론이라고 하였다. 공부를 할수록 기억을 담당하는 해마의 신경세포는 증식한다는 것, 곧 머리는 쓸수록 좋아진다고 하였으며, 지적 자극과 지적 쾌감이 젊음과 건강의 비결이라고 하였다.(앞의 책 308면) — 나는 이 글을 읽고, "즐거운 독서는 운동만큼 건강에 유익하다"는 칸트의 말이 이해되었다.

김형석 교수는 50세부터 건강관리를 하고, 퇴직 후에도 무슨 일이든(봉사 · 취미활동이라도) 해야 하며, 또 꾸준히 공부하고 독서를 하여 두뇌를 건강하게 하면 육체의 건강이 따라온다고 하였다.

3) 질병에 걸렸을 경우

대체로 사람은 살아가면서 수많은 질병에 걸려서 고생하며 살아가고 있다. 현대 의학이 매우 발달하여 그에 의존하면 대부분 치료되지만 그렇지 못한 경우도 있다. 그러면 한방치료를 하기도 하고 민간에 알려진 단방약으로도 처리한다.

애덤 잭슨은 병에 걸렸을 경우에 다음과 같이 하라고 하고 있다.

첫째로는, 건강과 질병의 근원은 마음에 있으므로 '극복할 수 있다'는 자신감을 가지고 노력해야 한다. 마음은 우리의 행동을 인도하고 몸 안의 각 기관과 세포를 조절한다.

둘째로는, 깊은 호흡을 통해서 맑은 산소를 호흡함으로써 온몸에 맑은 산소를 공급하고 유독물질을 배출시킨다.

셋째로는, 매일 30분에서 1시간씩은 땀 흘리는 운동을 해서 몸을 단련한다.

넷째로는, 저지방 고섬유질의 가공하지 않은 음식을 물처럼 되도록 꼭꼭 씹어서 적당하게 먹는다.

다섯째로는, 웃음은 통증을 완화하고 장부의 운동을 도와주며 면역 시스템을 강화해주고 스트레스를 줄여준다.

여섯째로는, 휴식은 마음과 육체에 활력을 불어넣어 준다.

일곱째로는, 바른 자세는 건강과 에너지의 열쇠이다. 행복한 사람은 머리와 가슴을 펴고 다닌다.

여덟째로는, 매일 같이 신선한 공기와 햇볕을 보는 것은 건강의 주춧돌이다.

아홉째로는, 신념을 가지고 행동하며 사는 것은 치료의 중요한 요소이다.

열째로는, 충만한 사랑은 어떤 역경과 곤란, 그리고 온갖 질병도 이겨낼 수 있다.[45]

---

45 애덤 잭슨, 장연 옮김 『책의 힘』 182면 이하.

이상적인 건강식

1) 서양식의 문제점

♦ 전주비빔밥

1977년 '미국 상원 영양문제 특별위원회의 보고서'에는 "암 · 당뇨 · 심장병은 물론이고, 심지어는 정신분열증까지도 잘못된 식생활에 기인하는 식원병(食原病)이라고 할 수 있다. 현대인들이 겪고 있는 성인병은 잘못된 식사 곧 비자연적인 식사로부터 기인한다는 결론을 내릴 수밖에 없다"라고 하며 ① 현재 섭취하고 있는 총칼로리 중 탄수화물의 비율을 40~50%에서 55~60%까지 높일 것 ② 지방의 양은 40%에서 30%로 낮출 것 ③ 설탕 소비량을 40%에서 15%로 낮출 것 ④ 소금 섭취도 줄일 것, 등을 말하고 있다. 이것은 소금을 줄이는 것 외에는 우리의 한식과 크게 다르지 않다고 한다.[46]

최준식 교수는 우리의 발효음식은 영양이나 건강 면에서 매우 뛰어난 효능을 가지고 있으므로 앞으로 더욱더 각광을 받을 것이라고 말하며, 전통음식은

---

46 한식은 발효 음식(된장, 간장, 고추장, 김치, 젓 등)이 그 주류를 이루는데, 이것은 유교, 곧 음양오행사상에 입각하여 조선 후기에 이르러 완성된 것으로서, 여러 가지 재료를 넣어 놓으면 화학반응을 일으키면서 만들어지는 것이다. 이러한 발효 음식은 날것(자연)도 아니고 불로 익힌 것(문명)도 아닌, 자연과 문명을 조화시킨 것으로서, 세계에서 가장 훌륭한 음식으로 평가되고 있다. ― 최준식, 『한국인에게 밥은 무엇인가?』 151~152면.

식물성 식품과 동물성 식품의 비율이 대략 8 : 2로 나타나는데, 음식학자들은 이것을 건강식의 이상적 비율로 간주하고 있다고 하였다. 그리고 선진국에서는 지금 심혈관계의 질환을 비롯하여 고혈압 · 당뇨 · 암 · 치매와 같은 성인병과 전쟁 중에 있으며, 만병의 근원인 비만과의 전쟁 중에 있다고 하면서 이러한 질환은 과도한 동물성 식품 섭취가 주요 원인이라 하였다.[47]

사람이 건강을 유지하려면 3대 영양소인 탄수화물(80%) · 단백질(10% 이내) · 지방(10% 이내)과 각종 비타민 · 미네랄 · 섬유질 등을 섭취해야 하는데, 이것들은 식물성 식품에서 충분히 얻을 수 있다고 한다. 현미나 잡곡에는 8% 이상, 통밀에는 10~15%, 콩에는 40%의 단백질이 포함되어 있으며, 야채와 과일에는 사람에게 필요한 여러 가지 영양소가 갖추어져 있기 때문이다.

그런데 동물성 식품(고기, 생선, 계란, 우유 등)에는 불필요한 단백질과 건강에 매우 해로운 중성지방과 콜레스테롤이 많은 지방이 지나치게 많고, 필요한 탄수화물이 적을 뿐만 아니라 각종 비타민 · 미네랄 · 섬유질 등이 없다는 것이 밝혀졌다. 결국 동물성 단백질과 지방을 과다 섭취하면 암, 고혈압, 중풍, 심혈관병, 치매 등의 성인병에 걸릴 확률이 높다는 것이다.[48]

우리의 음식문화는 일제강점기(36년)를 거치면서도 영향을 받지 않았으나, 광복 이후 미군정 초기에는 막대한 양의 잉여농산물이 들여오면서, 당국이 식량난을 해결하기 위하여 분식을 권장한 결과 서구의 음식문화가 영향을 미치게 되었다. 그리하여 지금은 햄버거 · 피자 · 치킨 같은 외식시장이 증가하고, 콜라 · 사이다 같은 탄산음료가 확산되면서 비만 인구가 30%에 육박하고, 성인병 환자 또한 늘어나고 있어 사회적으로 큰 문제가 아닐 수 없다.[49]

47 최준식, 앞의 책 164면.

48 MBC스페셜 제작팀, 『목숨 걸고 편식하다』 33면 이하.

49 최준식, 앞의 책 323면 이하.

2) 최고의 건강식인 한식

일본의 영양학자 마쿠우치 히데오는 한국인의 기본 식단인 '밥에 된장국과 김치는 하늘이 내린 자연 건강식'이라 하고, 이것만 꾸준히 먹어도 고혈압 · 당뇨 · 비만 등의 성인병을 고칠 수 있다고 하였다. 특히 쌀에 보리를 섞은 밥은 콜레스테롤을 떨어뜨리며, 변비는 물론 대장암이나 당뇨병도 예방할 수 있다고 하였다.

우리의 한식을 두고 미국의 한 음식평론가는 '이렇게 훌륭한 한식이 세계에 제대로 알려지지 않는 것은 불가사의한 일'이라고 하였으며,[50] 뉴트리라이트 건강연구소장인 샘 렌보그는 "한국 음식은 자연의 힘과 시간의 힘이 합쳐서 만들어진 발효 음식이 주류를 이루고 있는 최고의 웰빙 식품이다. … 뿐만 아니라 암의 예방과 노화방지에도 탁월하다"라고 하였다.[51] 또 프랑스의 요리학교 르 꼬르동 블루의 쿠애트로 회장은 한식도 세계화하면 반도체 못지않은 좋은 수출품이 될 것이라고 하였다.[52]

최근에 영국 런던의 중심가에서도 한식 전문점들이 성업 중인데, 우리의 매운 음식을 땀을 흘리면서 먹는 영국인들이 많으며, 독일의 어떤 도시에서는 '한국의 날'이 1주에 1회 개최되어 우리 음식이 판매되는데, 이때는 항상 성황을 이룬다고 한다. 뉴요커들에게는 불고기나 비빔밥(세계음식경연대회에서 최고 식품으로 선정되었음)은 물론 육회도 즐긴다고 한다. 그리하여 한식 열풍은 서양으로 확산되고 있다.

---

50 최준식, 『한국인에게 문화가 없다고?』 102면.

51 『매일경제』 2010. 10.

52 『조선일보』 2007. 3. 26.

3. 시중사상과 건강하고 올바른 삶

『주역』은 사람이 건강하게 잘 살기 위해서는 모든 일을 시중(時中), 곧 그 때(시간과 장소와 상황)에 맞게 행해야 한다고 하였다. 즉 '자연의 변화는 그 때와 함께 운행되는 것'이며, 이러한 자연의 대도(天道)를 본받아 사람은 "머물러야 할 때에 머무르고, 나아가야 할 때에 나아가야 한다. 움직임과 머무름이 알맞은 때를 잃지 않으면 그 도가 크게 빛날 것이다"라고 하였다. 사람은 마땅히 그 때에 들어맞게 일하면서 살아가야 한다는 것이다.

『중용』의 저자는 살아가는 데 있어서는 언제나 자신이 처해 있는 상황에 따라 적절하게 대응해야 한다고 하였다. 즉 그는 "군자는 자신의 처지에 따라 행하고 그 밖의 것은 바라지 않는다. 부귀하게 되면 부귀한 대로 행하고, 빈천하게 되면 빈천한 대로 행하며, 오랑캐의 땅에 머무르게 되면 거기에 맞게 행하고, 환란이 닥치면 거기에 맞게 행해야 한다"고 하였다.

맹자는 "공자께서는 빨리 떠날 만하면 빨리 떠나고, 오래 머무를 만하면 오래 머무르며, 있을 만하면 있고, 벼슬할 만하면 벼슬하신 분이다"라고 하였으며, "공자는 성인 가운데서도 때에 들어맞게 행하신 분이시다"라고 하여, 공자를 '시중(時中)의 도를 행하신 성인'이라 하였다.

요컨대 시중은 우리가 인생을 잘 살아가는 데 있어서 꼭 필요한 중요한 지혜의 하나라고 할 수 있다. 농부가 철에 맞추어 씨를 뿌리고 거름을 주어서 가꾸고, 그리고 제때에 곡식을 거두어들이는 일은 물론이고, 젊어서는 반드시 공부를 해야 하고, 또 나이가 들면 결혼을 하여 가정을 꾸미고 자식을 낳는 등, 인간이 살아가면서 행해야 할 모든 일들을 제때에 맞추어서 해야만 잘 살 수 있다는 것을 확실하게 알고 실천해야 할 것이다.

세종대왕과 칸트의 건강관리

1) 세종대왕의 잘못된 건강관리

세종대왕은 원래 건강한 아버지와 어머니의 유전을 받아 건강체로 태어났지만, 아버지 태종이 '내가 죽은 후 3년상 중에도 고기를 먹도록 하라'고 유언 아닌 유언까지 할 정도로 고기를 즐겨 먹으면서도(부모의 상중에는 고기를 먹지 않는 것이 유교 예법), 왕들이 즐겨하는 활쏘기나 사냥 같은 취미생활을 전혀 하지 않는 등, 자신의 건강관리를 소홀히 하여 젊어서부터 당뇨병 등으로 고생하다가 53세의 아쉬운 나이에 승하하였다.

세종대왕은 유교철학에 크게 감동을 받아 새벽 4시면 일어나서 경전을 읽었으며, 때로는 밥을 먹으면서도 양쪽에 경전을 펼쳐놓고 읽었으며, '사서'와 '오경'을 100번 내지 200번을 읽어서, 유교철학을 꿰뚫어 알고 있었다. 그래서 유교철학에 따라 나라의 주인인 백성을 위하여 충성을 다하다 승하한 인류 역사상 가장 훌륭한 업적을 남긴 왕이 되었다.

♦ 세종대왕상 (덕수궁)

조선조 최고의 재상으로 칭송받은 황희 정승은 87세까지 18년 동안을 영의정을 역임하면서 세종을 보필하여 나라를 발전시키는 데 커다란 역할을 하였다. 그런데 그는 평소에 남을 도와주고 검소하게 살면서, 자신은 항상 야채 위주의 담박한

식사를 하면서도 90세의 건강 장수를 누린 것을 생각하면, 그렇지 못한 세종 대왕이 안타까울 뿐이다.

2) 칸트의 건강 장수

독일 철학자 칸트는 157cm의 작은 키에 몹시 약한 몸으로 태어났으며(1724년), 부모는 그가 대학을 졸업하기 전에, 그리고 그의 11남매 가운데 여동생 하나만 빼고는 모두 일찍 사망하였다.

♦ **칸트** (위키미디어)

그는 독일의 동쪽 변두리의 쾨니히스베르크에 있는 작은 대학교에 입학하여 주로 철학을 공부하고, 대학원에서 석사학위를 받았는데, 취직을 못 하고 9년 동안이나 가정교사를 하며 살다가, 그 후 10년 동안 시간강사를 하였다. 강사료가 적어서 처음에는 두 끼를 먹고 살았으나 몸이 약하였으므로 병에 걸리면 치료할 것에 대비하여 한 끼를 또 줄여서 그 돈을 저축하였다. 그래서 45세에 전임교수가 될 때까지 10여 년 동안을 매일 같이 하루에 한 끼만 먹고 살았던 것이 습관이 되어서 평생을 한 끼만을 먹으면서 살았다.

그는 매일 규칙적으로 아침 5시 5분 전에 기상하여 차를 두 잔 마신 후 연구하고, 강의하고 1시 30분에 점심을 먹고 나서 쉬었다가 3시 30분이면 비가 오나 눈이 오나 어김없이 매일 1시간씩 혼자서 명상을 하면서 산책을 하였다. 만년에 비가 올 때는 하인 람페가 우산을 받치고 따랐는데, 재미있는 것은 람페가 우산을 받치고 따라오면서 자꾸 말을 걸어서 명상을 방해하므로 특별한 우산대를 만들어서 일정한 거리로 떨어져 오도록 했다고 한다. 산책 후에는 다시 연구와 집필로 시간을 보내고, 밤 10시에 취침을 하였다.

이렇게 하여 그는 그 시대에는 드물게, 그것도 점심 한 끼만 평생을 먹고 80세의 장수를 누리면서 역사상 최대의 철학적 업적(그의 『순수이성비판』은 세계 역사를 변혁시킨 10권의 책 중 하나이다)을 남겼다는 사실은 '때에 맞추어 규칙적으로 생활하고, 매일 규칙적으로 사색하며 산책하는 것'이 얼마나 중요한가를 보여주는 사례라고 하겠다.

제3절

✦

휴식과
취미활동

1. 휴식과 취미활동의 중요성

1) 피로와 스트레스 해소를 위한 휴식

산업혁명 이전에는 농사를 짓던 농부나 손으로 물건을 만들어 내던 장인들은 일의 성과물이 바로 자기 것이 되었으므로 일 그 자체가 즐거움이요 기쁨이었다. 즉 인간은 본래 일을 하면서 일이 잘 진척되고 성취됨으로써 행복하게 되었다. 그래서 토인비는 산업혁명 이전에는 일 그 자체가 레크리에이션이었으므로 노동자는 남은 여가(leisure)를 전혀 레크리에이션으로 보내려고 하지 않았다.

그러나 오늘날의 직장인들의 노동의 결과물은 자기의 것이 아닐 뿐만 아니라, 그들의 일 곧 직업 활동은 육체적으로나 정신적으로 기력이 소진되어 피로가 쌓이고, 기계화된 업무구조로 말미암아 지루하고 권태롭기도 하다. 그런가 하면 직장이 대체로 목표지향적인 경쟁구조로 되어 있어서 많은 스트레스를 받게 되어 있다. 그러므로 직장인들은 반드시 쉬면서 피로는 물론 스트레스 같은 것을 그때그때 풀어버려야 한다.

따라서 하루에도 점심시간 등의 휴식시간이 주어지고, 1주일에 2·3일을 쉬도록 되어 있다. 노동에 대비되는 이러한 휴식과 여가는 하등의 구속을 받지 않는 자유로운 시간으로서, 일을 더 잘하기 위한 일종의 재충전 시간이라고 할 수 있다. 이러한 휴식시간은 생업의 여백을 적정하게 이용하여 건전한 취미활동을 함으로써 지속적인 업무 속에서 오는 피로와 지루함과 스트레스를 풀어버리고, 기력을 회복시키는 데에 매우 중요하다고 하겠다.

♦ **윷놀이도 (김홍도)**(국립중앙박물관)

지루함과 피로, 그리고 스트레스 등을 술이나 도박 등 병적인 방법으로 풀려고 하는 사람도 없지 않으나, 대다수의 사람들은 건전한 취미활동을 통해서 해결하려고 한다. 그래서 취미활동은 현대인들의 필요불가결한 것으로 깊이 자리 잡아가고 있다.

취미활동 곧 영어로 '즐기면서 쉰다'는 뜻을 가진 레크리에이션

(recreation ; 리크리에이션으로 발음하면 개조, 재창조의 뜻)이라는 말은 휴양, 유희, 위안, 회식, 환락, 기분전환, 오락 등의 뜻이 있다. 따라서 이러한 레크리에이션으로는 독서, 음악, 미술, 연극과 영화감상, 무용, 등산, 여행, 장기, 바둑, 각종 스포츠, 골프, 동식물 기르기, 수집, 수예, 게임 등 여러 가지 종목들이 수없이 많이 있다.

2) 여가 시간의 증가와 그 활용

우리나라도 앞으로 주당 3~4일 근무하는 유럽처럼 노동시간이 줄어들고 여가시간은 더욱더 많아질 것이다.

제러미 리프킨은 컴퓨터 소프트웨어, 로봇, 나노 테크놀로지, 생명공학 등과 같은 형태의 지능적 기계들이 농업, 제조업 및 서비스부분에서 사람의 노동력을 점차 대신하고 있고 농장이나 공장 및 다수의 화이트칼라 서비스 산업 부분도 빠른 속도로 자동화되어가고 있으며, 21세기가 진행될수록 반복적 단순 업무에서부터 고도로 개념적인 전문 업무에 이르기까지 육체적 · 정신적 노동이 점점 더 보다 효율적인 기계에 의해 이루어지게 될 것이며, 2050년쯤 되면 필요한 노동인구가 성인 전체 인구의 5% 정도밖에 필요하지 않게 될 것이라고 하였다.(제러미 리프킨, 이영호 옮김 『노동의 종말』 70면)

그는 또 19세기에 석탄과 증기기관, 20세기에는 석유와 내연기관이 도입되었던 것처럼, 앞으로는 수소 에너지와 연료전지기술의 발전으로 삶의 방식에 변화가 일어날 것이라고 하였다. 이러한 새로운 하이테크 혁명은 수백만의 사람들에게는 노동시간 단축과 복지증진을 가져올 것이다. 그리하여 이제 사람들이 장시간의 노동으로부터 해방되어 자유로이 여가 곧 레저를 즐길 수 있게 될 것이라고 한다.(제러미 리프킨, 앞의 책 70면)

더구나 오늘날에는 사람의 수명이 100세 시대가 되면서 우리들의 여가 시간이 크게 늘어나고 있다는 사실이다. 직장생활을 하는 동안 휴일 등의 틈틈의 시간도 적은 시간이 아니지만, 60여 세의 퇴직 이후 30~40년 동안의 길고 긴 시간을 생각하면 여가 시간을 의미 있게 보내는 것이야말로 그 중요성을 아무리 강조해도 잘못이 없을 것이다.

따라서 여가를 이용하여 무엇을 해야 할 것인가 하는 것은 사람들이 깊이 생각해야 할 문제가 되었다. 다시 말하면 여가를 어떻게 즐길 것인가 하는 문제가 중요하게 되었으며, 그리하여 엔터테인먼트 산업이 중요산업으로 부각되고 있는 것이다.

3) 취미 생활의 중요성

이제는 레크리에이션 곧 취미 생활은 문화생활이나 도덕생활과 마찬가지로 인간생활의 필수적인 것이라고 할 만큼 사람들에게는 매우 중요한 것으로 자리잡아가고 있다.

여기서 우리가 자기의 레크리에이션 종목을 선정하는 데 반드시 참고할 것은 직업에 따라서, 즉 사무원이나 연구원 같은 정신노동을 주로 하는 사람들은 등산이나 스포츠 같은 몸을 사용하는 종목이 좋을 것이며, 육체노동을 주로 하는 사람들은 독서, 음악, 미술, 바둑 같은 정신적인 활동을 하는 종목이 좋을 것이다.

나는 30대 10년 동안 틈만 나면 철학책을 읽고 책을 쓰다가 결국 당시에는 불치병인 류머티즘 관절염에 걸리게 되었다. 시내버스 정류장 한 구간(500m 정도)도 걷지 못할 정도였다. 하지만 그때부터 천천히 낮은 산을 오르기 시작하여 이를 완치하였으며, 그 후로 등산을 즐기면서 몸을 회복하여 건강하게 살아왔다.

다음에서는 여러 종목 가운데서 내가 청소년 시절부터 꾸준히 즐겨왔던 독서와 40여 세부터 40여 년을 주말이면 비가 오나 눈이 오나 거르지 않고 즐겁게 해왔던 등산에 관해서만 언급하겠다.

우리의 가무 전통과 K팝

우리 민족은 사물을 분석적으로 보는 서양인들과는 달리, 사물을 종합적으로 보고 사고하는 성향이 강하다. 예술분야도 마찬가지여서 국악도 대체로 가(歌)와 무(舞)가 함께 어우러져 있어서 이것을 분리하기가 쉽지 않다. 따라서 가무(歌舞)나 무예(武藝) 등으로 포괄적으로 불리어 왔으며, 조형예술과 대칭되는 공연예술이란 말이 나오게 되었다. 오늘날 우리의 젊은 K팝(pop) 가수들이 활발하게 몸을 움직이면서 노래하여 세계 젊은이들을 열광시키고 있는 것은 우리의 가무 전통과 무관한 것이라고 할 수 없다. 우리 K팝 가수들의 활약은 TV를 비롯한 스마트 기기 시대에 딱 들어맞아서 그들의 무대가 전 세계로 확산되고 있다.

원래 우리 국악에는 가족과 마을 공동체의 화합을 도모하고, 복을 얻고자 하는 염원이 깔려 있다. 그래서 대체로 국악의 공연은 축제에 연행되며, 축제

◆ 진도북춤 (강은영 외 4인)

는 곧 신성한 종교의례이자 신명난 놀이로 어우러지는 한 마당이 되었다.[53]

서양음악이 7음 체계로 되어 있는 것과는 달리 국악은 유교철학의 오행 사상에 입각하여 5음계로 되어 있다. 그런데 세계 많은 나라의 음악도 5음계로 되어 있으며, 또 불후의 명작인 베토벤의 제9번 '합창 교향곡'의 제4악장도 도 · 레 · 미 · 파 · 솔의 5음으로 되어 있다고 하며, 번스타인(L. Bernstein)은 '5음계의 음악이 세계 음악의 공통적 성격'일 수 있다고 하였다.[54]

우리 조상들이 자연을 곡선으로 보아 집이나 옷을 곡선으로 만들었고, 또한 우리의 춤을 곡선으로 표현하였듯이 음악도 자연의 소리에 가까운 소리깔로 표현하였다. 다시 말하면 우리의 국악은 자연의 소리를 중시하였다고 하겠다. 그리하여 우리의 심신에 자연스러운 흥을 북돋아 주며, 저절로 몸이 움직이게 되고, 그래서 팔다리를 움직이게 된다. 이리하여 '소녀시대'에 이어 '방탄소년단(BTS)' 등 우리의 젊은 K팝(한국가요) 가수들의 공연이 아시아를 넘어서 전 세계의 젊은이들을 열광시키고 있다.

이상민은 "화려한 댄스와 비주얼(visual), 다양한 장르의 높은 음악적 완성도, 거기에 관객과 호흡하며 교감하는 K팝의 무대는 바로 '한판 놀아보세' 하며 흥(興)을 돋우는 마당놀이, 말과 노래로 웃고 울게 만드는 판소리, 현란한 기술과 리듬으로 어깨를 들썩이게 만드는 농악에 깃들어 있는 흥의 문화유전자가 흐르고 있다"고 하였다.[55]

프랑스 K팝 팬 모임의 코리언 커넥션의 대표 막심 파케는 "K팝은 가창력, 멜로디, 가수들의 외모, 춤 실력 등 모든 것이 잘 어울려 차원이 다른 음악 세계를

---

53 이용식, 『민속, 문화, 그리고 음악』 295면.

54 신대철, 『우리 음악, 그 맛과 소리깔』 176면 이하.

55 이상민, 'K-팝, 세계인의 마음에 흥을 돋우다', 조영하 외, 『한국인의 문화유전자』 215면.

보여준다"라고 극찬하였다.[56] 그리고 소녀시대를 비롯한 아이돌 그룹의 2011년 6월 10일, 프랑스 파리 공연을 관람한 테드 라일리는 "K팝은 단순한 음악 장르가 아니라 일종의 무브먼트(movement)로 자리 잡고 있다"라고 하였다.

2018년에 유엔총회서 우리의 방탄소년단이 초빙되어 공연을 하였는데, 그 후 이들의 노래가 미국 최대 음악차트에서 연속하여 1위에 오르는 등 세계의 젊은이들을 열광시키고 있다. 이제 세계는 우리의 음악 무대가 되어가고 있는 것이다.

우리 전통음악은 서양음악보다 느리다. 그것은 우리 조상들이 자연을 사랑하였으므로 자연의 느린 소리를 취하여 만들었기 때문이라 한다. 느려야만 마음의 여유가 생기기 때문에 느린 우리 전통음악이 더 좋다는 결론이다. 그렇다면 우리 음악이 느린 것이 아니라, 서양음악이 빠른 것으로 보아야 한다. 초조하고 조급하게 살아가는 현대인들에게 마음의 여유를 갖게 하기 위해서라도 우리 음악이 더 좋다는 말이다. 미국의 작곡가 필립 코너는 "나는 한국의 음악가들이 자신의 유산에 대해서 흥미가 없는 것을 보고 놀랐다"고 하였다.

그것은 현대 우리의 학교 교육에서는 오랫동안 서양음악만을 가르쳐 왔기 때문에 자연히 대부분의 사람들이 우리의 전통음악을 모르는 문맹이 되어 버렸으며, 기본적인 음악 어법을 모르므로 국악을 감상할 기본 감각조차 없게 되었다. 그리하여 자연히 사람들이 우리의 전통음악을 경시하게 되었다.

아리랑은 우리 민족이 가장 즐겨 부르는, 한국인을 하나로 묶는 민요이다. '아리랑'은 한자로 我離郞이라 하여 '사랑하는 임을 떠난다'는 뜻에서 유래했다는 설, 나라가 어수선하여 백성들이 괴로운 소리만 듣게 되니 차라리 귀가 먹었으면 좋겠다는 뜻의 아이롱(我耳聾)에서 나왔다는 설 등이 있다.[57] 그런데 최근에는 我

---

56 『조선일보』 2011. 5. 3.

57 국립국어연구원, 『우리문화 길라잡이』 362면.

理朗이라 하여 '참된 나를 알아서 즐겁다'는 뜻으로 보아야 한다는 설이 제기되었다. 즉 我는 '참된 나', 理는 '알다' '다스리다', 朗은 '즐겁다'는 뜻이라는 것이다.

그런데 이 아리랑이 최근 영국, 미국, 프랑스, 독일, 이탈리아의 작곡가들로 구성된 '세계 최우수 곡 선정대회'에서 82%라는 지지율로 세계 1위곡으로 선정되었다고 한다.

2. 독 서

1) 책은 왜 읽어야 하나

(1) 우리는 육체의 성장을 위하여 음식을 먹듯이 정신의 성숙을 위하여 책을 읽는다. 좀 더 구체적으로 말하면 지식을 습득하기 위하여, 교양을 쌓기 위하여, 오락을 위하여 독서를 한다.

지나간 얘기지만 미국에서 세계 최초로 TV가 나왔을 때에 전 세계 출판계는 '과연 책이 읽혀질 것인가?' 하고 크게 염려했으나 얼마 후 다시 책이 읽히기 시작하여 출판계나 도서관도 활기를 띠게 되었다. 흥미나 즉각적인 효과를 따진다면 독서는 도저히 그것에 미치지 못하지만, TV 방송 내용들이 사건 사고의 뉴스나 오락 같은 관심사나 흥미 본위의 내용물로 구성되어 있으므로, 고차원의 교양과 지식을 추구하여 의미 있는 인생을 살아가려는 사람들의 욕구에 부응할 수 없으므로 독서가 살아나게 된 것이다.[58]

임어당은 "독서는 인생의 기쁨 중에서 최대의 기쁨이다." "한 번 책을 손에 잡게 되면 사람은 그 즉시로 별세계에 출입하게 되며, 그것이 양서라면 즉시 세계 제1류의 이야기꾼의 한 사람과 대면하는 것이 된다. 그러므로 좋은 책이라면 우리들을 명상의 세계로 유도한다"라고 하였다. 그리고 "사실의 보고에 지나지 않는 신

---

58 원종린 외, 『현대와 생활』 362면 이하. 의사들은 TV를 4시간 이상 시청하면 건강에 매우 좋지 않으므로 '죽음의 상자'라고 한다.

문기사를 읽거나 TV를 시청하는 것은 명상할 수 있는 틈을 주지 않기 때문에 독서와는 그 성격이 완전히 다르다"라고 하였다.[59]

인간의 행복은 옳은 행동에서 오고, 옳은 행동은 옳은 판단에서 오고, 옳은 판단은 옳은 사색에서 온다고 한다. 그러나 현대인은 신문, 방송, 영화, 텔레비전 등 매스컴의 홍수와 잡음에 휩쓸려서 조용히 독서하고 차분히 사색할 시간이 매우 부족하다.

사색은 독서와 체험의 뒷받침이 필요하다. 독서 없는 사색은 독단에 흐르기 쉽고, 또 체험 없는 사색은 공허에 빠지기 쉽다. 독서는 단지 지식의 자료를 공급할 뿐이고, 그것을 자기 것으로 만드는 것은 사색의 힘이다. 독서에 결실을 주고 체험을 정리하는 것이 사색이다. 이리하여 공자는 "배우고도 생각하지 않으면 어둡게 되고, 생각하고도 배우지 않으면 위태롭게 된다"고 하였다.[60] 가치 있는 삶, 행복한 삶을 살고자 한다면 독서와 사색을 통해서 끊임없이 지성과 영혼을 가다듬어야 할 것이다.

새뮤얼 스마일스는 "좋은 책은 참을성 있고, 기분 좋은 친구이다. … 좋은 책은 항상 친절하게 반긴다. 젊어서는 가르침과 즐거움을 주고, 늙어서는 위로와 위안을 준다"라고 하였다.[61]

(2) 이희승 교수는 '독서와 인생'이라는 글에서 독서의 중요성

---

59 林語堂, 김병철 옮김 『생활의 발견』 341면.

60 안병욱, 『한 우물을 파라』 10면.

61 새뮤얼 스마일스, 정준희 옮김 『인격론』 8면.

을 잘 말하고 있다. 그 요지는 다음과 같다.[62]

① 독서는 정신생활의 영양소 ; 사람은 음식을 먹어 육신의 성장을 도모하듯이 독서를 통해서 정신의 성숙인 지성과 교양을 확충해야 한다.

② 독서는 지식의 보고 ; 우리가 알아야 할 지식은 한이 없으며, 학교 교육만으로는 부족하므로 평생을 독서를 통하여 더 많은 지식을 습득해야 한다.

③ 독서는 수양의 비결 ; 독서를 통해서 우리의 양심을 개안하고 환기시켜서 인생의 참다운 의의와 가치를 깨닫고, 인간의 정도(正道)를 걷도록 해야 한다.

④ 독서는 취미의 화원 ; 독서는 우리에게 많은 즐거움을 제공해주는 취미의 화원이 될 수도 있다.

⑤ 독서는 성공의 첩경 ; 독서는 우리가 필요한 새로운 지식을 제공해주므로 사업의 성취에도 도움을 준다.

⑥ 독서는 인간의 삶을 확장 ; 독서는 고인과 대화를 하는 것이므로 그들의 넓은 경지에 접할 수도 있게 해준다.

(3) 원종린 교수는 "우리의 삶에서 독서처럼 많은 즐거움을 주는 것은 이 세상에 또 없다고 해도 과언이 아닐 것이다. 우리는 독서를 통해서 현명한 철인들의 높은 영혼에 접할 수 있기 때문이다"라고 하였다.

62 이희승, 『벙어리 냉가슴』 84면 이하.

(4) 이어령 교수는 "열정과 목표 없이는 경쟁에서 이겨낼 수 없다"라고 하고, "많은 사원들 속에서 자기를 다른 사람들과 차별화시킬 수 있는 유일한 방법은 독서밖에 없다"라고 하였으며, "책을 읽고 자신을 차별화해야만 제대로 대우를 받을 수 있으며, 즐거움이란 결과도 얻게 된다"라고 하였다.[63]

(5) 홍정욱 회장은 "책에는 내가 꿔보지 못한 꿈과 가보지 못한 길과 누리지 못한 삶으로 가득하다"라고 하고, 우리는 독서를 통해서 지성을, 운동을 통해서 육체를, 사색을 통해서 영혼을 가다듬어야 잘 살 수 있다"라고 하였다. 그리고 이들 중에서도 사색(혹은 명상)하면서 사는 것을 가장 중요하다고 하여, "책을 읽기만 하고 생각하지 않으면 고루해지고, 생각하기만 하고 책을 읽지 않으면 위태롭게 된다"라고 한 공자의 말을 인용하기도 하였다.[64]

(6) 미국의 철강왕 카네기가 어린 시절에 집안이 매우 가난해서 퇴역 소령의 집에서 신문배달을 했는데, 하루는 그 소령이 성실하게 일하는 카네기를 보고는 "네가 책을 읽지 않으면 평생 신문 배달만 해야 한다. 그러니까 틈날 때마다 우리 서재에 와서 책을 읽어라!"라고 하였다. 그 후 카네기는 많은 책을 읽고 자극을 받아 분발하여 훗날 미국 제1의 부호가 되었다. 그 후에 그는 여러 곳에

---

63 구본준 외, 『서른 살 직장인의 책읽기를 배우다』 281면.

64 홍정욱, 『홍정욱 에세이』 44면.

많은 도서관을 지어서 기부했다고 한다.[65]

2) 무슨 책을 읽을 것인가

독서를 함에 있어서 가장 중요한 문제 가운데 하나는 좋은 책 곧 양서(良書)를 가려내는 일인데, 그것은 쉬운 일이 아니다. 읽어야 할 책으로 말한다면 문학 · 역사 · 철학책을 들 수 있을 것이다. 이런 책들은 "마음의 양식을 얻기 위해서 독서를 한다"는 말에 걸맞는 것이기 때문이다. 그런데 우리 주변에는 이런 책들이 수없이 많이 나와 있어서 문제이다.

문학평론가인 허언은 그의 '독서론'에서 다음과 같이 말하였다.

"여러분은 셰익스피어의 작품들을 옆에다 놓고 처음에는 문장의 뜻을 알든지 모르든지 무작정 읽어야 한다. 해마다 한 번씩은 읽어야 한다. … 여러분은 신간을 읽을 시간이 있을 때는 언제나 고전을 읽어야 한다."

나는 고교 국어교과서에 언급되어 있던 '남아로 태어나서는 모름지기 다섯 수레의 책은 읽어야 한다(男兒須讀五車書)'는 말을 머릿속에 새겨놓고, 주로 명작 소설을 많이 읽었다. 대학시절에는 최고 걸작 시로서 단테의 『신곡』, 최고 걸작 희곡인 『파우스트』, 최고 걸작 소설 『전쟁과 평화』와 『카라마조프가의 형제들』을 읽는 등, 문학서를 중심으로 많은 책(220여 권)을 읽었다. 이때 나는 '참다운 사랑이 무엇인가?' 하는 것을 이야기한 톨스토이의 『전쟁과 평화』

---

65 구본준 외, 앞의 책 277면.

를 8 · 9월에 걸쳐서 읽고 나서 그 감동으로 가슴 통증을 경험하기도 하였다. — 이시형 교수는 '양서를 읽고 감동을 받게 되면 우리의 몸에서 엔도르핀이 발생하여 우리의 건강에 유익하다'고 하였다.

서머싯 몸(영국 소설가)은 세계 10대 소설로 『카라마조프가의 형제들』 『전쟁과 평화』 이외에 『고리오 영감』 『보바리 부인』 『적과 흑』 『데이비드 커퍼필드』 『폭풍의 언덕』 『오만과 편견』 『백경』 『톰 존스』를 추천하였다.

1970년 초에 우리나라를 대표하는 소설가 김동리 선생의 문학 강연을 들었는데, 이때 선생은 "60세인 지금까지 『파우스트』를 10회나 읽었는데, 그때마다 새로운 감명을 받았다"고 하면서 작품에는 이와 같이 철학이 있어야 한다고 하였다. 그리고 또 "지금의 2 · 30대 우리나라의 작가들은 철학을 알고 글 쓰는 사람이 없으므로, 앞으로 30~40년 안에 우리나라의 작가들은 노벨상 후보에 오를 사람도 없을 것이다"라고 단언하였다.

많은 노벨문학상 수상자를 배출한 프랑스에서는 고교에서 철학을 가르치며, 2일간에 걸쳐 치러지는 대학입학 자격시험에서는 국어와 철학을 각각 4시간에 걸쳐서 치른다고 한다. 일본에서도 여러 사람이 노벨문학상을 수상했는데, 일본에는 2개의 퇴계학회를 비롯하여 100개가 넘는 철학회가 활성화되어 있다고 한다.

아무튼 나는 김동리 선생의 강연을 듣고 충격을 받아 철학책을 읽기 시작했다. 그런데 철학책들은 소설책들과는 달리 그 내용이 심오하기도 하고, 난해한 것들이 많기 때문에 읽어나가기가 쉽지 않았다. 그래서 정독을 하는 것은 물론 그것들을 내 것으로 하기 위해서 밑줄을 긋고 핵심 내용을 메모하면서 읽었다. 이렇게 10여 년 간을 읽으면서 철학책을 쓰기도 하였다.

사이토 다카시는 『독서력』이라는 책에서 문학서적(문고본) 100권과 철학 · 역사 등의 인문과학서적과 사회과학서적(국판본) 50권을 4년 동안에 읽은 사람은 독서력을 갖게 된다고 하여 문학서적을 먼저 읽고 나서, 철학 · 역사 · 사회과학서적 등을 읽으라고 하였다.

3) 어떻게 읽을 것인가

(1) 정독과 속독

독서를 함에 있어서 '정독(精讀)이 중요한가? 다독(多讀)이 중요한가?'에 대한 논의가 있어 왔다. 정독 곧 천천히 읽기를 주장하는 사람들은 생각하면서 천천히 읽어나가라고 하였으며, 반면에 다독 곧 속독을 주장하는 사람들은 읽어야 할 책이 많으므로 속독을 해야 한다고 한다.

나는 문학서 가운데 앞에서 예로 든 4대 걸작 같은 작품은 그 내용이 '인생을 어떻게 살 것인가?' 하는 심오한 인생철학을 담고 있으므로 정독을 하였으며, 이와는 달리 『바람과 함께 사라지다』(깨알 같은 글자로 1,000면이 넘음)와 같은 대중소설의 경우에는 대각선으로 1주일 만에 읽었다. 그러나 철학서적은 정독을 하지 않고는 그것을 이해하기 쉽지 않으므로 당연히 정독을 할 수밖에 없었다.

— 주자는 유학자들 중에 유일하게 독서에 관한 많은 글을 썼는데, 누가 『주역』을 어떻게 읽어야 합니까?"하고 묻자, 그는 "단지 마음을 비워서 그것의 바른 뜻을 구할 뿐, 자신의 생각에 집착하지 말아야 한다. 다른 책을 읽을 때에도 역시 그래야 한다"라고 대답하였다.(이상, 전목, 『주자학의 세계』 179면 이하) 그런가 하면 한 번을 읽으면 한 번을 생각하면서 읽어야 하는 것이라 하여, 정독 곧 숙독(熟讀)을 하라고 하였다. 그리하여 한 글자 한 글자 깊이 파고 들어가 완미한 후 그 의미를 정확히 알도록 하라고 하였다. 숙독하고 정밀하게 생각하여 터득한 뒤에도, 어디까지나 의문을 갖는 자세가 필요하다고 하였다.(이상, 오하마 아키라, 이형성 옮김 『범주로 보는 주자학』 481면 이하)

(2) 천천히 읽기

에밀 파게는 그의 『독서술』에서 다음과 같이 말하였다.

"옳게 읽기 위해서는 우선 천천히 읽어야 한다. 그리고 그 다음으로도 천천히 읽어야 한다. 그리고 또 언제든지 읽게 될 마지막 책에 이르기까지 매우 천천히 읽어야 한다.

책이란 그것을 읽고 즐기기 위해서나, 배우기 위해서거나, 또는 비평하기 위해서나 언제나 마찬가지로 천천히 읽지 않으면 안 될 것이다. 어떤 목적이든지 읽을 때 주의해야 할 것은 천천히 읽는 일이다. 손가락으로 읽기 곧 '대각선 독서'를 해서는 안 된다. 천천히 읽을 수 없는 책들이 있다고 하는 사람들이 있으나, 그런 것들은 조금도 읽을 필요가 없는 책들이다. 천천히 읽는다는 것을 제외하고는 일정한 독서술은 없다."[66]

⑶ 음독과 묵독과 밑줄 긋기

자신이 소리를 내뱉고 그것이 자신의 귀에 들어가면 기억되기 쉽기 때문에 음독을 하면 주의력이 더 높아지며 또한 그 의미가 머리에 쏙쏙 들어가기 쉽다. 그러나 제대로 독서를 하기 위해서는 당연히 묵독으로 바꿔야 한다. 왜냐하면 입술을 움직이면서 독서를 제대로 하는 것은 그렇지 않는 경우보다 더 어렵기 때문이다.[67]

사이토 다카시는 책의 내용을 자신의 것으로 만들기 위해서는 밑줄을 그으면서 읽는 것이 효과적이라 하였다. 그리고 그는 어디에 밑줄을 그을지를 생각하면서 읽을 때에 비로소 독서는 적극적인 행위가 되는 것이라 하고, 또 '이 책은 내 일생에 이번 한 번밖에 만날 수 없을 것'이라는 마음으로 읽는다면 독서의 질이 더 높아질 것이라고 하였다. 밑줄을 그을 때, 그곳이 중요한 곳이라고 확신하면서 그어 놓으면 후에 다시 읽어볼 때 큰 효력을 발휘한다는 것이다. 왜냐하면 다음에 읽을 때에는 밑줄을 그은 곳만 읽어

66 에밀 파게, 이휘영 옮김 『독서술』 11면 이하.

67 사이토 다카시, 황선종 옮김 『독서력』 137면 이하.

보아도 일단 그 책의 내용을 대강 파악할 수 있기 때문이다.[68]

그리고 메모하는 능력도 독서를 통해서 길러지게 된다는 것이다. 나는 독서 특히 철학책을 읽은 때에는 밑줄을 긋고 또 메모를 하였으며, 그리하여 후에 책을 쓸 때 그것들을 크게 활용할 수 있었다.

---

68 위의 책 147면 이하.

갈레에즈 노인의 독서

에밀 파게는 그의 『독서술』(이휘영 옮김)에서 "독서는 가장 확실한 행복을 얻을 수 있는 수단 가운데 하나이다"라고 하면서, "독서는 사람을 행복으로 초대한다. 왜냐하면 이것은 사람을 지혜로 초대하기 때문이다"라고 하였다. 그리고 그는 갈레에즈의 노인 한 분을 다음과 같이 소개하였다.[69]

그는 지방의 대리 소송인이었는데, 만인이 모인 회합소(도서관)로 나보다도 먼저 나갔다. 그는 50세가 되자 시골에 있는 그의 법률사무소를 팔고 은퇴하였는데, 꽃을 가꾸기 위해서 강기슭에 집을 사서 은퇴한 것이 아니었다. 그는 파리에 있는 국립도서관으로 은퇴하였던 것이다. 그는 그곳에서 계절에 따라 하루에 여섯 시간 내지 여덟 시간을 책을 읽으면서 보냈기 때문이다.

그는 두 가지 이유 때문에 파리에 끌렸다고 하였다. 그는 말하기를 파리는 값싸게 지적 · 예술적 생활을 할 수 있는 유일한 도시이고, … 따라서 파리는 가난한 사람들이나 온건한 사람들의 도시이기 때문이라는 것이었다.

그는 근면하기는 덜하였을지 몰라도 역시 끈기가 있었으며 매우 현명한 노인이었다. 꽃을 거두는 대신 정성을 다하여 인간정신 속에 싹튼 가장 아름다운 관념들을, 가장 아름다운 이야기들을, 가장 아름다운 대화들을 거두었던 것이다.

---

69 에밀 파게, 앞의 책 134면 이하.

3. 등 산

1) 왜 등산을 하는가

"왜 산을 오르는가? 산이 거기에 있기 때문이다." 영국 등산가 G. 말로리가 한 말이다. 안병욱 교수는 "산은 무언의 표정으로 언제나 우리를 부르고 있다. 봄의 산은 연한 초록빛의 옷을 입고 수줍은 처녀처럼 우리를 부른다. 여름의 산은 풍성한 옷차림으로 힘있게 우리를 유혹한다. 가을의 산은 단풍으로 화려한 옷을 입고 화사하게 우리를 초대한다. 겨울의 산은 순백의 옷차림으로 깨끗하게 단장하고 우리에게 맑은 미소를 던진다"라고 하였다.(안병욱, 『네 영혼이 고독하거든』 46면)

그는 또 "인생이 우울해지면 산으로 가는 것이 좋다. 배낭을 메고 조용한 산길을 혼자 걷거나, 혹은 정다운 친구와 함께 걸어가면 인생의 우울한 마음이 어느새 안개처럼 사라지고 만다. 삶에 지치고 생에 권태를 느꼈을 때에는 혼자 산에 오르는 것도 좋다. … 맑고 깨끗한 산의 정기는 우리에게 새로운 활력소를 불어넣어준다"고도 하였다.(위와 같음) 우리가 일에 지치고 피로할 때, 인생에 외로움이나 우울함을 느낄 때 산을 찾으면 산은 우리에게 새로운 활력과 용기를 줄 것이다.

우리는 시내를 4km쯤 걸어도 피곤하다. 그러나 산길은 20km쯤 걸어도 피곤하지 않으며, 매주 1회만 등산을 해도 몸이 튼튼해져서 감기도 걸리지 않는다. 그것은 숲은 생명의 향기(피톤치드 등)

같은 유익한 물질을 머금고 있으므로 병균의 침투를 막아주는 피톤치드 같은 물질이 몸에 들어와서 면역력을 길러주기 때문이라는 것이 러시아의 어떤 의사에 의해서 밝혀진 지 오래되었다.

산에는 나뭇잎에서 뿜어내는 맑은 산소가 풍부해서 좋고, 철따라 옷을 갈아입고 우리를 맞이해서 좋으며, 맑고 푸른 하늘이 좋고, 아름다운 바위는 아름다워서, 험상궂게 생긴 바위는 멋이 있어서 좋으며, 가지각색의 나무와 풀들의 냄새 또한 좋으며, 여름철에는 졸졸 흐르는 골짜기 물에서 손발을 담그고 있으면 시원해서 좋고, 겨울에는 밝고 따사로운 햇살이 좋다. 밧줄이나 철 계단, 또는 험한 바위를 타고 오르내리는 것도 좋다. 이때 나를 따라와 준 아내를 붙잡아서 끌어서 오르고 내릴 때면 더욱 좋다. 또한 높은 산 정상에 힘들게 오르게 되면 그 통쾌함은 말로 표현할 수 없다.

나는 지리산 천왕봉에 등정하기를 벼른 지 1년 만에 오르게 되었다. 맨 처음 올라가서 사방을 내려다보았을 때에 가슴이 요동쳤는데, 그 감동은 그 후로도 오랫동안 지속되었다. 나는 88고속도로를 지날 때는 운전을 하면서도 천왕봉을 바라보면서 간다. 가슴이 뛰기 때문이다.

아무튼 산의 정상뿐만 아니라 우리의 산천 가운데에는 노자·장자가 말하는 무릉도원(武陵桃源)이라 할 만한 곳이 여기저기 널려 있으며, 이런 곳에서 준비해간 도시락을 까먹는 것이 또 매우 즐겁다.

2) 등산의 의의

우리나라는 산천이 아름다워서 옛날부터 금수강산이라고 불리어 왔다. 우리나라는 국토의 70% 가까이가 산이며, 그것도 나무가 자라지 않는 3,000m가 넘는 산은 하나도 없다. — 일본에는 수십 개나 됨 — 산과 강, 그리고 평야가 잘 어우러져 있으며, 많은 섬과 뻘밭이 잘 어우러져 있고 이탈리아, 그리스와 함께 세계에서 가장 아름다운 푸른 하늘을 가지고 있다고 한다.

나는 한 달 이상을 중국여행을 하면서 연변 주위와 백두산 주변을 일주일간 돌아다니고 나서, 북경에서 곡부의 공자묘에 기차를 타고 갔는데, 우리나라처럼 어디를 가나 산과 강과 들판이 잘 어우러져 있는 곳이 거의 없는 것을 보고 놀란 적이 있다. 미국이나 유럽도 우리나라처럼 산과 들과 강과 바다가 잘 어우러져 있는 곳은 드물다고 한다.

이처럼 우리나라는 등산하기 알맞은 산이 전국 어디에나 널려 있는 데다가 강과 들과 산봉우리들이 조화를 이루고 있으며, 사계절이 뚜렷하여 봄 · 여름 · 가을 · 겨울 철 따라 그 아름다운 풍경들이 변하므로 이를 즐기기 위하여 산에 오르고 또 오르게 되는 것이 사실이다.

한국인의 부동의 취미생활 1호는 등산이라고 한다. 산림청이 19세 이상 국민 3,700만 명을 대상으로 조사한 결과 월 1회 이상 등산하는 인구는 2010년에 40%가 넘는 1,500만 명에서 2014년에는 50%에 가까운 1,800만 명을 넘었다고 한다. 이것은 다른 운동보다 경제적이고 효율적이기 때문이라고 할 수 있다.(정덕환 외, 『등산이 내 몸을 망친다』 12면)

공자는 "지혜로운 사람은 물을 좋아하고, 인자한 사람은 산을 좋아한다(知者樂水, 仁者樂山)"라고 하였으며, 산을 좋아하는 인자한 사람은 장수한다(仁者壽)고도 하였다.

사람들은 등산을 함으로써 ① 특히 높은 봉우리에 오름으로써 성취감을 느끼게 되고, ② 신진대사가 좋아지게 되며, ③ 스트레스를 확 풀게 되고, ④ 다이어트에도 효과적이며, ⑤ 근력이 강화되고 심폐기능 또한 좋아진다고 한다.

요컨대 등산은 심장과 폐를 건강하게 할 뿐만 아니라, 관절의 유연성과 근력을 증진시키며, 피톤치드 흡입 등으로 면역력을 증진시켜서 육체적으로 건강하게 하며, 스트레스를 풀리게 하고 성취감을 갖게 하여 정신건강에도 크게 도움을 준다고 한다.

3) 등산의 요령

이와 같이 등산을 하는 사람들은 돈으로 살 수 없는 건강을 선물 받지만, 산은 위험 요소가 많기 때문에 등산은 철저한 준비와 계획이 필요하다. 특히 높은 산을 오를 때에는 섣부른 자신감으로 욕심을 내어 무리하거나, 남들이 가지 않는 길을 가겠다는 생각으로 등산로가 아닌 길을 들어서는 것은 위험천만한 일이다. 어쩔 수 없는 경우를 제외하고는 지정된 등산로를 벗어나지 않도록 해야

하며 절대로 무리해서는 안 된다.(정덕환 외, 앞의 책 36면)

나는 어느 해의 식목일(4월 5일)에 아내와 함께 전남 광양의 백운산(1217m)을 올라갔다가 길을 잃고 혼이 난 적이 있다. 정상에서 점심을 먹고, 멀리 아름다운 억불봉(1,000m)이 건너다보여서 그곳으로 갔다가 오후 6시쯤에 억불봉의 바위 봉우리에서는 내려왔으나 어두워서 길이 보이지 않았던 것이다. 다행히 보름달이 떠서 골짜기를 뚫고 내려가서 산속에 있는 어느 오두막집에서 하루 밤 신세를 졌다. 너무나도 고마웠으므로 후에 찾아갔으나 집이 없어져버렸다. 마음이 아팠다.

그리고 내려올 때에는 힘이 빠져 있기 때문에 올라갈 때보다 훨씬 더 위험하므로 조심해서 내려와야 한다. 특히 높은 산의 기온은 변화무쌍할 때가 있다. 등산 중 체온 관리는 생명과 직접 관계가 있으며, 이를 위해 수분과 음식물, 그리고 의류관리가 필수적이다. 나는 어느 해의 현충일(6월 6일)에 반팔 옷차림으로 지리산 종주를 하는 도중, 세석평전의 대피소에서 자게 되었는데 밤중에 눈보라가 치고 기온이 영하로 내려가서 혼이 난 적도 있었다.

등산 시에는 평소(2리터)보다 물을 더 마셔야 한다. 반드시 등산하기 15분 전에 물 1컵을 마셔야 한다. 그리고 갈증을 느끼기 전, 20~30분마다 물을 마셔야 한다. 갈증을 느끼면 이미 탈수가 일어나 체내의 수분이 부족한 상태가 되기 때문이다. 땀을 많이 흘리는 여름에는 식염을 섭취해주어야 한다.(정덕환 외, 앞의 책 52면)

등산을 할 때에는 최소한 2시간마다 음식을 섭취하는 것이 좋다. 탄수화물이 고갈된 상태에서 산행을 지속하면 체력 저하로 이어져 위험해진다. 그러나 육류는 많이 먹지 말고 적당히 먹어야 한다. 등산 2시간 전에는 아침 식사를 하되 탄수화물을 반드시 많이 섭취해야 한다.(앞의 책 90면)

4) 어떤 산을 오를 것인가?

우선 1년쯤은 가까이 있는 낮은 산부터 하나씩 올라서 등산 능력을 기르고 다진 후에, 높은 산을 하나하나 올라가야 한다. 등산을 나이 들어서 시작한 사람은 절대로 무리해서는 안 된다. 특히 나이들어서 시작한 사람은 더욱더 무리를 해서는 안 된다.

어느 정도 단련을 한 후에 낮은 국립공원부터 오르는 것이 좋다. 국립공원은 정부에서 좋은 산만을 골라 등산로를 정비하여 놓았기 때문에 계획을 세워서 하나씩 올라가 보는 것이 좋을 것이다. 오르다 보면 즐거우므로 오르고 또 오르게 된다.

나는 산악회를 따라다니면서 등산을 했지만, 후배 부부와 함께, 또는 아내와 둘이 자가용으로 가서 산 밑에서 숙박을 하고 아침 일찍 출발하여 천천히 오르기도 했는데, 특히 한라산 백록담, 지리산 천왕봉, 설악산 대청봉, 오대산 비로봉, 치악산 비로봉, 월악산 영봉, 북한산 백운대 등 힘들게 올라갔던 산들은 기억이 생생하다.

5) 계절에 따른 주의사항

봄에 등산할 경우 낮은 산에서는 큰 문제가 없으나, 높은 산에 오를 때에는 겨울과 마찬가지로 파카, 털모자, 털장갑, 마스크, 아이젠 등 추위를 대비해서 준비물을 가져가야 한다.

70세가 넘은 어느 해의 4월 초에 아내와 함께 성판악에서 한라산을 올랐다가 백록담에서 관음사 코스로 내려가는데, 눈이 많이 쌓인 곳은 1m 가량이나 된 곳도 있어서, 아이젠 없이 내려가면서 미끄러워서 쩔쩔 매었던 적이 있다.

♦ 설악산에서 (아내와 함께한 저자)

여름에는 언제 비가 올지 모르므로 날이 흐린 날은 반드시 우의도 준비해야 한다.

늦은 가을에 특히 높은 산에 오를 때에는 스웨터나 가죽장갑 등을 준비하여 추위에도 대비해야 한다. 그리고 해가 짧아 빨리 어두워지므로 오후 2시 이전에 등산을 중단하고 하산해야 한다. 어느 해 11월 말에 혼자서 전남 화순의 모후산(919m)을 오르다가 길목에 커다란 두 그루의 큰 감나무에 익은 감이 제법 많이 매달려 있어서 그것을 한 배낭 따느라고 시간을 지체한 적이 있다. 오후 4시쯤 정상에서 내려오다가 금방 어두워져 길을 잃고 매우 힘들었던 적이 있다.

겨울에는 땀 발산이 잘되는 등산 내의를 입어야 하며, 여벌옷을 준비해야 한다. 어느 해의 겨울에 완도의 상왕봉(644m)에 오르면서는 남쪽이라서 따뜻할 것으로 생각하고 여벌옷을 준비하지 않고 갔다가, 하산하는 길에 달려서 내려왔더니 면내의가 땀에 흥건히 젖어버려서 땀이 식자마자 몸이 추워서 혼이 나기도 하였다.

[꼭 챙겨야 할 물품]

『산에서 읽는 등산 책』(원종민)은 필수 장비로 등산화, 배낭, 식량(탄수화물, 단백질, 지방이 풍부한 음식), 물, 나침반, 헤드램프, 점화기구, 응급처치 약품, 칼과 끈 등을 갖추어야 한다고 하였다. 이 외에도 스틱, 모자, 선글라스, 자외선 차단제 등이 필요하다.

부부 등산의 즐거움

(나는 젊어서 이숭녕 교수의 신문 잡지나 책에 실린 등산에 관한 글들을 즐겨 읽으면서 등산을 하였는데, 그 가운데 『산좋아 산을 타니』(박영사)라는 문고판에 수록되어 있는 '부부 등산'이 특히 좋아서 요약하여 실었다. 여기에서 몸이 약한 아내로 하여금 등산을 하도록 유도함으로써, 아내가 건강하게 되었으며, 함께 산을 타면서 즐거움 속에 행복해하는 모습이 잘 드러나고 있다.)

"내 아내가 무슨 전생의 인연인지 내게로 시집왔을 때, 몸은 가냘프고 눈만 휑해 보여 '오래 살 수 있을까?' 하고 염려되었다."

"처음엔 도선사 앞의 계곡까지가 고작이었고, 지금의 선운각 옆의 고갯길을 오르면 쉬어야 할 정도였다."

"이러한 생활이 1년, 2년, 3년 지속된 후 '지성이면 감천'이란 말과 같이, 아내에게 어느덧 등산 취미가 붙기 시작했다. 나는 수락산의 내원암으로 자주 데리고 갔고, 차차 실력이 늘자 도봉산으로, 북한산으로 코스도 바꾸고, 또 산행거리도 늘려 나갔다."

"여기 기적 아닌 기적이 우리 집에 나타난 셈이다. 체중도 62kg로 늘어나서 도리어 체중을 낮추려고 등산에 열을 더 올리게 되었고, 근육도 단단해져서 완전히 별개의 인간이 된 느낌이었다."

"눈이 쌓이고 비탈길이 얼어붙은 북면 경사를 오를 때 겨울 등산복으로 아이젠에 피켈을 들고 우리는 얼음을 끌며 잘 도전했다. 그리고 산장 뒷방에서 김치에 돼지고기를 곁들여 볶을 때, 천하의 행복을 우리만이 독차지한 것 같았다."

이 글의 마지막 부분에서는 신흥사에서 마등령을 넘어 오세암을 거쳐 백담사까지의 긴 코스의 산행을 마치고 나서, 참으로 흐뭇하고 행복한 마음을 잘 드러내 보이고 있다.[70]

* 미국의 크룩스(1896-1997)라는 여인은 60여 세에 등산을 시작해서 미국 본토에서 가장 높은 휘트니 산(4418m) 등 수많은 산을 올랐으며, 91세에는 일본 최고봉인 후지산(3776m)을 등정했다. 94세에 18세 소녀의 심장과 폐를 가졌다는 진단을 받았다 한다. — 네이버

70 이숭녕, 『산좋아 산을 타니』 28면 이하.

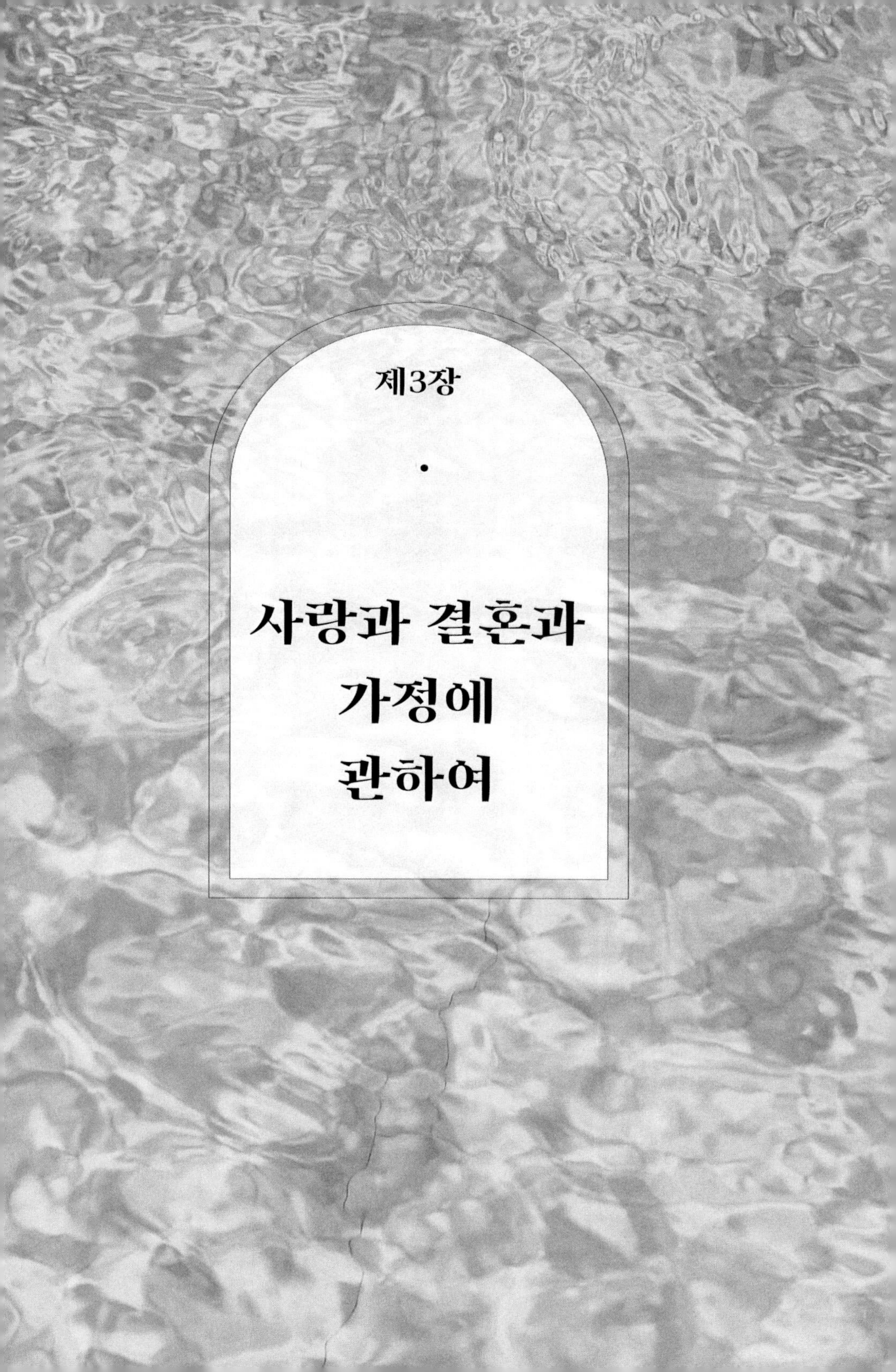

제3장

사랑과 결혼과 가정에 관하여

제1절
✦
사랑이란 무엇인가

1. 사랑의 의의

1) 사랑이란 무엇인가

어떤 시인은 "'사랑하고 사랑받는 것' 그 이상의 큰 행복이란 나는 바라지도 않거니와 알지도 못한다"라고 하였다. 또 사람의 일생 중 가장 행복한 때는 누구에겐가 따뜻하고 순수한 사랑을 느끼거나 혹은 사랑을 베풀 때라고 말한 사람도 있다. 그런가 하면 사람이 사람답게 산다는 것은 '사랑하면서 사는 것'이라고 하고, 인생이 살맛 나고, 사는 기쁨과 사는 보람이 있는 것은 사랑이 있기 때문이라고 하는 사람도 있다. 아무튼 예나 지금이나 누구라고 할 것 없이 사랑은 행복의 중요한 요소 가운데 하나라고 할 수 있다.

사람은 남녀 간의 사랑을 비롯해서 부모와 자식 간의 사랑, 형제자매 간의 사랑, 친구 간의 사랑, 동물이나 자연에 대한 사랑, 신에 대한 사랑, 또는 우표 같은 물건에 대한 사랑, 진리나 예술에 대한 사랑 등등 여러 가지 사랑 속에서 하루하루를 살아간다. 따라서 사람은 태어난 순간부터 죽을 때까지 사랑을 하면서 살아가므로 사랑 없이는 하루도 살아갈 수 없는 존재라고도 할 수 있다.

그런데 예로부터 '사랑이 무엇인가?'(특히 남녀 간의 사랑)에 대하여 말한 사람들이 많지만, 그것은 사람들의 개성과 경험과 생각이 매우 다양하기 때문에, 다시 말하면 마치 이 세상에 똑같은 나뭇잎이 없듯이, 사람의 개성이 다르고 사랑에 대한 경험이 각자가 다르기 때문에 어떤 사람도 모든 사람이 용인할 수 있는 사랑에 대한 정의를 내리기는 쉽지 않다고 한다. 그리하여 사랑은 마치 장님이 코끼리를 어떤 부분만 손으로 더듬어보고 자기 멋대로 정의하듯이, 단 한 면만을 말하고 있는 경우가 많다고 한다. 또 어떤 사람은 '사랑은 스스로 해보는 것'이라고 하면서, 그것만이 사랑을 제대로 알 수 있는 유일한 방법이라고 주장하는 사람도 있다.

2) 사랑의 사전적 의의

사랑이라는 말에 대하여 한글학회의 『우리말 큰 사전』에서는 사랑을 ① 아끼고 위하는 정성스러운 마음 ② 남녀가 서로 정이 들어 애틋하게 그리는 마음, 또는 그러한 일이라고 하였다. 그리고 이희승 편저의 『국어대사전』은 애틋하게 여기고, 아끼고 위하는 일, 또는 그러한 마음이라 하였다.

『옥스퍼드 영어사전』에서는 사랑(love)은 깊은 애정의 감정이라고 하였으며, 『웹스터 영어사전』에서는 연대감 또는 개인적인 유대관계로 인하여 형성되는 강력한 애착이라고 하였다.

영어(love), 독어(liebe), 불어(amor), 라틴어(amour) 등은 사랑이라는 단어가 하나밖에 없으나, 그리스어에는 여러 개의 단어가 있다. 즉 아가페(agape)는 신에 대한 사랑을 말하고, 에로스(eros)는 남녀 간의 사랑을 말하며, 필리아(philia)는 우애 곧 우정을 말한다. 따라서 우리말 등의 사랑이라는 말에는 이 세 가지 뜻이 담겨 있다고 할 수 있다.

3) 참다운 사랑은 사사로움이 없이 생각함이다.

일찍이 공자는 당시의 민요를 모아 『시경』이라는 교재를 만들어 가르쳤는데, 이들 민요 곧 시에 대하여 말하기를 "시 300편을 한마디로 포괄하여 말한다면 '그 사랑함 곧 생각함에 사사로움이 없다(思無邪)'는 것이다"라고 하였다.

이에 대하여 김용옥 교수는 "생각함이야말로 곧 사랑의 핵심인 것이다. 보고 싶다는 생각, 사모하는 정, 그것이 사랑의 전부가 아니고 무엇이겠는가? 사랑이란 보고 싶다는 감정이요, 생각나는 감정이다"라고 하였다.[71] 결국 『시경』의 시는 사랑을 노래한 것이요, 그러한 사랑은 사사로움 곧 간사함이 없으며 거짓이 없다(無邪)는 것이라 할 수 있다. 공자는 이와 같은 거짓이 없는 순수한 사랑을 노래하는 시를 많이 수집하여 그것을 읽힘으로써 사람들의 마음을

71 김용옥, 『논어 한글역주1』 423면.

순수하고 바르게 하려고 했던 것이다.

홍종인 선생에 따르면 '사랑'이라는 말은 원래는 '생각'한다는 뜻을 가진 말이었다고 한다. 그래서 사랑한다는 것은 생각하고 또 생각하고 잠시도 마음에서 떠나지 않는 '생각' 그것이 곧 사랑이니, 이를 바꾸어 말하면 생각이 그치지 않아서 하나의 목표, 하나의 길로 생각을 이어나가며 넓혀나가는 사람의 정과 뜻의 끊임없는 움직임을 말하는 것이라고 하였다.[72]

그런가 하면 톨스토이는 참다운 사랑은 자기보다 남을 앞세우는 것을 말한다고 하였다. 다시 말하면 참된 사랑은 항상 그 밑바닥에 자기 개인적인 행복의 부정과 나 이외의 모든 사람 — 육친이건 남이건 — 에 대한 호감을 가지고 행동하는 것이라고 하였다.

4) 사랑의 요소

안병욱 교수는 "사랑이란 그 존재와 하나가 되고 싶은 일체감이다. 사랑은 고독하지 않는 것이다. 사랑은 미워하지 않는 것이다. 사랑은 싸우지 않는 것이다. 사랑은 무시하지 않는 것이다. 사랑은 존중하는 것이다. 사랑은 깊은 대화를 나누는 것이다. 사랑은 서로 책임감을 느끼는 것이다"라고 하고, "사랑이 있는 한 우리에게는 희열과 행복이 있다"라고도 하였다.[73]

그런가 하면 에리히 프롬은 사랑을 세밀히 분석하여 사랑의 요

72 홍종인 외, 『인간과 윤리』 229면 이하.

73 안병욱, 『사랑과 지혜와 창조』 102면.

소로서 다음의 다섯 가지를 들었다.[74]

첫째로, 사랑한다는 것은 관심을 가지고 보호해주는 것이다. 어린애에 대한 모성애가 그것이다.

둘째로, 사랑한다는 것은 책임감을 갖는 것이다. 자식을 사랑하면 자식의 건강과 교육과 행복에 대하여 책임의식을 갖는 것이다.

셋째로, 사랑한다는 것은 존중한다는 것이다. 만일 상대에 대하여 존중하는 마음이 없다면 책임은 쉽게 지배와 소유로 타락하고 말 것이다.

넷째로, 사랑한다는 것은 이해하는 것이다. 어떤 사람을 존중하려면 그 사람을 잘 알고 이해하지 않고서는 불가능하다. 대상을 확실히 알지 못하고서 사랑한다는 것은 맹목이 될 것이다. 남을 진실로 사랑하자면 상대의 성격이나 능력이나 여건 등을 알아야 하며, 그렇지 못하다면 참된 것이라 할 수 없다.

끝으로, 사랑의 요소 가운데에서 가장 중요한 것은 '주는 것'이라고 하였다. 아까워하지 않는 기쁜 마음으로 주는 것이 사랑이라는 것이다. 따라서 사랑은 항상 자기의 희생이 따르게 마련인 것이다. 어머니가 아이에게 즐거운 마음으로 '젖을 먹여 기르는 것'이 바로 그것이다.

이와 같이 '준다'고 하는 행위에는 나의 활동성이 표현되어 있기 때문에 주는 것은 받는 것보다 더 즐거운 것이다. 그러나 준다는 것은 물질적인 것이 아니라, 자기 자신의 가장 소중한 것을 준

---

74 에리히 프롬, 황문수 옮김 『사랑의 기술』 13면 이하.

다는 것이다. 이 말은 상대방에게 자기 자신 속에 살아있는 것을 준다는 뜻이다. 자신의 기쁨, 자기 자신의 관심, 자신의 이해, 자신의 지식, 자신의 유머, 자신의 슬픔 등 모든 것을 주는 것이다. 그리고 그것은 받기 위해서 주는 것이 아니라는 것이다.[75]

---

75 에리히 프롬, 앞의 책 40면 이하.

공자와 안회의 사랑과 신뢰

(『공자가어』에 의하면 공자가 자기 나라의 대신 직을 사임한 후, 곧바로 다른 나라에서 벼슬을 얻기 위하여 십수 년 동안을 수십 명의 제자들을 데리고 여러 나라를 돌아다니면서 숱한 일화를 남기기도 하였는데, 한 번은 陳나라와 蔡나라 사이에서 군대들에 7일 동안 포위를 당하여 굶주림을 겪게 되었다. 그런데 이때에 자공이 비상금을 가지고 자로와 함께 포위망을 뚫고 나가서, 농촌에서 쌀 한 섬을 사가지고 왔다. 그것으로 안회가 밥을 짓는 일을 맡는 등, 제자들이 각자가 역할을 분담하여 일을 했는데, 그때에 실제로 있었던 이야기이다. ㅡ 전에 감명 깊게 읽었던 양주동 교수의 수필집 『인생잡기』 263면에 있는 '공자와 안회'라는 글에서 옮긴 것이다.)

밥이 거의 다 될 무렵 자공이 멀리서 보니, 안회가 솥뚜껑을 열어서 밥을 떠먹고 있는 것이 아닌가? 스승이 늘 '너는 안회만 못하다'는 말을 들어 불만이 많았던 자공은 이 광경을 보고, 안회가 배고픔을 참지 못하여 밥을 스승에게 드리기 전에 먼저 훔쳐 먹는 것으로 단정하고 곧장 스승을 찾아가서 말하였다.

"선생님, 군자도 곤궁하게 되면 양심을 속이고 옳지 못한 행위를 할 수 있습니까?"

공자는 "어찌 그럴 수 있겠느냐? 군자는 곤궁할지라도 옳지 못한 짓을 행할 수 없다"라고 하였다.

자공은 자기가 본 대로 안회가 밥을 먼저 먹었다는 것을 스승에게 고하였던 것이다.

공자는 "내가 회를 어질다고 믿은 지가 이미 오래 되었다. 혹 무슨 이유가 있었는지 물어보도록 하자"고 하고, 안회를 불렀다.

"내가 어젯밤 꿈에 신을 만나 뵈었다. 신에게 먼저 제사를 지낸 후에 먹어야 하겠다"라고 말하였다.

그러자 안회가 "제가 밥을 지어서 다 되었을 무렵에 솥뚜껑을 열자 한 점의 검댕이가 밥에 떨어져서 주걱으로 떠냈는데, 검댕이가 밥알이 함께 묻어 나오기에 버리기 아까워서 먹었으므로 이 밥으로는 신에게 제사를 지낼 수 없습니다. 다시 지어 오도록 하겠습니다"라고 하였다.

공자께서는 "음 그랬더냐? 재가 떨어졌다면 나로서도 역시 떠서 먹었을 것이다. 물러가거라"라고 하였다.

안회가 나간 뒤에 공자가 말하였다.

"사(賜, 자공의 이름)야, 어떠냐?"

자공이 스승에게 두 번 절을 하고 나서, "사가 회만 못하였습니다"라고 하고 물러났다.[76]

---

76 양주동, 『인생잡기』 263면 이하.

2. 사랑의 발생과 실천

1) 사랑의 발생

사랑은 어디서 나오는가? 사랑의 근원은 어디에 있는 것인가? 그것은 바로 각자의 마음속에 있다.

에리히 프롬에 의하면 사람이 태어나면서 곧 어머니 몸에서 분리되면서부터 불안을 느끼게 되며, 그러므로 사람은 누구나 이러한 분리 상태를 극복해서 고독이라는 감옥을 떠나려고 한다는 것이다. 다시 말하면 모든 인간의 사랑받고자 하는 욕구는 사람이 이 세상에 태어날 때부터 나타난다는 것이다. 다른 사람으로부터 사랑을 받고 있다는 감정, 혹은 소속되어 있다는 만족감은 사람이 이 세상에 태어난 바로 그 순간부터 절대적인 요구 조건이라는 것이다. 그리하여 어린애는 어머니를 사랑하게 되며, 사랑이 성취될 때는 편안함 혹은 행복을 느끼게 된다.

어린애는 성장하면서 감각이 발달함에 따라 점차 어머니의 사랑만으로는 만족을 느끼지 못하게 된다. 그리하여 이러한 욕구의 상대는 어렸을 때에는 부모와 형제자매가 되며, 아동기에 들어서면 친구가 되며, 사춘기에 들어서게 되면 애인이 첨가된다는 것이다.

아무튼 분리로 인한 외로움을 극복하려는 인간의 이러한 욕구는 누군가(또는 무엇인가)와 사랑함으로써 이루어지는 것이라고도 할 수 있는데, 만일 사람이 사랑할 대상이 없거나 사랑을 찾지 못하게 된다면 결코 행복하다고 할 수 없다고 한다.

2) 사랑의 실천과 포옹

사랑할 때는 진심으로 그리고 진지하게 하지 않으면 안 된다. 따라서 사랑하는 사람을 만날 때에는 상대방의 눈을 마주 보면서 입을 맞추고 손을 꼭 붙들어 잡고 또는 서로 포옹하면서 하는 것이 효과적이라고 한다. 그리고 그 대상이 자녀들일지라도 건성으로 보면서 이야기하지만 말고, 아이의 눈을 바라보고 손을 잡고 얼굴을 두 손으로 감싸고 포옹하면서 말하는 것이 좋다. 그리고 그것을 당장에 실행해야 할 것이다. 왜냐하면 그럴 수 있는 순간은 영원히 계속되는 것이 아니기 때문이다. 사랑하는 시간은 금세 사라지고 다시 오지 않을 수도 있기 때문이라는 것이다.[77]

과학적으로 볼 때에도 서로 간의 접촉은 우리의 삶에 생리적 심리적 변화를 일으킨다고 한다. 정신과 의사 헤롤드 포크는 "포옹은 저하된 신체 기능에 활기를 불어넣어 주고, 신체의 면역원 체계를 변화시킬 수 있다. 포옹은 피곤한 몸에 신선한 생기를 불어넣어 주며, 당신을 더 젊고 활기가 넘치게 해준다"고 하였다.[78]

77 L. 버스카글리아, 이종관 옮김 『살며 사랑하며 배우며』 242면 이하.

78 위의 책 274면.

『전쟁과 평화』의 사랑 이야기

(『전쟁과 평화』는 100여 년에 걸쳐 수많은 주인공들이 등장하여 사랑을 전개하는 최대의 걸작이다. 그 가운데 사랑의 한 주인공인 안드레이 공작은 아내가 아이를 낳다가 죽자, 인생을 체념하고 영지에서 하루하루를 보낸다. 그러나 2년 후에 공작은 귀족회의 용무로 로스토프 백작의 집을 갔다가 생명력이 넘쳐흐르는 나타샤를 보고 마음이 끌린다. 그 후 무도회에서 우연히 다시 만나게 되어 사랑을 하게 된다. 그 후 그는 '자기 인생은 아직 끝나지 않았다'는 생각을 하게 되고 인생에 대한 새로운 광명에 휩싸이게 된다.

나타샤는 어머니에게 자기의 사랑을 말하고 공작을 기다린다. 공작은 나타샤와의 결혼을 허락받으려고 멀리 떨어져 사는 아버지를 찾았으며, 아버지는 그녀의 집안도, 그녀와의 나이차이도 마음에 들지 않았으나, 눈치를 보니 반대할 수 없었으므로 약혼만 하고 1년 후에 결혼하라고 한다. 공작은 청혼하기 위하여 나타샤의 집을 찾아간다. — 다음은 박형규의 명번역인 톨스토이 『전쟁과 평화』[문학동네]-제2권 3부 23의 한 장면이다.)

공작은 불안한 마음으로 객실로 들어갔다. 나타샤를 보자, 순간 그의 얼굴은 금세 환하게 빛났다. …

"백작 부인, 저는 따님에게 청혼을 하기 위하여 왔습니다." …

"나는 당신의 청혼을 수락합니다. 기쁘군요. 바깥주인도 아마 … 하지만 이런 일은

♦ **톨스토이**(위키미디어)

본인 뜻에 달려 있으니까." …

백작 부인은 잠시 들어가 있게 했던 나타샤를 내보내겠다고 말하고, 객실에서 나갔다. … .

나타샤는 객실까지 어떻게 들어왔는지 몰랐다. 그를 보자마자 그녀는 발걸음이 멈추어져 버렸다. '정말로 이 낯선 타인이 이제부터 나의 전부가 되는 것일까?' 그녀는 자신에게 물었고 즉시 대답했다. '그래 전부이고 이제부터 내게는 이 사람만이 세상에서 가장 소중해.'

공작은 눈길을 떨어뜨린 채 그녀에게로 다가갔다.

"나는 당신을 처음 본 순간부터 사랑했습니다. 희망을 가져도 될까요?" "당신은 나를 사랑합니까?"

"네. 네." 나타샤는 안타까운 듯이 대답하고 큰 소리로 한숨을 내쉬고, 다시 또 한 번 내쉬더니, 마침내 울음을 터뜨리고 말았다.

"왜 그래요? 무슨 일이 있습니까?"

"아아, 난 정말 행복해요!" …

(그 후로 두 사람은 1년 후에 결혼하기로 약혼만 하고 헤어졌는데, 얼마 후 나타샤는 어떤 바람둥이의 유혹에 빠져 도피함으로써 약혼은 파기된다.

3년 후에 나폴레옹 군에게 패주한 러시아 군은 ㅡ 이때(혹한의 1월) 러시아 군의 백전노장인 꾸드조프 장군이 총사령관에 새로 임명되어 모스크바를 방어하는 최후의 전투에서도 패하여 모스크바를 나폴레옹 군에게 내어주지 않을 수 없게 된다. 꾸드조프는 현명한 '모스크바 철수령'을 내린다. 창문을 깨뜨려버리고, 이불을 비롯한 난방 기구를 없애버리고, 식량을 남겨놓지 말라고 명하였다. 그래서 나폴레옹 군은 창문도 난방기구도 식량도 없는 모스크바에서의 추운 겨울을 견디지 못하고 보름 만에 철수한다.

이때 로스토프 백작 집은 가재 운반을 위해 준비해둔 마차였지만, 수많은 부상병들이 꾸역꾸역 몰려오자, 그 부상병을 수송하는 데 마차를 사용하도록 한다. 이때 나타샤는 그 부상병들 속에서 빈사상태의 안드레이를 발견하고, 그에게 자기의 잘못을 사과하고 필사적으로 간호하였다. 그러나 아무런 보람도 없이 안드레이는 숨을 거둔다.

그 후 모스크바에는 점차 평화가 찾아왔으며, 안드레이와의 결혼에 실패하고 실의에 빠져 있었던 나타샤는 바람둥이 아내와 사별한 피에르의 청혼을 받아들여 결혼하였다. 그 후로 두 사람은 자식들을 낳아 기르면서 행복하게 살았다.)

3. 연 애

1) 연애의 의의

앞에서 언급했지만 사랑의 종류는 여러 가지가 있다. 그러나 그 가운데에서도 역시 가장 뜨겁고 대표적인 것으로는 연애를 당할 것이 없다. — 이러한 연애에 대하여 아리스토텔레스는 "가장 즐거운 것은 사랑하는 것을 전취(戰取)하는 것이다"라고 하였다.

연애는 이성에 대하여 호감과 애정을 갖는 것이다. 조연현 교수는 '연애란 사랑을 할 수 있는 단 한 사람의 상대방을 발견하기 위한 모색의 과정이라 할 수 있다'라고 했는데, 이것은 모성애나 형제애에는 없는 독점욕이 있으며, 따라서 이 연애는 감정에 지나지 않는 것이 아니라 결단이고 판단이며 약속이므로 의지의 작용이 수반되는 것이라 할 수 있다고 한다.

그런데 이것은 내 의지와 상관없이 어느 날 문득 손님처럼 찾아오는 귀중한 선물이라고 말하는 사람도 있다. 아무튼 이렇게 이성을 사랑하게 되면 그 사람을 그대로 보지 않고 자신이 생각하는 대로 바라보며, 바라보는 마음속에서 사랑이 환상으로 만들어진다고 한다. 이러한 연애는 자기 자신에 대한 의식을 완전히 없애버린 상태에서 사랑하는 이와 하나가 되는 것이라 한다.

로렌스는 "남녀 간의 사랑은 이 세상에서 가장 위대하고 가장 완전한 열정이다. … 남녀 간의 신성한 사랑은 자기 자신을 추구하지 않는 점에서 무아의 사랑이다. 사랑하는 사람은 그 대상과 하나가 되는 완전한 교류를 이룬다"고 하였다.

이러한 연애에는 단테가 베아트리체의 미소에 반해서 사랑에 빠지게 되고(이것은 순수한 정신적 사랑), 아벨라르두스가 엘로이즈의 귀여운 모습에 반해서 사랑에 빠져버린 것처럼 숙명적인 경우도 있는가 하면, 서로 호감을 갖고 사귀면서 대화를 나누는 가운데 사랑을 하게 되는 경우도 있다.

그런데 시인 박목월 교수는 다음과 같이 말하기도 하였다. 즉 "연애는 그 사람이 알 수 있는 범위 안에서 최상의 이성(異性)에 대해서만 일어나는 감정이다. 바꾸어 말하면 자기가 그 사람과 어울림으로써 자기가 낳을 수 있는 최상의 자손을 얻을 수 있는 상대에 대해서 생기는 감정이다. 당사자끼리는 그것을 알지 못하지만 사실은 그런 것이다"라고 하였다.[79]

아무튼 사람들은 이 세상에서 이성에 대한 사랑 곧 연애감정처럼 강하고, 뜨겁고, 아름답고, 순수한 것은 없다고 한다. 친구를 잃어버렸기 때문에 자살한 사람은 없으나 실연을 당한 끝에 자살한 사람은 예나 지금이나 허다하다. 그래서 어떤 사람은 사랑을 홍역 같은 열병이라고도 한다. 사랑의 열병도 홍역과 마찬가지로 좋은 약도 없을 뿐만 아니라, 매우 고통스럽기 때문이라는 것이다.

2) 연애의 종류와 결정과정

(1) 스탕달은 『연애론』에서 사랑에는 그 내용 면에서 분류해 보

79 박목월, 『사랑은 고독한 것』 22면.

면 4가지 종류가 있다고 하였다. 즉 사랑에는 ① 정열적인 사랑 ② 취미적인 사랑 ③ 육체적인 사랑 ④ 허영적인 사랑의 네 가지 종류로 나누어 볼 수 있다고 하였다.

그리고 그는 사랑이 결정(結晶)되는 과정을 다음과 같이 일곱 단계로 세밀하게 분석하였다. 즉 ① 감탄 ② 상상 ③ 희망 ④ 사랑의 탄생 ⑤ 첫 번째 결정 작용 ⑥ 의혹 ⑦ 두 번째 결정 작용의 과정을 거쳐서 이루어진다고 하였다.[80]

제1과 제2 사이에는 1년이 흐르는 수가 있으며, 제2와 제3 사이에는 1개월, 만일 희망이 곧 나타나지 않으면 불행을 연상하게 되어 제2를 단념한다. 제3과 제4 사이는 일순간이다. 제4와 제5 사이에도 간격이 없다. 이 사이에 들어갈 수 있는 것은 친밀감뿐이다. 제5와 제6 사이에는 며칠 걸리는 일이 있으나, 제6과 제7 사이에는 간격이 없다고 하였다. 여기서 첫 번째 결정 작용은 '상대방도 나를 사랑할까?' 하는 의심 속에서 행복감을 느끼는 것이라면 두 번째 결정 작용은 상대방도 나에게 호감을 갖고 있다는 것을 알아서 사랑에 대한 확신을 갖게 되어 지속적인 사랑을 꿈꾸며, 더없는 행복감을 느끼면서 몰입하게 되는 것이라고 한다.[81]

(2) 이처럼 이성 간의 사랑은 그 대상을 발견하여 결정과정을 거쳐서 이루어지는데, 상대로부터 '어떻게 하면 사랑받을 수 있을

---

80 스탕달, 유억진 옮김 『연애론』 430면 이하.

81 스탕달, 위의 책 437면 이하.

것인가?' 하는 것이 중요한 문제가 된다. 어떤 사람은 남녀 모두에게 향기로운 품격(인격)이 필요하다고 하였다. 꽃이 향기와 꿀을 품고 있으므로 부르지 않아도 벌과 나비가 찾아오듯이 말이다.

결국 사랑의 결실은 '어떻게 하면 사랑스러워지는가?' 하는 것, 곧 매력이 좌우하는데, 에리히 프롬은 이 매력을 갖추기 위한 몇 가지 전통적인 방법을 말하였다. 남자들은 성공해서 자신의 사회적 한계가 허용하는 한 권력을 장악하고 돈을 모으는 것이요, 여자들은 몸을 가꾸고 옷치장을 하는 등 매력을 갖추는 것이라고 하였으며, 남녀가 공용하는 또 다른 매력 있는 전술은 유쾌한 태도와 흥미 있는 대화술을 구사하고 겸손하게 처신하는 것이라고 하였다.[82]

3) 대화는 사랑의 활력소

존 포웰은 사랑이라는 여행은 인생의 삶을 풍부하게 할 수 있다고 하고, 사랑에는 대화가 필요하다고 하여 다음과 같이 말하기도 하였다.(존 포웰, 박성희 옮김 『인간의 욕구와 사랑』 68면 이하)

두 사람이 서로 사랑하는 한 그만큼 적극적으로 상대방과 무엇인가를 주고받도록 해야 하는데, 그것은 다른 말로 표현하면 두 사람이 대화를 나누는 것이라고 할 수 있다. 즉 대화란 내가 한 인간으로서 나 자신에 관하여 상대에게 이야기하고, 상대 또한 내게 자기 자신에 대해 말하는 것이다. 이렇게 하여 서로의 비밀을 공유하

---

82 에리히 프롬, 앞의 책 13면 이하.

게 되는 것인데, 이러한 대화는 사랑의 활력소이면서 실제로 사랑의 본질적 요소라고도 할 수 있다. 다시 말하면 사랑이란 함께 나누는 것이며, 그것은 대화를 통해서만이 이루어지는 것이라 할 수 있다는 것이다.

요컨대 대화, 곧 두 사람이 서로 모든 것을 털어놓고 자신들의 생각을 주고받을 때에만 서로의 마음이 가까워진다는 것은 틀림없는 사실이므로 대화야말로 사랑의 본질적 요소라 할 수 있다.

4) 일체감의 추구

사랑하면서 행복하기 위해서는 두 사람의 진정한 융화 곧 일체감을 가질 수 있어야 한다. 이러한 일체감을 이루기 위해서는 많은 고통이 수반되기도 한다. 다소 거짓말을 하고 싶을 때에도 정직해야 하고, 아무 말도 하고 싶지 않을 경우에도 얘기를 해야 하며, 나무라고 싶을 때에도 꾹 참아야 하고, 달리고 싶을 때에도 서 있어야 하며, 확실한 것도 다시 생각해보아야 한다는 것이다.(존 포웰, 앞의 책 70면 이하)

사람은 누구나 잘못을 저지를 수 있으므로 언제나 인간관계는 난로처럼 대하라는 말이 있다. 너무 가깝지도 너무 멀지도 않게 대하는 것이 좋다는 것이다. 연인의 관계라고 해서 언제나 순조로울 수만은 없다. 오히려 오래 사귈수록 갈등과 대립, 혹은 충돌이 발생하기 쉽다. 따라서 그와 같은 부정적 상황이 발생하면 상대방에 대한 인내와 관용이 무엇보다도 필요하다. 인간이란 쉽게 잘못을 저지르

는 동물이므로, 인내와 관용이 없으면 원만한 인간관계를 지속하기 어렵다.[83]

5) 사랑에 대한 생각이 남녀가 다름

스텐버그는 사랑에 대한 생각이 남자와 여자가 서로 다르다고 한다. 남자는 자기 애인을 가장 좋아하고 사랑하지만, 여자는 자기 애인과 가장 친한 친구를 비슷하게 사랑하고, 좋아하는 감정에 있어서는 애인보다도 친한 친구를 더 좋아한다는 것이다. 여자들은 친밀한 우정을 소중히 여기며, 애인에게 말할 수 없는 얘기도 친구에게는 아무런 거리낌 없이 자유롭게 말할 수 있다는 것이다.(김중술, 『사랑의 의미』 5면 이하)

김중술 교수는 사랑을 하는 데 있어서 여자가 남자보다 더 이성적이라 한다. 여자들은 남자들처럼 낭만적으로 사랑에 쉽게 빠져들지 않는다는 것이다. 그리하여 대체로 사랑이 잘 이루어지지 않을 때 고통을 받는 것이 남자 쪽이어서 연애의 실패로 인하여 자살하는 경우는 남자가 여자보다 세 배나 더 많다고 한다. 여자들은 끝났다는 사실을 비교적 쉽게 받아들이고, 체념하면서 자기의 생활을 재점검한다는 것이다. 그러나 남자들은 실연을 쉽게 체념하지 못하고, 사랑의 실패를 두고두고 되새기며 반성한다는 것이다.(위의 책 63면 이하)

---

83 평마이펑, 권용중 옮김 『니체의 행복철학 147』 160면.

6) 연애의 단계

극작가 김수현은 사랑을 시작 부분, 중간 부분, 끝 부분으로 나눌 수 있다고 다음과 같이 흥미 있게 말하고 있다.[84]

"시작 부분은 남녀 공히 그들 스스로가 하는 게 아니라, 어느 순간 느닷없이 두 사람을 묶어서 덮어씌워버리는 '마법의 보자기'가 하는 것이다. 파티 장에서 눈길 한번 부딪치는 것으로 사랑에 빠진 로미오와 줄리엣이 그렇다. …

일단 시작된 사랑에 '마법'은 얼마간 그 효력을 지속한다. 사랑의 과정에 당연한 양념인 열정, 분노, 독점욕, 질투, 기다림, 용서, 이런 것들을 반복하며, … '마법'은 서서히 한 걸음씩 천천히 뒤로 물러난다. 둘이서 붙잡고 엎치락뒤치락 사랑을 운영한다. … 이것이 사랑의 가운데 부분이다.

사랑의 마지막 부분은 '마법'의 효력이 전혀 없다. '마법'의 눈으로 상대를 보는 것이 아니라 사람의 눈으로 상대를 보고 사람의 눈으로 내가 보여진다. 피차의 모자란 것과 이해할 수 없는 것이 확실히 보여질 수밖에 없다. 사랑의 끝은 사람이 낸다."

7) 실연의 고통

어떤 사람은 말하기를 '사랑은 내가 사라지는 커다란 경험'이라고 하였으며, 그것은 순수하게 아무 의도가 없이 무조건 경험하게 되는 것이라 한다.

---

84 김수현, '사랑은 … ', 피천득 외, 『사랑』 129면 이하.

시인 김초혜는 사랑이란 인간이 신으로부터 부여받은 절대 절묘한 아름다움이라 할 수 있다고 하였다. 그리고 이러한 아름다운 사랑은 두 가지로 나눌 수 있는데, 하나는 행복이라는 결론으로 승화된 것이며, 다른 하나는 불행이란 결론으로 파산된 것이라고 하였다. 그리고 사랑의 아픔 그것이 얼마만한 아픔인가는 겪어보지 않고는 알 수 없을 것이라고 하였다. 그것은 마치 심하게 앓아보지 않은 사람은 건강이 얼마나 중요한지를 모르는 이치와 같다는 것이다. 단적으로 말해서 사랑의 아픔은 죽음으로까지 이어지는 다리가 된다고도 하였다.(김초혜, '사랑의 아픔', 앞의 책 123면-)

육체적인 아픔은 그것이 제아무리 심하다 하더라도 육체에 머무르게 된다. 다시 말하면 육체의 고통도 괴롭기는 하지만 그러나 여기에는 소생이라는 희망이 있는 것이지만 사랑의 아픔은 육체가 아닌 정신적인 병이다. 마음을 찢긴 아픔의 통증인 것이다. 여기에는 명의(名醫)도 아무 소용없고 약도 소용없으며, 죽음은 오히려 안식으로 선택되기도 한다.(위와 같음)

아벨라르두스의 사랑과 비극

아벨라르두스(Petrus Abelardus)는 1079년 프랑스의 낭트시에 가까운 팔레에서 직업 군인의 아들로 태어났다.

그는 파리로 가서 여러 학교에서 공부했는데, 유명론자인 로스켈리누스에게서도 배우고, 실재론자인 기욤에게서도 배웠다. 이때 그는 기욤의 학설에 반대하여 스승과 학우들로부터 미움을 받았다. 그는 믈랑으로 가서 자기 자신의 학원을 세운다. 이것이 성공하자, 그는 얼마 후 이 학원을 파리에서 가까운 꼬르베로 옮긴다. 전 유럽에서 그에게 철학을 배우려고 몰려든 학생 수가 5,000명에 이르렀다고 한다. 그러나 그는 병에 걸렸기 때문에 귀향하여 몇 해를 보낸다.

그 후 건강이 회복되자, 수사학을 배우기 위해서 안셀무스를 찾아가서 공부하였다. 여기서도 그는 스승의 학설을 비판하여 불화하게 되고, 그곳을 떠났다.

30세가 넘어서 그는 노틀담 대성당 참사회원 퓔베르의 집에 들어가 살게 되었는데, 거기에서 조카딸 에로이즈(17-18세)의 가정교사를 하게 되었다. 이때에 그는 아름답고 지적인 제자와 사랑에 빠져서 그녀가 임신을 하게 되었다. 그는 그녀를 자신의 고향으로 빼내서 아들을 낳았다. 이 사건으로 그는 그녀의 숙부와 그의 적대자들에 의하여 참혹하게 거세당하고, 그녀와의 작별을 강요당하였다. 그는 성 디오니시우스 수도원에 은거하고, 에로이즈는 아루겡타일 수녀원으로 들어감으로써 연애 사건은 끝장이 난 듯했으나 그 후(1132년부터 1137년 사이)에 12통의 사랑의 편지를 주고받는다. — 그녀의 두 번째 편지에서 그녀는 “다른 사람 아닌 당신에게 위로받고 싶습니다”라고 하고, “아내라는 명칭보다 연인이라는 이름이 훨씬 감미로웠습니다.” “전 세계를 지배하는 아우구스투스 황제의 황후라고 불리기보다는 당신의 창부라 불리는 것

이 훨씬 가치 있는 일이라고 자신 있게 말할 수 있습니다"라고 하였다.[85]

그는 연구와 저술에 몰두하여 『신적 통일과 삼위일체』 등을 썼다. 42세에는 종교회의에서 그의 저서가 불태워지는 수모를 당했음에도 불구하고 제자들이 모여들어 파리에서 자신의 학원을 세워 가르쳤다.

46세부터 4년간은 브루타뉴 수도원 원장을 역임하고, 다시 파리로 가서 12년간 학생들을 가르친다.

62세에는 적대자들의 무고로 상스에서 열린 종교회의에 소환당하여 변호할 기회도 부여받지 못한 채, 이단으로 선고되어 파문을 당한다. 그 후 그는 교황에게 부당함을 호소하기 위해서 로마로 가는 도중에 클뤼니에서 63세(1142년)로 세상을 떠나 그곳에 묻혔다. 그 후 700년이 지나서야 그들의 유해는 파리의 베에르라세즈 공동묘지에 합장되었다.

그의 저서로는 『변증학』 『찬(贊) · 부(否)』 『너 자신을 알라』 등의 철학서와 『그리스도교 신학』 『신학입문』 등의 신학서가 있다. 아무튼 그는 프랑스가 낳은 가장 위대한 스콜라철학자로서 수백 년간 전개되었던 중세 스콜라철학의 보편논쟁을 종식시켰다.(정진일, 『서양철학사』 아벨라르두스)

---

85 주창윤, 『사랑이란 무엇인가』 160면. 엘로이즈의 두 번째 편지에서.

4. 우 애

1) 우애 곧 우정이란

♦ 여가를 즐기는 여인들 (단오날 해운대에서)

우애 곧 우정이란 친구에 대한 사랑을 말한다. 어머니의 젖을 떼고 나서 걸음마를 익히고 난 후, 그리고 이웃 꼬마들과 어울리면서부터 이른바 소꿉동무가 생기고, 학교에 들어가면 학우가 생기고, 사회에 나가면 직장 동료가 생기게 된다. 그리하여 이들 간에 우정이 생긴다.

아리스토텔레스는 우정을 '자기가 만난 사람이 서로 절대로 괴로움을 주지 않는 것'이라고 하고, '두 몸속에 있는 하나의 영혼'이라 하였다. 또 A. 보나르는 "친구란 고귀한 영혼을 지닌 길동무라 할 수 있다. 참된 친구는 외톨이가 될 우려가 있는 곳에서 만날 수 있다"라고 하였으며,(A.보나르, 이정림 옮김 『우정론』 38면) 그는 또 "연인이 되는 것처럼 쉬운 일이 없다. 어려운 것은 연인인 채로 있는 일이다. 그러나 참된 우정이 이루어지는 경우에는 죽음 이외에는 우정이 끝나는 경우란 거의 없다"라고 하였다.(위의 책 66면) 그래서 이러한 우정은 때로는 혈육 간의 정을 능가하기도 한다는 것이다.

이스라엘의 왕 사울(초대 왕)의 아들 요나단은 다윗과 어릴 때부터 막역한 사이였다. 그런데 부왕 사울이 다윗을 시기하여 해치려 하자 요나단은 이를 막아주고 다윗을 왕위에 오르게까지 하였다. 요나단은 자기보다 유능한 다윗을 밀어주었던 것이다. 아름다운 우정의 전형적인 예이다.(같은 책 11면)

친구를 동지(同志)라고도 하는데, 이것은 '뜻을 같이 한다'는 뜻이다. 진정한 친구는 허물이나 실수가 있어도 이해하여 주고, 고독할 때나 슬플 때에는 위로해주며, 즐거울 때에는 진심으로 축하해주고, 떨어져 있어도 마음이 서로 통하며, 함께 있으면 서로에게 즐거움을 준다. 그래서 이러한 친구, 곧 나의 말에 귀 기울여 들어주는 친구, 흉금을 털어놓고 대화할 수 있는 친구를 갖는 것은 일생에 다시없는 행운이라 한다.

키케로는 그의 『우정론』에서 "친구는 나의 기쁨을 배로 하고 슬픔을 반으로 한다"라고 하였다. 이것은 성공, 곧 큰일을 이루어 냈을 때 친구가 있어서 그것을 축하해주면 나의 기쁨은 배로 늘어나고, 반대로 슬픔을 당했을 때 친구가 있어서 그에게 위로를 받으면 나의 슬픔은 절반으로 줄어든다는 말이다. — 마르타 자라스카는 "건강하게 장수하고 싶다면 반드시 좋은 친구들을 사귀어야 한다"라고 하였다.

공자는 『논어』의 첫머리에서 인생의 최고의 즐거움인 자기 자신을 행복하게 해주는 것으로 세 가지(人生三樂)를 말했는데, 그 두 번째로 "벗이 있어 먼 곳에서 찾아오니 또한 즐겁지 아니한가?!"라고 하였다. 그는 또 '정직한 자를 벗하고, 신의가 있는 자를 벗하고, 박식한 자를 벗하면 유익하다'고 하고, '편벽된 자를 벗하고, 아첨을 잘하는 자를 벗하고, 말을 잘 둘러대는 자를 벗하면 해롭다'고 하였으며, '인(仁)한 자를 벗으로 삼아라'고도 하였다.

데일 카네기는 그의 『우도(友道)』의 첫부분에서 인간관계의 세 가지 기본원칙을 말했는데 첫째로, 비난, 책망, 불평을 하지 말라고 하고, 둘째로, 정직하고 진솔하게 칭찬하라고 하였으며, 셋째로 상대방의 소망을 불러일으키라고 하였다. 그런가 하면 케네스 블렌차드는 친구를 사귀려면 상대방이 칭찬받고자 하는 것을 진심으로 칭찬해주고, 칭찬할 일이 생겼을 때 즉시 잘한 점을 구체적으로 공개적으로 칭찬하라고 하였다.[86]

2) 우정과 신뢰

이러한 우정을 우리 선인들은 매우 중요하게 생각하였다. 우정의 두터움을 표시하는 말이 매우 많이 전해져 오는 것으로 보아서 그것을 알 수 있다. 즉 금란지교(金蘭之交, 마음을 같이 하여 강철도 끊을 수 있으며, 난초향기와 같은 사귐), 지란지교(芝蘭之交, 벗 사이의 고상한 교

---

86 M. 드베스는 청년의 우정은 흔히 고등학교 같은 곳에서 우연히 이루어지며, 친구를 위하여 희생을 함으로써 행복에 잠기기도 하고, 일심동체가 되고 싶은 욕구도 일어나기도 하고 취미와 의견도 머리모양도, 심지어는 글씨체까지 똑같이 하려고도 한다고 하였다. — 정봉구 옮김 『청년기』 64면.

제), 문경지교(刎頸之交, 친구를 위해 목숨도 내놓을 수 있는 사귐), 수어지교(水魚之交, 물과 고기의 관계), 죽마고우(竹馬故友, 어려서부터 죽마를 타고 놀던 벗), 관포지교(管鮑之交, 관중과 포숙아의 사귐)라는 말들이 널리 사용되어 왔다.

우정에 있어서 가장 중요한 것은 말할 것도 없이 신뢰라 할 수 있다. 유교윤리의 오륜에서는 붕우유신(朋友有信), 곧 친구를 사귐에 있어서는 믿음이 필요하다고 하였다. 붕우 곧 친구 간에 믿음이 있어야 한다는 것은 그 말한 것을 믿을 수 있도록 해야 한다는 것이다. 붕우관계는 사회생활을 하는 과정에서 우연히 만나서 성립되는 관계이므로 상호간에 그러한 신뢰가 없으면 사귀어 나갈 수 없는 것이다.

공자는 "사람으로서 신뢰 곧 믿음이 없으면 그 사람됨을 알 수가 없다"고 하였다. 그는 특히 통치자의 덕으로서 신뢰를 중시하여 나라를 다스림에 있어서 중요한 것은 식량과 군비와 신뢰의 세 가지인데, 그 가운데서도 가장 중요한 것이 신뢰라고 하였다.

신뢰는 친구 사이뿐만 아니라 모든 사람을 상대함에 있어서 거짓 없이 진실하게 대하는 것이다. 도산 안창호 선생은 우리나라 사람들이 거짓말을 잘한다고 생각하여, "거짓말은 나의 불공대천지 원수(不共戴天之怨讐 ; 한 하늘 아래서 같이 살 수 없는 원수)"라고 하여, 자기의 부모가 죽게 되는 경우 외에는 거짓말을 해서는 안 된다고 하였으며, 농담으로도 거짓말을 하지 말라고 하였다.[87]

---

87 주요한 편저 『安島山全書』 456면.

3) 우정의 향기

흔히 친구가 없으면 인생은 고독하다고 한다. 그러므로 술친구도 좋고, 취미를 같이 하는 친구도 좋고, 학우와 전우도 좋고, 직장동료도 좋다. 그 가운데서도 서로 자극을 주고 서로 격려하면서 부단히 절차탁마(切磋琢磨 ; 옥이나 돌을 갈고 닦듯이 학문이나 덕을 닦음)하는 우정, 더 나아가서 영혼의 길동무가 될 수 있다면 가장 고귀한 우정이라고 할 것이다.[88]

이러한 참된 우정이 이루어지는 경우에는 한쪽의 죽음 이외에 우정이 끝나는 경우란 거의 없다고 한다. 이리하여 영국 속담에는 "친구와 포도주는 오랠수록 좋다"는 말이 있다. 우정이 굳어지려면 오랜 시간이 필요하다는 말이다. 우정은 동성 간의 만남이기 때문에 이성 간의 사랑처럼 뜨겁고 강렬하진 않지만 길고 영속적이라 한다. 남녀 간의 사랑은 수십 년 동안을 계속하기 어렵지만, 우정은 평생토록 지속될 수 있다는 것이다. 대체로 세월이 지남에 따라 연애는 싸늘하게 식어버리지만, 우정은 더욱 두터워지고 강해진다는 말이다.

칸트는 '우정을 두 개의 다른 인격이 서로 사랑과 존경에 의해서 하나로 융합하는 것'이라 하고, 우정에는 세 종류가 있다고 하였다. 첫째는 생활상 필요의 우정이요, 둘째는 취미의 우정이요, 셋째는 심정(心情)의 우정이다. 생활상 필요의 우정에는 직업에 종사하면서 생활의 어떤 필요 때문에 생기는 것이고, 취미의 우정에

---

88 안병욱, 『사랑과 지혜 그리고 창조』 166면.

는 취미를 같이 하는 데서 생기는 것이며, 심정의 우정에는 순수한 마음의 정이 서로 통해서 생기는 것이다.[89]

4) 남녀 간의 우정

몽테뉴는 우정을 논하면서 남녀 간에는 우정이라는 관계가 성립될 수 없다고 하였다. 남녀가 서로 좋아하여 사귀게 되면 연애관계, 더 나아가서 결혼으로 진전되는 것은 16세기를 살았던 몽테뉴의 시대에나 지금이나 크게 달라지지 않았다고 하겠다. 이성 간에는 깊고 순수한 우정을 지니기 어렵기 때문이다.[90]

조선 시대 개성 사람들은 서경덕과 황진이, 그리고 지족선사를 송도삼절이라고 하여 그들의 우의를 높이 평가하였다. 그 가운데 유학자 서경덕은 가난을 면하려는 어머니의 강권으로 인하여 과거에 응시하여 성균관 생원시에 장원급제하였으나, 대과에는 아예 응시도 하지 않았다. 그 후 나라에서 참봉 벼슬을 주어도 마다하고, 학문을 계속하여 일가(一家)를 이루었다. 그런데 지족선사는 절세가인이요 명기이며 시인인 황진이에게 농락당했지만(그 후에 지족선사 대신 박연폭포로 바꾸었음), 서경덕은 오랫동안 황진이와 가까이 하였으면서도 황진이에게 농락당하지 않고 우정을 유지했다고 한다. 이같이 범속을 초월한 인격자라면 몰라도 범인으로서는 남녀 간에 우정을 지속하기는 어렵다고 할 것이다.

---

89 안병욱, 『한 우물을 파라』 85면.

90 몽테뉴, 손우성 옮김 『수상록』 296면.

그러나 어디서나 이성과 만나게 되는 오늘의 개방 사회에서는 순수한 우정을 나눌 수 있지 않을까? 더욱이 예술 · 문학 · 영화 등의 취미로 이성 간의 우정을 승화시킬 수도 있을 것이다.[91]

---

91 정충량, '우정' 김계숙 외, 『인간과 윤리』 315면.

관포지교

관중과 포숙아가 일찍부터 친하게 지냈는데, 젊어서는 둘이 같이 장사를 하여 이익금을 나눌 때는 관중이 더 많이 차지하였으나, 포숙아는 '관중은 가난하기 때문'이라고 이해하였다. 그리고 그 후 관중과 함께 사업을 하였는데, 관중의 잘못으로 실패했을 때에도 '그가 어리석어서가 아니고 시운(時運)이 맞지 않아서 그런 것이었다'고 하였다. 또 관중이 벼슬길에 세 번이나 나가서 세 차례 다 파면을 당했지만 포숙아는 '그가 무능하다'고 하지 않았으며, 전쟁에 세 번이나 참여하여 세 번 모두 패하여 도망을 쳤으나, 그를 '비겁해서 그랬다'고 하지 않고 늙으신 어머니가 있어서 그랬다고 하였다.

후에 관중과 포숙아는 제나라 희공의 신하가 되어 관중은 공자 규를 섬기고, 포숙아는 공자 소백을 섬겼는데, 희공이 죽고 맏아들 제아가 뒤를 이어 양공이 되었다가 얼마 후 죽게 되자, 규와 소백 간의 싸움이 벌어졌는데, 소백이 승리하여 환공이 되었다. 환공은 포숙아를 재상으로 임명하려 하였으나, 포숙아는 체포된 관중을 재상으로 추천하여 임명하게 하고, 자기는 관중의 아랫자리에 있으면서 경의를 표하였다.

그 후 관중은 환공을 잘 보필하여 나라를 부강하게 만들었으며, 포숙아 자신은 물론 그의 자손들도 대를 이어가면서 벼슬하게 되었다. 후에 관중은 "나를 낳아주신 분은 부모이지만, 나를 알아준 사람은 포숙아였다"고 하였는데, 후세 사람들은 관중의 현명함보다도 포숙아의 사람됨을 알아보는 총명함을 크게 칭찬했다고 한다.[92]

---

92 사마천, 이상옥 옮김 『사기열전 上』 25면.

제2절

✦

결혼과 모성애

1. 결혼의 의미와 백년해로

1) 행복한 결혼을 위한 지침

결혼은 남녀 두 사람이 결합하여 새로운 가족으로 출발하는 것이다. 그러니까 두 사람이 사랑을 해서 결혼하여 가정을 이루어 자식을 낳아 기르며 사는 것인데, 이것은 사랑과 갈등, 불안과 기쁨, 슬픔과 고민, 희망과 실망 등이 하나의 현대 음악처럼 불협화음으로 된 심포니를 이루어 가는 과정이라 할 수 있다고 한다.[93]

이러한 결혼은 어느 나라에서나 인간이 살아감에 있어서 가장 중대한 일(人倫之大事)로 여기며, 그래서 사람들은 결혼식을 올리고 결혼을 축하하여 왔던 것이다. 아무튼 결혼이란 남녀 두 사람이 일생을 함께 살면서 성행위를 독점하고, 자녀를 낳을 수 있는 사회적인

93 김은우, 『사랑의 철학』 60면.

허가를 얻는 매우 중대한 일이므로 결혼하기 전에 무엇보다도 상대방의 건강이나 생활능력도 살펴보아야 하지만, 그에 못지않게 상대방의 사람됨 곧, '정직한 사람인가? 믿을 수 있는 사람인가? 특히 지혜로운 사람인가?' 하는 것 등을 잘 살펴보아야 한다.

♦ **전통 혼례식**

사랑은 받는 것이 아니라 주는 것이므로 결혼 후에는 서로를 위하여 더 많은 노력, 수고, 협조, 봉사를 하려는 자세가 성공의 자세라고 할 수 있다.

그러므로 대부분의 사람들은 사랑하는 사람과 결혼하고 즐거워하며 행복해한다. 그렇지만 그렇지 못한 경우도 있다. 너무 많은 기대를 하고 결혼했기 때문이다. 그들은 이 세상에서는 결코 경험할 수 없는 이상적 상황을 꿈꾸었을 것이나, 문제가 산적해 있는 현실에 부딪치면서 그들은 꿈에서 깨어나게 되기도 하며, 자신이 선택한 반려자에게 완벽함을 기대했는데 살다 보니 결점이 너무 많다는 것을 알게 되기도 한다. 따라서 너무 많은 기대를 해서는 안 된다는 것을 알아야 할 것이다.[94] 미국의 속담에 "결혼 전에는 눈을 크게 뜨고, 결혼 후에는 눈을 반만 떠라!"는 말도 있다.

---

94 새뮤얼 스마일스, 정준희 옮김 『인격론』 454면.

새뮤얼 스마일스는 결혼생활의 지침으로 "정치와 마찬가지로 결혼생활은 협상의 연속이며, 결혼생활은 부부가 서로 주고받아야 하고, 삼가고 억제해야 하며, 참고 견디어야 한다"고 하였으며, 결혼생활에 있어서의 황금률은 '참고 또 참아라!'는 것이라고 하였다.[95]

2) 백년해로를 위하여

'낭만적 사랑' 다음에 결혼으로 이어지게 되는 연애결혼이건, 그렇지 않은 중매결혼이건, 결혼은 남남으로 지내오던 두 사람이 만나서 그들 사이의 벽을 허물어버리고 일체라고 느낄 때는 생애에 있어서 가장 유쾌하고 가장 격앙된 경험의 하나이다. 그러나 이러한 상태의 사랑은 두 사람이 친숙해질수록 친밀감이나 기적적인 면은 점점 줄어들기도 하며, 마침내 실망감과 적대감과 상호간의 권태가 생기면서, 결혼은 연애의 무덤이 되는 경우도 있게 된다.[96]

연구 결과를 보면 어떤 경우에도 연애 초기의 고조된 열정과 화학적 이끌림은 2년이 지나기 전에 중립적 상태까지 내려오게 되며, 그 이후 열정적 사랑은 결혼관계로 바뀌게 된다고 한다. 즉 신혼기의 전형적 즐거움이나 여유는 집안일로 바뀌고, 상대를 배려하며, 호응해주려는 노력도 느슨해지기도 한다는 것이다. 다시 말하면 결혼 초기에는 환경의 모든 변화가 매혹적이고 새롭다. 하지만 어느 시기가 되면 결혼했다는 사실과 남편과 아내로 불리는 것,

---

95 새뮤얼 스마일스, 앞의 책 455면.

96 박경리, '결혼 축복의 햇무리', 피천득 외, 『사랑』 58면.

식탁에 마주 앉는 일, 집안에 들어서는 상대를 열렬히 반겨주는 일이 더 이상 새롭거나 놀랍지 않게 된다. 결혼한 첫해에는 상대의 전혀 알지 못했던 면들이 발견되겠지만, 시간이 지나면서 그런 것들이 현저히 줄어든다. 그러다가 어느 시점이 되면 상대에 대하여 알아야 할 것은 다 알았다고 생각해서 더 이상 놀랄 일이 없다는 기분이 들 수도 있다고 한다.[97]

부부간의 애정이란 인간의 감정 가운데서 가장 복잡하고, 미묘한 것이어서 기대와 실망, 헌신과 요구, 애정과 질투, 확신과 불신, 환희와 고독 같은 것들이 서로 얽혀져 있으며, 이러한 감정의 도가니 속에서 자기를 주체하고 상대를 사랑하고 중하게 여기기에 전력을 다하여 감정의 폭풍을 참고 견디는 노력 외에는 다른 도리가 없는 것이다. 이러한 수많은 시련들을 극복하려는 꾸준한 노력 속에서 비로소 부부간의 애정은 인생에 있어서 가장 고귀한 것으로 승화되고, 빛나는 가치를 비로소 확보하게 되는 것이라 한다.(구상, 『삶의 보람과 기쁨』 47면)

이리하여 남녀가 결혼을 하고 세상을 살아가면서 여러 가지 어려움에 부딪치더라도, 행복한 삶을 위한 꿈을 가지고 부부가 서로 인내하고 노력하여 백년가약(百年佳約)이라는 결혼을 말 그대로 백년해로(百年偕老) 해야 할 것이다. 아무튼 행복한 결혼 생활은 사망의 위험도를 49%까지도 낮출 수 있다고 한다.[98]

---

97 소냐 루보머스키, 이지연 옮김 『행복의 신화』 38면 이하.

98 마르타 자라스카, 김영선 옮김 『건강하게 나이 든다는 것』 59면.

결혼의 기술

사람들은 결혼하여 대부분의 시기를 배우자와 함께 살면서 자식을 낳아 기르는 등, 인생의 희노 애락을 같이 하기 때문에 결혼은 인생의 행복에 있어서 매우 중요한 일이므로 흔히 인륜지대사라고 한다. 그래서 신랑과 신부는 결혼식장에서 부모 형제들과 많은 하객 앞에서 '죽음이 둘을 갈라놓을 때까지 사랑하면서 살 것'을 다짐하기도 한다.

그러나 두 남녀의 결합으로 가정을 이루어 자식을 낳고 잘 살아가는 것은 쉬운 일이 아니다. 평범한 두 사람이 평탄하지만 않은 현실 속에서, 꿈을 가지고 그것을 실현하려는 끊임없는 노력을 다한다고 해도 성공하기가 쉽지는 않기 때문이다.[99]

20대의 학생으로서 50대의 서강대 총장(천주교신부)을 사랑하여 결혼해서 딸 하나를 낳고 살았던 조안 리는 "우리는 우리의 사랑을 보다 더 아름답게 꽃피우기 위해서 각자 할 수 있는 최대한의 노력을 기울였다. 그러는 과정에서 무언가가 자신의 뜻과는 맞지 않아 홀로 고독한 눈물을 흘린 적도 있었다. … 내가 왜 하필이면 이 사람을 선택하여 이렇게 견디기 힘든 고통을 받아야만 하는가 하는 회의 속에서 고뇌한 적도 없지 않았다. … 그런 모든 장애와 난관에 부딪치며 함께 혼신을 다하여 나아갈 길을 터 나아가는 것, 그것이 사랑이라는 이름을 가진 처절한 모습들인 것이다"라고 하였다.[100]

정신과 의사 윌리엄 글래서는 『결혼의 기술』에서 사람은 누구나 유전자의 지시를 받아 그것을 추구하면서 살아간다고 하였다. 즉 ① 자기보존과 종족보

---

99 정충랑, '결혼', 김진만 외, 『인간과 윤리』 325면.

100 조안 리, 『사랑과 성공은 기다리지 않는다』 28면.

존(성적) 욕구, ② 사랑하고 소속되고자 하는 욕구, ③ 부를 추구하는 등, 힘을 확장하려는 욕구, ④ 자유롭게 살고자 하는 욕구, ⑤ 즐거움을 얻고자 하는 욕구를 가지고 그것을 추구하는 존재라는 것을 알아서, 그것들을 서로 조절하고 협력하면서 살아야만 진정으로 행복한 결혼생활을 유지할 수 있을 것이라고 하였다.[101]

---

101 윌리엄 글래서, 우애령 옮김 『결혼의 기술』 44면 -.

2. 행복한 결혼을 위한 마음가짐

결혼이라는 것은 가족을 떠나서 남남끼리 만나 함께 살게 되는 것이므로 두 사람이 친밀한 관계가 되어야 하는데, 그렇게 되려면 서로 상대방의 감정을 공감하고, 각자가 자기의 욕구를 조절할 줄 아는 능력이 필요하며, 또한 서로의 즐거움을 함께 느낄 수 있어야만 한다. 결혼을 함으로써 친밀감이 형성되기는 하지만 결혼 자체가 바로 친밀감을 만들어 내는 것은 아니며, 결혼 후 적어도 몇 년은 걸려야 친밀한 동반자관계가 이루어진다. 사랑과 성이 앞서는 낭만적인 관계는 오래 지속되지 못하는 것이므로 우정이 빨리 튼튼하게 자리 잡아야 한다. 우정은 동등한 힘에 기초를 두고 있고, 동등한 힘은 언제나 서로 무엇이든지 말하고 또 상대방의 말에 귀 기울여 듣는 데에 있다고 한다.[102]

자기 권리를 움켜쥔 채 '저 사람은 성격이 좋으니까 나에게 잘 해줄 거야' 또는 '연애할 때처럼 나에게 무조건 맞추겠지!' 하는 생각으로 결혼한다면 살면서 계속 부딪칠 수밖에 없다. 너무 잘하려고 애쓰지는 않더라도, 적어도 상대가 뭘 원하느냐에 따라서 내가 할 수 있는 데까지 최선을 다하여 도와주는 것이 좋은 남편과 좋은 아내가 되는 길이다. 그러므로 좋은 결혼의 조건은 결혼할 사람과 마음을 맞춰서 이해하고 양보하면서 살 준비를 하는 것이 중요하

---

102 김중술, 『사랑의 의미』 88면 이하.

다. 그것이 행복한 결혼생활을 유지하는 조건이 된다.[103]

이에 대하여 김은우 교수는 흔히 성격 차이나 상호 이해부족 때문에 부부간에 갈등을 일으키는데, 성격 차이 때문에 신선하고 매력이 있는 것을 알게 되고 어떤 게임을 하듯이 풀어나가면 서로 닮아가게 된다고 하였다.

부부는 가까워지기 때문에 함부로 대하고 함부로 말하는 경우가 많은데, 이 점은 꼭 경계해야 한다. 서로가 자존심을 건드리는 얘기나 부정적인 말은 절대로 삼가지 않으면 안 된다. 긍정적인 말을 많이 하고, 더 많이 칭찬하면서 살아가야 한다.[104] — 미국 최장수 부부라는 베타 부부는 자신들이 이토록 오랫동안 함께할 수 있었던 열쇠는 서로에 대한 존중이라고 털어놓았다고 한다. "우린 주장하지 않고 듣고 있어요. 늘 그랬지요"라고 하였다.[105]

특히 재치 있는 농담이나 짓궂은 장난 같은 사소한 요소들이 결혼 생활을 한층 풍요롭게 만들 수도 있다. 부부 중 어느 한 사람이라도 유머를 사용하여 상대를 웃게 만들 수 있다면 행복하게 살 수 있을 것이다. 유머야말로 사람과 사람의 관계를 원활하게 할 수 있으며 즐거움과 여유를 가져다주기 때문이다.

전술한 바와 같이 남자는 성취 지향적이면서 문제해결 지향적인 반면에, 여자는 감정적이고 관계 지향적이므로 여자는 어떤 일

103 법륜, 『행복』 135면 이하.

104 윤방부, 『건강한 인생, 성공한 인생』 38면.

105 마르타 자라스카, 앞의 책 59면.

에 대하여 문제해결을 바라는 것이 아니라 공감해주기를 바라고, 필요할 때 자기와 함께하면서 보내는 친밀한 관계를 원한다. 성취 지향적이며 문제해결 지향적인 남자는 관계 지향적인 여자를 잘 이해하지 못하고 밖으로만 돌기 쉽다. 따라서 부부가 서로 상대방을 이해하고 배려하는 노력을 하지 않으면 안 된다.[106]

106 우문식, 『행복 4.0』 590면.

결혼은 참된 사랑을 위한 여행

존 포웰은 인간의 삶에서 진실한 사랑이 사라지게 되면 사람은 이기적이거나 유약하기 때문에 보통은 마음의 문을 닫고 바리케이트를 쳐버리게 된다고 한다. 하지만 사람에게는 사랑이 없는 삶은 실로 불완전한 것이므로 사랑이라는 모험을 많은 사람이 감행하게 된다고 한다. 그런데 사람이 자신을 드러내놓지 않고서 사랑하는 것은 불가능하므로 자신을 드러내어 기꺼이 누군가를 사랑하게 되면, 그런 사람은 결국은 사랑을 찾을 수 있을 것이라고 하였다.[107]

그리고 그는 사랑의 기쁨을 찾아내기 위해서는 남자건 여자건 오랜 여행을 하면서 수많은 길을 걸어야만 하며, 길고 컴컴한 숲속도 지나야만 할 것이고 거기엔 숱한 위험도 따를 것이다. 그리고 다른 어떤 것보다 사랑은 조심스럽게 해야 할 것이며, 또한 방해가 되거나 해로울지도 모르는 것들을 절제할 것이며, 또 커다란 용기와 인내와 자제력을 필요로 할 것이라고 하였다. 그는 또 사랑이라는 여행은 인생을 더욱 풍부하게 하는 여행이라고 하고, 오로지 사랑을 해본 사람만이 자기 자신을 알 수 있으며, 현재의 자신과 미래의 자신을 사랑할 수 있을 뿐만 아니라, 신의 영광이 깃든 풍성한 삶을 찾을 수 있을 것이라고 하였다.[108]

107 존 포웰, 『인간의 욕구와 사랑』 64면.

108 존 포웰, 위와 같음.

3. 모성본능과 부모의 사랑

1) 모성본능

임어당은 전혀 교육을 받지 않은 여성이건, 많은 교육을 받은 여성이건 모성본능은 결코 억압당하는 일이 없이 어릴 때부터 벌써 그 싹을 보이기 시작하여 성년시대에 이르러서 더욱 강렬해진다고 하였다. 그리하여 여성에게 있어서는 어머니가 될 것 같다는 생각은 그의 생애에서 가장 심각한 사태이며, 여성의 심신 전체에 변화를 일으킨다고 하였다. 이에 반하여 부성본능은 30세까지는 거의 나타나는 법이 없으며, 20대에 아버지가 된다는 일은 꿈도 꾸지 않는다고 하였다.(林語堂, 『생활의 발견』 171면 이하)

그러므로 여성은 여러 가지 일을 꾀하지 않고 오직 자식을 낳아서 양육하는 일에만 종사하고 있다는 것만으로도 진실한 인생의 행복을 발견할 기회는 보다 더 확실하고, 보다 더 많다는 것은 사실이며, 따라서 결혼 후 아이의 양육이야말로 여성의 최상의 직업이라는 것도 두말할 필요가 없다고 한다.(위의 책 175면)

요즈음 결혼이 인기를 잃고 있으며 이혼도 늘어가고 있는 것은 결혼에 따르는 고통을 피하고 자유롭게 살면서 쾌락을 누리려 하기 때문이라고 한다. 그런데 여러 연구 결과를 종합해 보면 결혼하여 잘 사는 것이 결혼하지 않은 것보다 더 행복하다는 것이 밝혀졌다. 그뿐만 아니라 앞에서도 언급한 바와 같이 결혼해서 행복하게 사는 사람이 그렇지 못한 사람보다 더 장수한다는 것이 밝혀지

기도 했다고 한다. 즉 행복한 결혼 생활은 사망 위험도를 49%까지 낮출 수 있다는 것이다.[109]

2) 부모의 사랑

어머니는 아이를 열 달 동안 정성을 다하여 배 속에서 기르고 온 힘을 다해서 분만한다. 의사의 도움 없는 해산의 고통은 인간 최대의 고통이었다. 그리고 아이는 낳기도 힘들지만 기르기는 더 힘들다. 아이의 양육은 한없는 사랑과 헌신과 희생을 요구하기 때문이다. 이러한 어머니의 사랑인 모성애는 무조건적 사랑이다. 자식이 잘났건 못났건 무한량의 사랑을 하는 것이 어머니의 사랑이다.[110] 요컨대 모성애는 인간 사랑의 극치요, 절정이요, 완성이다.[111] 이것을 J.S. 밀은 '자아 망각적 사랑'이라고 하였다.

이와 같은 모성애가 사랑과 정을 상징한다면, 아버지의 사랑 곧 부성애는 힘과 일을 상징한다. 오늘날의 아버지들도 식구들을 먹여 살려야 할 책임과 자녀를 가르쳐야 할 교육적 책임에다, 한 가정을 옳게 다스릴 관리적 책임 또한 져야 한다. 이러한 어머니와 아버지로부터 자녀들은 사랑과 용기를 배우고, 인생을 살아가는 지혜와 도덕을 배우면서 자라나는 것이다.(안병욱, 위의 책 174면)

---

109 마르타 자라스카, 앞의 책 59면.

110 영국문화협회가 세계 102개 비영어권 국가 4만 명을 대상으로 가장 아름다운 영어 단어를 묻는 설문조사 결과 어머니(Mother)가 1위였다고 한다.

111 안병욱, 『사랑과 지혜 그리고 창조』 172면 이하.

부모가 자식들을 대할 때에는 무한한 사랑을 베풀어야 하며, 정당한 이유 없이 차별적으로 대해서는 안 된다고 한다. 그리고 자식들이 잘못했을 때 남 앞에서 야단쳐서는 절대로 안 된다고 한다. 왜냐하면 다른 사람 앞에서 꾸지람을 듣는 아이는 자기 잘못을 뉘우치기보다 남 앞에서 망신을 당했다는 사실 때문에 반항적으로 나오기가 쉽다는 것이다.(서진규, 『나는 희망의 증거가 되고 싶다』 307면)

신사임당의 충실한 삶

('오늘날도 우리 여인들이 자식이나 남편의 성공을 자신의 성공과 동일시하면서 살아가고 있는 것은 유교적 메커니즘 속에서 설명될 수 있다'고 한다. 따라서 신사임당은 지금도 우리나라 여성들의 롤 모델이 되고 있다.)

신사임당은 1504년(연산군 10년)에 강릉에서 기묘명현(己卯名賢) 중 한 명인 진사 신명화와 용인 이씨 사이에서 다섯 명의 딸만 둔 집안에 둘째로 태어났다. 본명은 인선(仁善)이며, 사임당(師任堂)은 호이다.

그녀는 어려서부터 어머니와 아버지로부터 유교 경전을 모두 배웠다. 19세에 홀어머니 밑에서 자란 이원수와 혼인하여 친정에서 살았다.

♦ **신사임당의 초충도**(국립중앙박물관)

사임당은 결혼한 후에도 시어머니가 사는 시가로 가지 않고, 친정에서 살다가 2년 후에 시가인 파주로 올라가서 살았는데, 그 후에도 강릉을 오가며 7남매를 낳아 기르면서 자녀들에게 유교 경전을 몸소 가르쳤다. 그녀가 33세에 낳은 아들 율곡은 13세에 과거에 합격한 후 도합 9회에 걸쳐 장원급제하였으며, 큰딸 매창은 화가가 되었다.

신사임당은 남편이 공부를 게을리하여 벼슬을 못하고, 자주 영의정 이기의 집에 가서 지내는 것을 보고 설득하였다.

"저 영의정이 어진 선비를 모해하고 권세를 탐하니, 어찌 그 영광이 오래

갈 수가 있겠소. 그가 비록 덕수 이씨 문중이요, 당신에게는 오촌 아저씨가 되지만, 그 집에 가지 않는 것이 좋겠소!"

남편은 그 말을 옳게 여겨 (1545년에 을사사화) 그 영의정 집에 발걸음을 끊고 공부에 집중하여 50세가 넘어서야 과거시험에 합격하게 된다.

그 후 남편은 수운판관(水運判官)이 되어 큰 아들과 율곡을 데리고 평안도로 갔는데, 이때(1551년, 명종 6년, 48세) 그녀는 세상을 떠난다.

그녀는 강릉과 경기도의 율곡을 오가면서 일찍이 홀로된 친정어머니에게는 물론, 홀시어머니에게도 효성을 다하여 섬겼다. 그녀는 학문이 깊고, 시문에 능하였으며, 서예와 회화와 자수에까지 능했던 우리나라를 대표하는 여성으로 공인(5만원권)받고 있다.

그녀는 학문과 문장에 뛰어났을 뿐만 아니라, 7세부터 회화에 재능을 보였으며, 화가 안견(安堅)을 사숙하여 서예와 회화를 공부하였다. 그녀는 주로 우리들 누구나 주변에서 쉽게 볼 수 있는 것들을 소재로 40여 점을 남겨 조선 회화 역사의 한 페이지를 장식한다.(이은상, '신사임당', 『한국의 인간상 5』. 이영호, 『신사임당』 참고)

제3절

✦

가정과 가족

1. 가정의 의의

1) 가정은 인생의 안식처

한 남자와 한 여자가 만나서 부부가 되고 난 후 가정이 이루어지고, 그 부부가 자녀를 가짐으로써 가정이 완성된다. 그 구성원을 가족이라 하는데, 사람은 누구나 이러한 가족의 일원으로 이 세상에 태어나 거기에서 살면서 일생을 마친다.

이러한 가족은 생활공동체로서 생활의 장소를 같이 하며, 네 것 내 것의 구분이 없는 사회이다. 각자 능력에 따라 일하고, 필요에 따라 소비하며, 동고동락하고 공존 공영한다. 자녀는 자라서 독립할 때까지 가정에서 보내며 따라서 이러한 가족이 모여서 사는 가정은 따뜻한 사랑의 정이 오고 가는 삶의 안식처이다. — 이러한 가족 간의 사랑을 J. S. 밀은 '자아 망각적 사랑의 집합'이라고 하였다. 그리고 피터 싱어는 인간이 자기 가족의 이익을 보호하고 증대시키려는 강한 욕구를 갖도록 끊임없이 진화하여 왔다고 하였다.

가정에서는 인격의 바탕이 형성된다. 여기에서 부모에 대한 권위와 순종을 배우며, 부모와 자식 간에 애정을 교류한다. 그리고 동기 간에 우애를 나눈다. 서로 간에 협동하고, 희생하며 돕고, 이해하고 용서한다. 따라서 이러한 인격의 바탕은 어릴 때 가정의 도덕교육에서 생기게 되며, 이것이 이웃 사랑과 동포애와 인류애로 뻗어 나가는 것이다.

요컨대 가정은 그 구성원들이 모두 몸과 마음을 편안하게 쉴 수 있는 안식처로서, 어떠한 위기에서도 나를 지켜줄 따뜻한 지지대가 되어야 하며, 구성원들이 사회에 진출할 수 있는 능력과 힘을 길러서 독립할 수 있도록 도와주고, 또한 사회생활에 필요한 여러 가지 도덕의 원형을 습득하는 가장 기초적인 사회여야 한다.

2) 가정의 의의

이러한 가정에 대하여 UN이 제정한 '세계인권선언문'은 "가정은 사회의 자연스런 기본 단위이며, 그 기초이자 세포이다. 따라서 가정의 해체는 곧 사회의 해체이며, 가정의 붕괴는 곧 사회의 붕괴이다. 그러므로 우리는 가정 공동체의 회복을 위해서 뜨거운 관심을 가지지 않을 수 없다"라고 하였다.

이것은 오늘날 동서양을 막론하고 가정의 해체가 매우 심각함을 말하여주고 있는 것이다. 가정의 해체로 말미암아 인간의 따뜻

한 정(情)이 메말라 가고, 효의 윤리는 경시되며, 인간성마저 상실되어가고 있는 것이다.[112]

오래전에 오클라호마 의대 교수가 펜실베이니아 주의 중부에 있는 로제토 마을 사람들(2천여 명)이 주위의 마을 사람들과 달리 심장질환자가 없는 원인을 조사하였는데, 그것은 여러 세대가 함께 살면서, 경조사에 마을 사람들이 적극적으로 참여하는 등 서로 도우면서 사는 가족주의적 삶 때문임이 밝혀졌다고 한다. 다시 말하면 마을 사람들이 마치 한 가족처럼 사이좋게 서로 돕고, 평화롭게 살고 있었다고 한다.[113]

요컨대 이러한 긍정적이며 가족주의적인 좋은 인간관계는 자존감과 행복지수를 높여주고, 그리하여 건강을 증진시켜주며, 질병으로부터 회복도 빨라지게 한다는 것이다. 사랑이 샘솟는 가정과 사회야말로 행복을 증진시키는 현장이 아닐 수 없는 것이다.

112 진교훈, 『현대사회윤리연구』 350면.

113 마르타 자라스카, 김영선 옮김 『건강하게 나이 든다는 것』 150면 이하.

퇴계의 제가(齊家) 이야기

♦ **도산서원 (맨 앞 건물이 도산서당)**

퇴계 이황 선생은 21세에 진사 허찬의 외동딸과 결혼하여 2년 후에는 큰 아들(寯)을 얻었으며, 1년 후에는 둘째 아들(寀)을 얻었는데 이때 산후 잘못으로 아내가 죽었다.

29세 때에는 한양에 갔다가 어떤 사람의 소개로 봉사(奉事) 권질의 과년한 딸과 재혼하였는데, 그녀는 기묘사화로 작은 아버지의 사형집행 장면을 목격하고, 그 충격으로 정신이 온전치 못하여 마땅한 혼처를 찾지 못하고 있던 차였다. 처가에서 한양에 있는 집 한 채를 그에게 주었으나 받지 않고 여자만 데리고 왔다. 그 이듬해에는 셋째 아들(寂 ; 과거에 합격하여 벼슬함)을 얻게 된다.

선생이 한번은 외출하려고 하자, 아내 권씨가 흰 두루마기를 다리다가 조금 타버렸다. 권씨는 빨간 천을 대고 꿰매놓았다. 선생은 아무 말 없이 그냥 입고 나갔는데 사람들이 그것을 경망스럽게 여기자, 그는 잡귀를 물리치고 복을 들어오게 하기 위하여 그렇게 했노라고 태연히 말했다고 한다. 그리고 평소에 야채 반찬 서너 가지로 식사를 했는데, 부인이 요리를 잘 하지 못하였으므로 몸소 부엌에 들어가서 손수 음식을 만들어 먹기도 했다고 한다. 당시 사대부가 부엌 출입을 한다는 것은 상상도 할 수 없는 일이었다.

한번은 부친의 제사 때에 제사상에 차려 놓은 배가 하나 굴러 떨어지자 아내 권씨가 얼른 그것을 치마 속에 감추었다. 큰형수가 그것을 보고 나무라자, 선생은 큰형수에게 '자신이 잘못 가르쳐서 이렇게 된 것이니 자기를 보아서 용서해주시라'고 빌었다고 한다. 이 때 형수는 미소를 띠며, "동서는 참으로 행복한 사람일세. 서방님 같은 좋은 분을 만났으니!" 하며, 동서를 부러워하는 투로 말을 했다고 한다. 제사가 끝나서 집으로 돌아온 뒤에 선생은 아내에게 "왜 그랬느냐?"고 묻자, 아내는 '먹고 싶어서 그랬다'고 하였으며, 그러자 선생은 손수 배를 깎아주었다고 한다.

45세에는 치매를 앓던 부인 권씨가 사망하였다(그동안 하인을 시키지 않고, 직접 아내의 대소변을 받아냈다고 한다). 이때 선생은 자식들에게 "너희들은 네 어머니의 복을 입지 못하였으니, 이번 상사는 친어머니의 상사라고 생각하라! 혹 사람들이 계모와 친모는 구별이 있다고 하더라도 그것은 무지한 말이니 듣지 말아야 한다"고 하였다.

그 후 결혼한 지 얼마 되지 않은 둘째 아들을 잃었다. 그런데 한번은 밤중에 작은 며느리 류씨 방에서 소곤거리는 소리가 새어나와서 의혹을 가지고 문틈으로 살펴보았더니, 며느리가 베개를 붙들고 흐느끼면서 이야기하고 있었다.

한번 시집가면 시댁의 여인으로 한평생을 홀로 살아야 하는 것이 당시의 법도였음에도 선생은 며느리의 고통스러운 삶을 생각해서 친청으로 돌려보냈다.

그로부터 몇 년이 지난 후 선생이 한양으로 가다가 해가 저물어 어떤 마을의 한 부잣집에 들러 하룻밤을 묵게 되었다. 그런데 저녁과 아침 밥상에 자기가 좋아하는 음식들이 차려져 있어서 맛있게 먹으면서 의아하게 생각하였다.

아침을 먹은 후에는 주인이 버선 두 켤레를 주기도 하였다. 더욱더 의아하게 생각한 선생은 문밖을 나가서 한참을 가다가 뒤를 돌아보니, 대문을 살짝 열고 그 틈 사이로 둘째 며느리가 얼굴을 내밀고 선생의 뒷모습을 지켜보고 있었다고 한다.(박종홍, '이황', 『한국의 인간상 4』 외, 참고)

2. 우리의 가족주의

♦ 화목한 가족의 나들이 (추월산에서)

상업을 통하여 부를 축적하면서도 가족보다 개인을 중시하며 살아온 서양인들과는 달리, 우리 동아시아인들 특히 유교국가의 사람들은 서로 협동하여 농사를 지으면서, 개인보다 가족 내지 가정을 중시하는 가족주의적인 유교윤리에 따라 화목하게 살아왔다.

농경사회에서 농사는 가족의 수가 많을수록 능률적이어서 자녀가 결혼하여도 분가시키지 않고 함께 살았기 때문에 일찍부터 대가족제도가 발달하였으며, 가정의 구성원들이 화목하고 안락하고 행복하게 살 수 있는 윤리를 만들어 그에 따르며 살았다.[114]

『주역』은 "부모와 자식, 형과 아우, 남편과 아내가 각기 그 도리를 다해야 가정의 법도가 바로 서고, 그렇게 해서 가정이 바르게 되어야 천하가 안정된다"고 하였다. 유교윤리는 화목하고 안락한

---

114 장수연구가 레오나드 푼은 전북 순창지역의 100세 이상의 노인들을 면담한 뒤, '이들이 건강한 비결은 이분들을 모시고 사는 아들과 며느리와의 따뜻한 가족애에서 비롯되었다'고 하였다. — 『연합뉴스』 2009. 6. 26.

가정을 만드는 것을 우선적 목표로 하고 있지만, 즉 가족 간의 바람직한 관계를 먼저 확립하여 화목하고 안락한 가정을 이룩한 후에, 그것을 토대로 모든 사람이 서로 사랑하면서 평화롭게 잘사는 평천하의 대동 사회를 이룩하고자 하였던 것이다.

이러한 유교윤리를 흔히 '가족주의 윤리'라고도 하고, '공동체 지향적인 윤리'라고도 하는데, 이것은 개인을 중시하여 모든 인간관계를 계약관계로 보는 서양의 개인주의 윤리와는 근본적으로 다른 것이다.[115] 서양인들은 그들이 신봉하는 기독교 경전인 『구약(舊約)』이나 『신약(新約)』이 '약속'을 의미하는 것으로서 신과 인간의 관계를 일종의 계약관계로 이해하였다. 이리하여 그들은 직장에서의 사주와 사원의 관계는 물론, 부부관계나 부모와 자녀의 관계도 계약관계로 보아 왔다.

수년 동안(박사과정)을 미국에서 살았던 김태길 교수는 서양인들의 이와 같은 삶의 모습을 보고 "그들의 가정에서는 남편과 아내 사이에도 칸막이가 있고, 부모와 자식 사이에도 칸막이가 있다. 예컨대 부부가 식당에서 밥을 먹을 때 고기반찬을 딴 접시에 담아주고, 밥값을 따로따로 계산하는 등 나는 나고, 너는 너로서 따로따로 살아가고 있다"라고 하였다. 그리고 그는 "이러한 삶은 참으로 살벌한 모습이요, 외로움과 불행을 자초하는 어리석은 삶의 길이

---

115 김태길, 『한국윤리의 재정립』 12면. 미국으로 보내는 편지의 봉투에는 우리나라에서와는 달리 맨 먼저 자기의 이름을 쓰고 국명은 맨 나중에 쓰는 것만 보아도 개인주의와 공동체주의의 차이를 느끼게 한다.

다"라고 하였다.[116] — 여담이지만 김 교수는 미국 유학시절에 사귄 미국 학생으로부터 생일 초대를 받고, 그림 한 점을 구하여 가지고 가서 그 부인에게 그것을 주자, 그녀는 이것을 '누구(자기와 남편 중)에게 주는 것이냐?'고 물어서 난처한 적이 있었다고 하였다.

116 김태길, 『삶과 그 보람』 136면.

가족주의적 호칭과 '우리'

우리들은 오랜 세월 동안 유교의 가족주의 전통 속에서 살아오면서 가족이 아닌 다른 사람에 대한 호칭에도 가족의 호칭을 사용하여 왔다. 즉 친족이 아닌 타인에 대해서도 친족의 호칭어인 '할아버지' '할머니' '아버지' '어머니' '형님' '언니' '동생' 같은 호칭들을 써왔다.

그리고 복수 대명사인 '우리'를 단수 대명사인 '나' 대신 사용하여 왔다. 이것은 통체(統體)를 가리키는 '우리'와 부분자(部分者)인 '나'를 동일시하는 것으로서, '나'라는 개인보다도 가족 공동체 혹은 집단이 우선함을 알 수 있다. 이것은 유교의 가족주의 문화의 산물이라고 할 수 있다.[117] ― 우리나라를 비롯한 아시아 유교 국가들은 서양 개인주의 국가와는 반대로 성을 먼저 쓰고 이름을 뒤에 쓰며, 그래서 편지 봉투에 주소를 쓸 때에도 우리들은 나라 이름을 맨 앞에 쓰지만 서양에서는 맨 앞에 자기 이름을 쓴다.

일본이나 중국을 비롯한 세계 어느 나라 사람들도 자기의 부모 · 형제 · 집 · 직장 · 동네 · 단체 · 민족 · 국가 등을 말할 때 '우리'라는 복수 표시를 하지 않는다. 즉 다른 나라 사람들은 '나의 어머니' '나의 집' '나의 애인' '나의 아내' '나의 남편' '나의 학교' '나의 회사' '나의 나라'로 표현하는 데 반하여, 우리들은 '우리 어머니' '우리 집' '우리 애인' '우리 아내' '우리 남편' '우리 학교' '우리 회사' '우리나라'로 표현한다. 그리고 우리들은 혼자 살아도 '우리 집'이라 한다.

이처럼 한국인들은 대체로 '나'라는 개념보다 '우리'라는 개념 속에서 자연

117 전혜영, '한국어에 반영된 유교문화의 특성', 『한국문화와 한국인』 244면.

스러움과 편안함을 느끼고 있는 것이다. 한 집에서 사는 사람이 '우리'이며, 같은 피를 나눈 사람들이 '우리'요, 같은 학교에 다니는 사람이 '우리'이며, 같은 직장에 다니는 사람이 '우리'인 것이다. 사람들은 한 울타리 안에서 마음의 안정을 누리고 안식을 얻게 된다. 한 울타리 안에 있는 사람들은 '나'와 끊을 수 없는 관계로 굳게 맺어져 있으며, '나'는 우리 안에 동화되고 함몰되어 있는 것이다.

3. 화목하고 행복한 가정

화목하고 행복한 가정을 이룩하기 위해서는 부부와 자녀와 부모 삼위일체적 조화를 이루어야 가능하다고 할 수 있다. 물론 가정의 중추는 부부이다. 그러나 부부만으로는 완전한 가정을 이룰 수 없다. 자녀가 없는 가정은 언제든지 헤어질 수 있을 것 같은, 그래서 과도기적 존재 같은 느낌이 있다. 자녀가 있음으로써 부부지간의 평면적 행복을 입체적 행복으로 승화시킬 수 있는 것이다. 평면적 행복의 경우는 파탄이 오기 쉽지만, 입체적 행복의 경우는 파탄이 쉽게 오지 않는다.[118]

♦ **자리 엮기 (김홍도의 '단원풍속도첩')**
(국립중앙박물관)

부부가 항상 연인처럼 대하면서 행복한 결혼생활을 지속하기 위해서는 서로가 존경하는 마음으로 예를 갖추면서 살아야 한다. 사랑 곧 애정의 기반 위에 존경하는 마음과 예가 있어야만 부부가 행복할 수 있기 때문이다. 그래서 유교윤리의 기본인 오륜에 '부부유별'이 있는 것이다.

---

118 이항녕 외, 『사회와 가정』 296면.

그런데 부부간의 사랑과 부모의 자녀에 대한 사랑만으로는 완전한 가정의 행복은 이루어지는 것이 아니고, 자녀의 부모에 대한 사랑과 존경이 필요하다. 이를 위해 유교에서는 가화만사성(家和萬事成)이라고 하고 이를 위하여 효를 강조하고 있다.

요컨대 부부가 서로 사랑하는 마음과 어버이가 그 자녀를 사랑하는 마음, 그리고 자녀가 그 어버이를 사랑하는 마음이 있어야 참으로 행복한 가정을 이룩할 수 있는 것이다. 부모가 자녀를 사랑하는 것만으로도 물론 행복은 있을 수 있다. 그러나 자녀들이 부모의 사랑에 보답한다고 하면 그 부모나 자녀 모두 즐거울 것은 물론, 더 나아가서 희열을 느끼게 될 것이요, 이런 가정이야말로 참으로 행복한 가정이라 할 수 있을 것이다.[119]

최준식 교수는 '인간에게서 가정은 그 중요성을 아무리 강조해도 지나치지 않을 것'이라고 하였으며, 우리들은 가정을 무엇보다 중요시하는 유교를 그 이념으로 삼고 살아온 덕에 아직도 가정이 이렇게 지켜지고 있는 것이라 하였다.

임어당은 '어떠한 문명도 그 최후의 가치 여부는 그것이 어떠한 모양의 남편과 아내와 아버지와 어머니를 만들어내느냐 하는 점에 달려 있다'고 하고, 보다 나은 남편과 아내와 부모를 만들어내는 문명이야말로 보다 행복한 인간의 삶을 만들어낼 수 있는 것이 분명하며, 그렇기 때문에 우리들(유교국가)의 문명은 보다 차원이 높은 문명의 모습이라고 하지 않을 수 없다고 하였다.

119 이항녕 외, 『사회와 가정』 300면.

그는 또 오늘날에는 결혼하는 것을 좋아하지 않는 사람들이 많아졌으며, 또 결혼을 한다고 하더라도 아이를 낳지 않으려고 하는 사람들이 많아졌는데, 세상에 태어나서 아이를 남기지 않고 세상을 떠난다는 것은 자연의 섭리에도 어긋난 죄악이라 하였다.[120]

120 임어당, 김병철 옮김 『생활의 발견』 167면 이하.

웃는 집에 복이 온다

우리나라에 오래전부터 전해 내려 오는 말에 소문만복래(笑門萬福來)라는 말이 있다. '소문'은 웃음이 끊이지 않는 가문이라는 뜻이며, '만복래'는 온갖 복이 다 들어온다는 뜻으로, 곧 웃음이 가득한 집에는 온갖 복이 들어온다는 뜻이다.

웃음은 여러 가지 종류가 있으나, 여기서는 웃음은 기쁜 상태에서 우러나오는 자연스러운 웃음을 가리킨다. 그런데 과거에는 우리나라에서는 웃음이 그 사람의 인격을 저락시킬 우려가 있다고 하여 웃지 않으려고 하였다. 그러한 영향을 받아서인지 아직도 우리나라 사람들은 잘 웃지 않는 것 같다. 그러나 웃음은 다음(제4장 제7절)에서 자세히 언급하는 바와 같이 매우 유익하다고 한다.

옛날 우리나라의 한 대신은 달밤에 시골 산모퉁이를 지나다가 오막살이 초가집에서 늙은 부부가 젊은 아들 내외와 어린 손주의 재롱을 보며 웃으면서 도란도란 이야기하는 단란한 모습을 보고 난 후 그들의 행복이 매우 부러워서 벼슬을 버리고 자기 자식들이 사는 고향으로 내려가서 행복하게 살았다는 이야기가 전해 오고 있다.

그런가 하면 뉴욕의 장외증권 중개인 빌은 카네기의 '미소를 지으면서 살아라!'는 권고를 듣고 나서, "어느 날 아침 식탁에 앉으면서 생전 처음으로 아내에게 '잘 잤소?' 하고 인사하고 미소를 지었는데, 이때 아내는 거의 충격을 받은 것 같았습니다. 이제부터는 매일 이렇게 할 거라고 말했고, 그 약속을 지금까지 꼭 두 달 동안을 충실하게 지키고 있습니다. 이 두 달 동안에 우리 가정에는 일찍이 맛보지 못했던 행복이 깃들었습니다"라고 하는 편지를 보냈다고 한다.[121]

---

121 데일 카네기, 정재헌 옮김 『인간관계론』 81면.

4. 행복한 가정과 극기복례

1) 사랑과 인내

가정이란 사랑이 넘치는 가족 공동체이다. 사회가 급격히 변하고 가족의 모습도 많이 변했으나 변하지 않는 것이 있다. 가정의 구성원은 자신보다 다른 구성원의 안위를 먼저 생각하는데, 그것은 가정에 사랑이 숨 쉬고 있기 때문이다.

이러한 사랑이 넘치는 화목한 가정을 이룰 수 있는 가장 중요한 덕목은 무엇일까? '행복한 가정'을 누구보다도 중시한 공자는 사랑하고 배려하는 것 곧 인(仁)이라 하였다. 그는 또 자공이라는 제자가 종신토록 행해야 할 말을 해주라고 하자, 그것은 '서(恕 ;용서- 仁의 근본)'라고 하였다. 그리고 이러한 서 곧 인의 덕을 갖추기 위해서는 극기복례(克己復禮)의 수기(修己, 修身)를 해야 한다고 하였다.

다음에서 말한 바와 같이 당나라 때에 9세대의 수많은 식구가 모여서 화목하게 사는 집의 가장인 장공예(張公藝)라는 사람이 황제가 그를 찾아가 그 비결이 무엇인가를 물었을 때, 그는 하루에도 마음속에 수많은 '참을 인(忍)'자를 쓰면서 살았다는 뜻으로 '인(忍)'자 100자를 써서 올렸다고 한다.[122]

---

122 혜민 스님은 "우리는 가까운 사람에게 더 짜증을 잘 냅니다. … 짜증을 내는 사람은 지금 본인이 힘든 것을 알아달라고 내는 중일 수도 있어요, 상황이 나아지면 짜증낸 것을 미안해합니다. … 피하지 않고 공감해주는 것이 내 아이를, 아내를, 남편을, 친구를 치유하는 방법입니다"라고 하였다. — 혜민, 『완벽하지 않는 것들에 대한 사랑』 189면.

조선시대에 최고의 양반마을(班村)은 경주의 양동마을이다. 그래서 또 다른 양반마을인 안동의 하회마을과 함께 세계문화유산으로 등재되었는데, 양동마을의 시조 손소는 장공예의 사례를 본받으려고 사랑채에 '서백당(書百堂)'이라는 현판을 걸어놓고 살았다. 이리하여 그의 후손들이 살았던 이 마을에서 조선시대에 가장 많은 과거 급제자가 나왔다. 이 마을 남자들은 날마다 마음속에 수많은 참을 인(忍)자를 쓰면서 즉 참고 또 참으면서, 그리고 문필봉(文筆峰-案山)인 성주산을 향하여 과거 합격을 기원하면서 경쟁적으로 공부하였다. 이에 문·무과 116명이 배출되어 조선시대 최고의 양반마을이 되었다(하회마을은 99명 배출). 지금 이곳에는 중국과 일본의 관광객들도 꾸준히 찾고 있다.

♦ 서백당 (경주 양동)

요컨대 의견, 취미, 개성 등이 서로 다른 남녀가 만나서 결합하여 가정을 이루었으므로 마찰이 생기고, 거기서 상대방의 결점이 노출되면서 권태기를 맞이하게 되기도 하는데, 화목한 가정을 이룩함에 있어서 중요한 것은 무엇보다도 인내하고 협력해야 하는 것이다. 인내하지 못하는 것은 참된 사랑이 아니라고 한다. 행복한 가정을 이루며 잘 살아가려면 거기에는 무엇보다도 극기복례 곧 인내가 따르지 않으면 안 된다는 것이다. 그러므로 인(忍)이나 서(恕)는 인(仁)의 덕을 실천하는 바탕이 되는 것이라 할 수 있다.

2) 자녀 사랑에 대한 진실

어머니는 열 달 동안을 정성을 다해서 배 속에서 기르고, (현대에는 의사의 도움을 받아 분만하므로 크게 완화되었지만) '인간 최대의 고통인 '해산의 고통을 겪으면서 자식을 낳는다. 그리고 낳기보다 더 힘들여서 자식을 기른다. 아이의 양육은 한없는 사랑과 헌신과 희생을 요구하기 때문이다.

다니엘 갈버트는 "부모는 자식을 키우느라고 쉴 틈이 없으며, 막무가내로 떼를 쓰는 아이들의 성화에는 인내심이 많은 사람조차도 절망에 빠지기도 한다. 오죽했으면 미국 속담에 '광기는 자식으로부터 물려받은 유전'이라는 말까지 있겠는가! 자식이 학교에 들어갈 때가 되면 그나마 남아있던 귀여움마저 사라져버리고 화가 나는 일만 켜켜이 쌓여간다. … 거기에다가 아이들이 사춘기에 이르러 삐뚤어지기라도 하여 말을 잘 듣지 않으면 부모들에게는 신의 형벌이나 다름없게 되기도 한다"라고까지 하였다.(볼프 슈나이더, 박종대 옮김 『진정한 행복』 206면)

볼프 슈나이더는 요즘 시대에는 우리의 부모 세대에서는 별 문제가 되지 않던 자녀교육이 심각한 문젯거리가 된다고 하였다. 과외교육비가 엄청나게 늘어났으며, 또 아이들이 학교에서 놀림 받거나 따돌림 당하지 않도록 휴대폰 같은 첨단 기계나 유행하는 옷도 사주어야 하며, 그 밖에도 자식의 출세를 기대하는 부모라면 추가로 '실망감'이라는 고통도 이겨내지 않으면 안 된다고 하였다.(앞의 책 207면 이하)

하지만 그는 다음 같은 사실은 누구든지 인정하지 않을 수 없을 것이라고 하였다. 자식이 무럭무럭 자라나는 것을 바라보는 것만큼 기쁘고 흐뭇한 일은 없다고 하고, 고독한 노년기에는 자식이 무엇에도 비할 바 없는 위로가 된다고 하였다. 또 "자식이 없는 사람은 인생의 절반을 놓치고 사는 셈이다. 자식이 행복을 만들어주든 불행을 만들어주든 말이다. … 그것은 자식이 있는 사람은 자기가 죽더라도 이 세상에서 흔적도 없이 사라지는 것이 아니기 때문이다"라고 하였다.(앞의 책 208면)

장공예의 9세대 동거비결

중국의 장공예(張公藝)는 578년 북제에서 태어나서 당나라의 측천무후 때인 676년 99세에 사망할 때까지 한 집에서 9세대의 대가족(100여 명)이 한 집에 모여서 매우 화목하게 살았는데, 665년 당나라 고종 황제가 문무 대신들을 거느리고 태산에 봉선(封禪 ; 하늘에 지내는 큰 제사) 의식을 행하고 돌아오는 길에, 그동안 소문으로만 들어오던 장공예의 집을 방문하였다.

황제는 장공예에게 수많은 가족이 한 집에 살면서 화목할 수 있는 비결이 무엇인가를 물었다. 장공예는 가족들이 보는 데서 말하기 곤란하므로 후에 글을 써서 올리겠다고 하고, 후에 '참을 인(忍)'자 100자를 써서 올렸다고 한다. 하루에도 마음속에 수많은 '참을 인'자를 쓰면서 사는 것이 그 비결이었다는 것이다. ㅡ 공자는 군자 곧 인격의 완성자가 되려면 극기복례(克己復禮)를 실천해야 한다고 했는데, 이것은 인격의 핵심요소를 극기 곧 참는 것(忍)으로 본 것이다. ㅡ 고종황제는 백인당(百忍堂)이라 당호를 써서 내려주고, 비단 100필을 하사했다고 한다.([구당서])

5. 효의 의미와 그 가치

1) 가정의 기본 윤리인 효

대부분의 동물들은 육체적 기관이 거의 완성된 채로 생겨나므로 약간의 훈련을 받아서 살아간다. 그러나 사람은 다른 동물들과는 달리 결핍 상태로 태어난다. 다시 말하면 갓난아이는 걷는 힘도 없으며 말하는 능력도 없다. 오직 우는 재주와 젖을 빠는 힘밖에 없이 무력하게 태어난다.

이런 아이를 독립된 인간으로 키우려면 부모를 비롯하여 수많은 사람들의 무한량의 사랑과 정성과 노고와 희생이 따라야 한다. 이렇게 '낳아서 길러주신 높고 넓은 부모의 은혜'를 알고 보답하려는 마음이 효의 근본이요, 효의 윤리이다. 부모의 은혜를 알고(知恩), 느끼고(感恩), 감사하고(謝恩), 보답하려는 마음(報恩)들이 곧 효심이요, 효성이다. 이러한 마음은 자연스러운 것이자 가장 순수하고 아름다운 마음이라 할 수 있다. 따라서 효를 다하는 것은 순리를 따르는 것이기도 하다.[123]

공자는 "군자는 근본이 되는 일에 힘쓴다. 효도(孝)와 우애(悌)는 인(仁)을 실천하는 근본이다"라고 하였으며, 효의 근본은 부모를 공경하고, 부모의 뜻을 받들며, 부모의 마음을 편안하게 해드리는 것이라 하였다. 증자는 이를 받아들여 효 사상을 체계화하고 그 실천 방법을 구체적으로 제시하였다.

---

123 안병욱, 『사랑과 지혜, 그리고 창조』 176면 이하.

그런데 세종대왕은 이러한 유교 경전들을 200번 까지 읽고 그것들을 구현하기 위하여 노력하였는데, 세종 10년 진주에서 김화라는 사람이 아버지를 살해했다는 보고를 받고 가슴 아파하면서, 이것을 자신의 책임으로 여기고 3일 밤을 잠을 못자며 궁리한 끝에, 백성들이 한자로 된 법률을 읽지 못해서 그렇게 된 것이라고 결론을 내리고, 누구나 쉽게 읽을 수 있는 글을 만들어야 하겠다고 결심하여 노력한 끝에 훈민정음을 창제하게 되었다고 한다.

토인비는 '장차 한국문화가 인류에게 기여할 수 있다면 그것은 바로 부모를 공경하는 효사상일 것'이라 하였다. 그리고 독일의 철학자 하이데거는 자식들과의 왕래도 없이 노년을 쓸쓸하게 보내면서, 자식들과 왕래하며 정을 나누면서 살고 있는 동양 유교 국가들의 가족제도를 매우 부러워했다고 한다.

이러한 효제(孝悌)를 중심으로 한 유교윤리는 '파리선언'에서 노벨상 수상자들이 지적했던 대로, 사회 환경의 도덕적 위기를 극복하기 위한, 그리고 자연환경의 생태적 위기를 극복하기 위한 유일한 대안으로 여겨졌던 것이다. 지금 미국을 비롯한 유럽 선진국의 대도시에서는 밤에는 말할 것도 없고 낮에도 범죄가 무서워서 사람들(특히 여자들)은 마음 놓고 돌아다니지 못한다고 한다. 따라서 전술한 바와 같이 우리들이 신봉해왔던 효제를 중심으로 한 인(仁)의 윤리 곧 유교윤리는 21세기 인류의 이념으로 부각되고 있는 것이다.

2) 효의 윤리가 없는 서양

서양에서 최초의 윤리서인 아리스토텔레스의 『니코마코스 윤리학』은 행복이 무엇인가를 논하면서 가정에 대해서도 전혀 언급하지 않았으며, 효에 대해서도 언급하지 않았다. 그리고 서양철학을 크게 발전시킨 칸트의 윤리서 『실천이성비판』에서도 공동체의 기본인 가정에 대해서는 전혀 언급이 없다. 오직 개인이 마땅히 해야 할 의무를 강조하고 있을 뿐이다.

서양인들에게 커다란 영향을 미쳐왔던 기독교는 부자관계를 하느님과 나의 관계, 곧 '하느님 아버지'를 강조하고 있을 뿐이다. 이리하여 근대 이후로 서양인들에게 큰 영향을 미쳐왔던 민주주의 아버지 존 로크도 "아버지가 자식을 잉태시키는 것은 자신의 순간적 욕구를 채우는 것 이상의 의미가 없으며, 아기를 만드는 것은 오직 하느님뿐이다"라고 주장하였다.[124]

김용옥 교수는 "서구의 언어에는 효라는 말이 없다. … 서양 사람들에게는 효가 없는 것이다. … 인간의 가장 본원적 심성의 문제도 초월적 존재자(神)의 모랄에 의해 가려져 버린 것이다. 슬픈 일이다!"라고 하였다.[125]

오늘날 서양에서는 대체로 성인(20세)이 되기 전까지만 부모가 자녀의 성장과 교육을 책임지고, 그 후에는 독립시켜서 학비는 장학금이나 대출을 받고, 생활비도 스스로 벌어서 쓰도록 한다. 그들

124 함재봉, 『유교자본주의 민주주의』 132면.

125 김용옥, 『중용, 인간의 맛』 226면.

은 결혼도 스스로 결정하며, 그리고 언제 이혼할지 모르기 때문에 부부는 각자의 수입을 따로따로 저축하고 생활비도 따로따로 계산하면서 계약관계로 살아간다. 서양의 이러한 개인주의 문화의 살벌한 모습은 앞에서 언급한 바와 같이 우리의 화기애애한 가족주의 문화와 크게 다른 것이다.

3) 가족주의와 교육열

우리나라와 중국, 일본, 그리고 베트남 같은 나라는 공동체 지향적인, 곧 가족주의적인 유교의 강력한 영향을 받아 개인보다 가족을 중시하고 사회와 국가를 중시하며, 부부는 일심동체(一心同體)로 살아가는 문명을 형성하였다.

『논어』의 맨 첫머리에서 공자가 "배우고 때에 맞추어 익히니 또한 기쁘지 아니한가?"라고 말함으로써 유교는 교육을 매우 중시하여 왔는데, 우리나라에서 많은 부모들 특히 어머니들은 자식을 성공시키기 위하여 자기 자신을 희생하면서 자식 교육에 최선을 다하여 왔다. 이리하여 현재 한국인의 평균 IQ는 세계 1위이며, 문맹 율 0%에 가까운 세계 유일의 나라가 되었으며, 세계 명문대학의 우등생 자리를 석권하고 있는 것이다(2위 이스라엘, 3위 독일).

아무튼 자식의 성공을 위하여 모든 노력을 다하는 우리나라 부모에 대하여 자식들이 효도하는 것은 매우 자연스러운 것이며, 당연한 것이라 할 수 있을 것이다.

피터 싱어는 인간의 원래의 마음에는 인류애와 같은 넓은 마음은 존재하지 않는다고 하였으며, 자식을 사랑하고 부모 형제를 사랑하는 마음은 매우 자연스러운 것이라고 하였다. 그러므로 이러한 가족 사랑의 실천으로부터 사랑을 사회와 국가와 인류로 확산해 나가자는 유교 윤리는 매우 바람직한 것이라 하였다.

슈바이처는 "인류가 윤리적 이상을 향하여 나아가지 않으면 어떠한 물질적 진보가 달성되더라도 그것에 따르는 위험을 조정할 힘도 방법도 갖지 못하게 된다. 현대문화의 비극이 이것을 잘 증명하고 있다"라고 하고, 문화의 정수인 윤리의 향상 없이는 참다운 문화의 향상은 있을 수 없다고 하였다.[126]

---

126 지교헌 외, 『전통윤리의 현대적 조명』 25면.

증자의 효와 그 실천

증자(曾子)는 기원전 505년, 노나라 남무성(南武城)에서 증점(曾點)의 외아들로 태어났다. 이름은 삼(參)이며, 증자로 존칭되어 왔다.

그는 일찍부터 아버지를 따라 공자의 문하에 들어갔는데, 공자보다 46세나 연하로 최연소 제자였으며, 그가 학문을 좋아하여 스승의 가르침에 충실하였고, 특히 효성이 지극했기 때문에 스승의 사랑을 받았다고 한다. 그는 제나라에서 경(卿)이라는 관직을 제안받았으나, 아버지가 노쇠하였으므로 가까이에서 아버지를 봉양하기 위하여 거절했다고 한다.

그는 기원전 414년(90여 세)에 사망하였다.

그는 "나는 날마다 나 자신에 대해서 매일 세 가지 일을 돌이켜 본다. 남과 일을 꾀함에 있어서 충실하지 못함이 없었는가? 벗을 사귐에 있어서 믿음직스럽지 못함은 없었는가? 가르침을 받은 것을 익히지 못함은 없었는가?" 하면서 성실하게 살았으며, 스승이 죽은 후에도 그곳에 남아서 제자들을 가르치면서 스승의 학문을 발전시켰다. 그리하여 유교는 그를 거쳐서 공급과 맹자에게 전수되어 유교의 정통이 확립되었다. 그가 공자의 많은 제자들 가운데서 가장 존경을 받게 된 것은, 뜻을 굽히지 않고 꾸준히 노력하여 성인의 도를 터득하고, 공자의 학통을 계승하여 전달했기 때문이다.

효는 백행의 근본

그의 저서로는 『대학』과 『효경』이 있다. 『대학』에서 그는 사람이 타고난 밝은 덕을 밝혀서(明明德), 백성을 새롭게 하여(新民), 지극한 선의 사회를 이루는 것(止於至善)을 유교철학의 목표로 삼았으며, 그 실천 방안으로 사물의 이치를 잘 탐구하여(格物), 참다운 앎에 이르고(致知), 뜻을 성실하게 하고(誠

意), 마음을 바르게 하여(正心), 몸 곧 마음을 잘 닦아서(修身), 가정을 잘 다스리고(齊家), 나라를 잘 다스려(治國), 천하를 태평하게 해야 한다(平天下)고 하였다.

그리고 『효경』에서는 '효는 백행의 근본'이라고 하였다. 그는 인(仁)의 덕을 실천하는 것은 먼저 자기에게 가까운 부모에 대한 효로써 해야 한다는 공자의 가르침을 받아들여, "사람의 행실 가운데 효도보다 더 중요한 것이 없다"라고 하고, "불효보다 더 큰 죄는 없다"라고도 하였다. 그리고 가장 큰 효는 입신출세하여 어버이를 높이는 것(尊親)이요, 그 다음은 행실을 바르게 함으로써 어버이를 욕되게 하지 않는 것(弗辱)이요, 셋째는 음식과 거처 등을 돌보아 어버이를 잘 봉양하는 것(能養)이라고 간명하게 제시하였다.

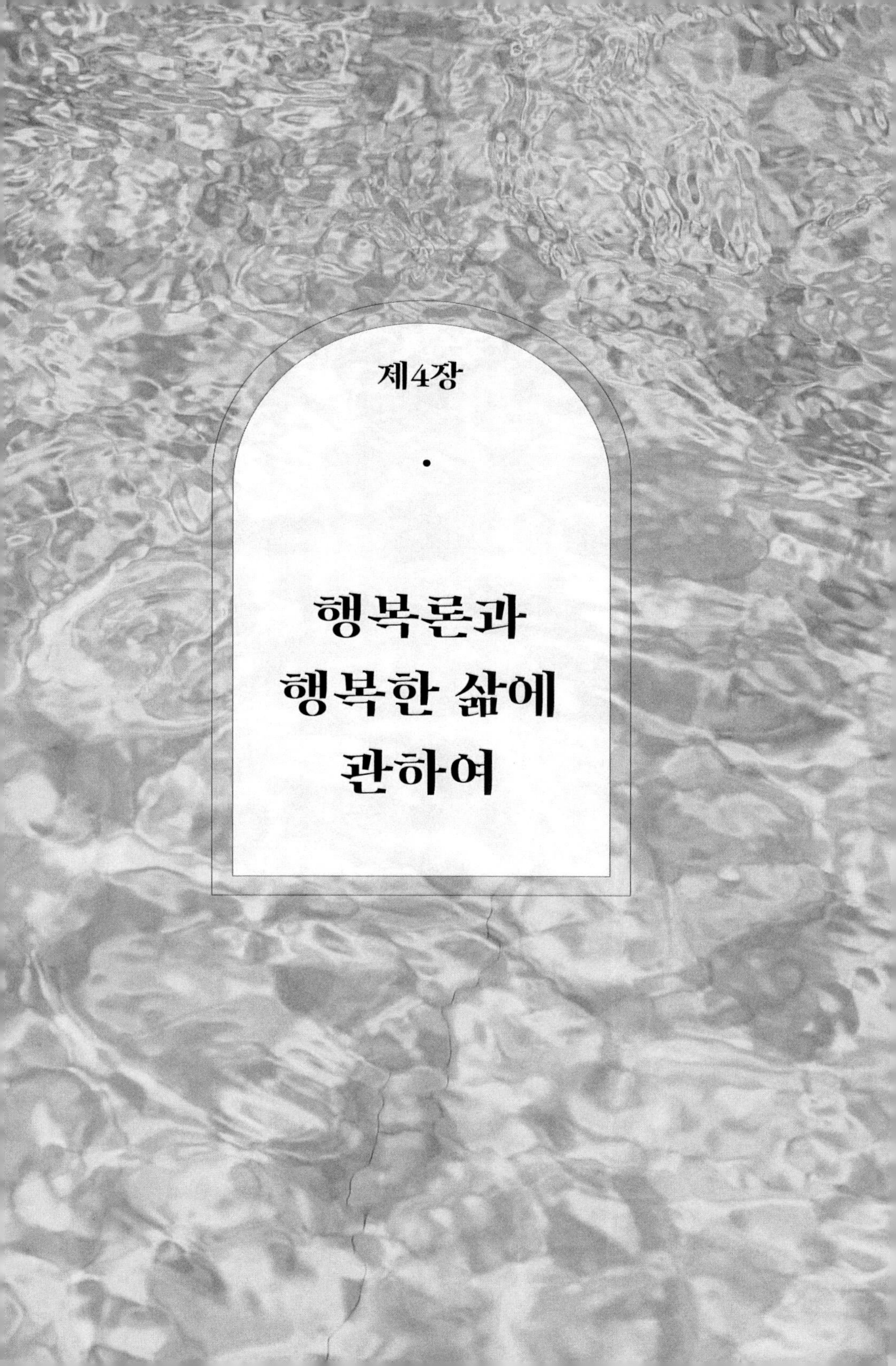

제4장

행복론과 행복한 삶에 관하여

제1절

✦

행복이란 무엇인가

1. 행복의 의의

1) 행복이란

사람은 누구나 자기 자신의 행복을 위하여 살아가고 있다. 그리하여 '우리는 단지 행복하기 위하여 이 세상에 왔다'고 하는 사람도 있다. 칼 힐티는 인간이 의식에 눈뜨는 최초의 순간부터 의식이 사라질 때까지 가장 뜨겁게 바라고 또 바라기를 그치지 않는 것은 행복이라 하였으며, 그리고 행복을 이 지상에서는 찾지 못한다는 사실을 확신하는 순간은, 인간에게 가장 뼈아픈 순간이 될 것이라고 하였다.[127]

윌리엄 제임스는 "어떻게 하면 행복을 얻을 수 있을 것인가 하는 문제야말로 모든 사람들이 행하는 모든 행위의 이면에 숨어 있

127 칼 힐티, 곽복록 옮김 『행복론』 541면.

는 동기일 것이다"라고 하였다.

프로이트는 사람은 각자가 선호하고 그 추구하는 바가 다르기 때문에 행복에 대한 처방전은 있을 수 없다고 하였다. 그래서 철학의 역사가 시작된 이후 철학자들을 비롯하여 수많은 사람들이 자신의 행복론을 제시하여 왔다. 즉 '행복은 존재하지 않는다'고 하는 사람도 있는가 하면(미셸 푸코), 행복은 꿈일 뿐이요, 고통만이 현실이라고 말한 사람도 있다(쇼펜하우어). 그러나 철학자들은 물론 심리학자들을 비롯하여 많은 사람들은 행복을 긍정적으로 보고 여러 가지 행복론을 제시하였다.

2) 행복의 사전적 의의

한글학회가 편찬한 『우리말 큰 사전』은 행복을 '복된 좋은 운수'라고 하였으며, 이희승 편저의 『국어대사전』은 '행복은 복된 좋은 운수, 행우(幸祐)'라고 하였다. 그리고 『파스칼 세계대백과사전』은 행복을 '인간이 살아가는 과정에서 갖가지 욕구를 갖게 되며, 그것이 충족되기를 바라는데, 그러한 욕구가 충족되어 있는 상태, 또는 그때에 생기는 만족감'이라고 하였다.

『옥스퍼드 영어사전』은 행복(happy)을 '인생에서 또는 상황에 의해 느끼는 즐거움, 또는 만족의 감정'이라고 하였으며, 『웹스터 영어사전』은 행복(happiness)을 '행운, 좋은 운, 번영'이라 하였다.

안병욱 교수는 행복은 깊은 만족감이라 하였다. 그리고 이 상태가 언제까지나 그대로 계속되었으면 하고 우리가 바라는 심리상태 라고 하였으며, 그것은 우리에게 기쁨을 주고 안식을 주고 평화를 주는 것이라고 하였다.

♦ 추석날 성묘를 하고 나서

박이문 교수는 사람이 일을 하면서 그것에서 보람을 느끼거나, 그것이 사회나 국가에 도움이 되고 있음을 확인할 때에는 보람을 가지게 되는데, 그러한 보람이 바로 행복이라고도 하였다.

3) 소극적 행복과 적극적 행복

아리스토텔레스는 '행복이란 무엇인가?'라는 물음에 대하여 사람의 생각이 같지 않지만, 일반 사람들은 부나 명예나 혹은 지위나 권력을 행복이라고 하기도 하고, 덕이나 지혜 혹은 번영하는 것을 행복이라고도 한다고 하였다. 그런가 하면 동일한 사람도 때에 따라서 그 내용을 달리하는 것을 볼 수 있는데, 병에 걸렸을 때에는 건강을, 가난할 때에는 부유함을 행복이라 한다고 하였다.[128]

우리가 통상 말하는 행복의 의미는 정신적으로 깊은 만족감, 커

128 아리스토텔레스, 최명관 옮김 『니코코스 윤리학』 181면 이하.

다란 기쁨, 특별난 행운의 순간에 경험하게 되는 그러한 기분들이라고 하는 사람도 있다. 이러한 행복은 사랑하는 사람끼리의 빛나는 눈동자 속에, 다정한 친구의 대화 속에, 어린 자식을 지켜보는 어머니의 평화로운 얼굴에, 단란하게 마주앉아 식사하는 평화로운 가정의 식탁 위에, 내일의 꿈을 안고 공부에 열중하는 학생의 마음 속에, 운동경기나 바둑이나 장기에서 맞수를 꺾었을 때, 자연의 절경에 도취한 여행인의 눈동자 속에도 있다는 것이다. 이러한 행복들은 일반적 혹은 소극적 행복이라 할 수 있다.[129]

이와는 달리 어떤 사람은 행복을 자신의 삶에 대한 전반적인 자기 평가라고 할 수 있다고 하는 사람도 있다. 바꾸어 말하면 행복은 생에 대한 최상의 만족상태이며, 자신의 목표인 주요 계획이나 설계 혹은 야망이 충족되었을 때 나타나는 반응이라는 것이다.

또 어떤 사람은 자신의 목표를 가지고, 그것을 달성하기 위하여 노력하는 과정 자체가 큰 행복이라고도 할 수 있다고 한다. 다시 말하면 자기가 하는 일의 목표를 한 단계 한 단계 성취하여 나아갈 때 행복을 느낀다는 것이다.[130] 왜냐하면 자기성취 욕구(매슬로) 혹은 우월욕망(후쿠야마)이 우리 인간의 가장 근본적인 욕구이기 때문이다. 아무튼 이것들은 커다란 행복 혹은 적극적 행복이라 할 수 있다.

그런데 **김태길 교수는 한국의 보통 사람들은 마음에 드는 사람**

129 안병욱, 『사랑과 지혜 그리고 창조』 187면.

130 쇼냐 류보머스키, 이지연 옮김 『행복의 신화』 173면 이하.

과 결혼하여 집과 차를 장만하고 아들딸을 낳아서 훌륭하게 기르며, 그들과 함께 남부럽지 않게 사는 것 곧, 단란한 가정을 꾸민다는 것을 행복한 삶으로 생각한다고 하였다.(김태길 외, 『삶과 일』 42면)

헬렌 켈러의 행복한 삶

헬렌 켈러는 1880년 미국 앨라배마 주의 시골 터스컴비아에서 농장주 아버지 아서 켈러와 어머니 케이트 사이에서 건강하게 태어났다. 그 후 19개월 만에 뇌막염을 앓아 소경, 귀머거리, 벙어리가 되었다.

그런데 7세 때부터 잘 보지 못하여 맹아학교를 마치고 졸업한 설리번을 가정교사로 초빙하였다. 설리번은 성질이 고약한 헬렌을 잘 이끌어 성격을 바로 잡았으며, 그녀의 손바닥에 글을 써서 『안데르센 동화』를 비롯하여 많은 책을 읽혔다. 그 후로 헬렌은 퍼킨스 맹아학교에 입학하여 공부했으며, 특히 학교 도서관의 수많은 점자책으로 『아라비안나이트』 셰익스피어의 『희곡』 등 수많은 책을 읽었으며, 설리번 선생의 헌신적인 도움을 받아 말도 하게 된다.

16세에 그녀는 구화학교에 입학하여 공부하고, 이어서 매사추세스에 있는 케임브리지 5년제 여학교에 입학하였다. 수업을 들을 때에는 설리반이 옆에서 수업내용을 손에 적어주는 방법으로 하였는데 힘에 겨워 결국 3년 만에 중퇴하고 스스로 대학입시준비를 하였다.

20세에는 하버드대학 부설 래드클리프 대학 영문과에 합격하여 설리반 선생이 손에 써주는 강의 내용을 집에 돌아와서 점자타자기에 입력해두었다가 다시 복습하는 등 4년 동안 꾸준한 노력을 하여 우등생으로 졸업하였다. 맹 · 농아자로서는 세계 최초의 일이었다.

그 후 『내가 살아온 이야기』를 썼으며, 27세에는 매사추세츠 주의 맹인구제과 위원이 되었고, 그 후 미국맹인협회에도 참여하여 크게 도움을 주었다. 그리고 『내가 사는 세상』 등을 썼으며, 33세부터는 강연을 하기 시작하여 미국은 물론 세계 여러 나라를 돌아다니며 강연을 하고, 특히 많은 기금을 모아서 맹 · 농아자 복지사업의 발전에 크게 공헌하였다. 그리하여 그녀는 여러 곳으로부터 많은 상을 받았으며, 여러 대학으로부터 명예박사학위도 받았다.

1968년 6월 1일, 87세를 일기로 코네티컷 주 웨스트포트에서 숨졌다. 그녀의 유해는 앞서 숨졌던 설리번 선생의 옆자리, 워싱턴 성공회 대성당 묘지에 안치되었다. 『톰 소여의 모험』의 저자 마크 트웨인은 '천년이 지나도 헬렌의 이름은 기억될 것'이라고 그녀를 평하였다.

괴테는 "70여 년의 삶을 통해 행복한 것은 4주도 못되었다"라고 했는데, 장애자로 평생을 힘겹게 살았던 헬렌은 "내 인생에서 행복하지 않은 날은 단 하루도 없었다"라고 하였다. 그녀는 또 "행복한 삶은 고난 없는 삶이 아니라, 고난을 이겨내는 삶이다"라고 하고, "행복의 문 하나가 닫히면 다른 문 하나가 열린다. 그러나 우리는 닫힌 문만 바라보다가 열려 있는 다른 문을 보지 못한다"라고도 하였다.(윤혜윤, 『헬렌 켈러』 등)

2. 행복의 요소

1) 앞에서 살펴본 대로 행복은 정신적 만족을 의미하며, 그것은 주관의 문제요, 마음의 문제이다. 그러므로 이 세상의 온갖 재물과 권력과 명예와 쾌락을 누렸던 이스라엘의 왕 솔로몬보다 누더기 옷을 입고, 통 속에서 살았던 무소유자인 거지 철학자 디오게네스가 더 행복할 수 있었다고 할 수도 있으며, 또 철학자 스피노자는 성인이 된 이후 평생을 병고와 고독 속에서 가난하게 살았지만 그가 말한 바와 같이 행복한 삶을 살았다고 할 수도 있다.

그러나 깊은 산속에 들어가서 산다면 모르되, 사람은 최소한의 의 · 식 · 주를 걱정하지 않을 정도의 돈은 가지고 있어야 하며, 그 외에 여러 요소들도 필요하다. 하지만 1인당 국민소득이 8천 달러를 넘어가면 생활 만족도와 경제적인 부와는 관계가 없다고 한다. 끼니를 걱정할 필요가 없으며, 생활에 큰 불편이 없다면 소득이 1만 달러를 넘고, 2만 달러를 넘어간다고 해도 그만큼 더 행복해지지는 않는다고 한다.[131] — 또 우리의 삶에서 경제력이 의미가 있긴 하지만, 그것은 사실상 행복의 아주 작은 부분만을 결정한다고 하는 사람도 있다.[132]

2) 그런데 아리스토텔레스는 행복의 요소 가운데 하나로 맨 먼

131 우문식, 『행복 4.0』 98면.

132 이종목, 『무엇이 행복을 좌우하는가』 136면.

저 건강을 들었다. 그런데 세계보건기구(WHO)는 "건강이란 신체적 · 정신적 · 사회적으로 완전히 행복한 상태를 말하며, 단순히 질병에 걸리지 않는 상태만을 지칭한 것은 아니다"라고 하였는데, 여기에서 사회적으로 행복한 상태'라는 것은 가정은 물론, 직장과 이웃에까지 확대하여 모든 사람들과 원만한 인간관계를 이루는 것까지를 건강이라고 하는 것으로 보인다. 따라서 이와 같은 건강(육체적 정신적)은 『서경』에서 말하는 오복 중의 하나인 강녕(康寧) 곧 건강하고 편안함과 같은 뜻이라 할 수 있는데, 이에 관해서는 앞의 제2장에서 서술하였다.

일 곧 직업도 건강 못지않게 중요한 행복의 요소 중 하나임은 분명하다. 직업은 인간의 자아실현의 한 방편이 되는 것이므로 생애에서 가장 중요한 것은 직업의 선택이라고 할 수도 있다. 모든 정열을 쏟을 수 있는 일을 찾은 사람은 세상에서 가장 행복한 사람이라고 하겠다. 이에 관해서도 앞의 제3장에서 서술하였다.

그 다음으로 행복의 중요한 요소는 사랑이라고 할 수 있다. 전술한 바와 같이 사람은 누구나 태어나는 순간부터 사랑을 하게 되어 있으며, 특히 이성을 사랑하여 결혼해서 자식을 낳아 기르면서 화목한 가정을 이루어 행복을 누릴 수 있을 것이다. 이에 관해서도 제3장에서 이미 서술하였다.

그런데 아리스토텔레스는 쾌락(순전히 감성적이 아닌 것)은 행복에 꼭 필요한 요소는 아니지만, 하나의 요소임에는 분명하다고 하였으며, 마찬가지로 돈과 친구, 자녀, 좋은 출신과 신체의 아름다움 같은 외적인 자산도 행복에 필요한 요소라고 하였다. 만약 이러한 자산이 결핍되었다면 우리는 좋은 행위를 할 수 없거나 쉽게 하지 못하기 때문이라는 것이다. 그는 또 성공적인 사람이라도 노년에는 가끔 재앙에 빠질 수 있기 때문에 행복은 인생 전체의 관점에서 판단되어야 한다고도 하였다.[133]

---

133 대린 맥마흔, 윤인숙 옮김 『행복의 역사』 46면 이하.

솔로몬의 지혜

이스라엘 왕국의 제2대 다윗 왕(기원전 10세기?)이 한 세공사에게 내가 전쟁에서 큰 승리를 거두고 너무 기쁠 때 교만하지 않을 수 있고, 내가 절망에 빠지고 시련에 처했을 때에도 용기를 줄 수 있는 말을 새긴 반지를 하나 만들어 달라고 하였다.

얼마 후 세공사는 반지는 만들었으나, 거기에 새겨 넣을 말을 찾을 수가 없어서 고민하다가, 당시에 지혜롭기로 소문난 다윗 왕의 아들 솔로몬을 찾아가서 물은 뒤, "이 또한 지나가리라!"는 말을 새겨서 주었다.(『마드라쉬』) 그 후로 이 말은 모든 유태인들이 항상 즐겨 외우는 말이 되었다. 그리하여 유대인들은 기쁜 일이 있을 때에도 교만하지 않고 겸손하였으며, 어려움이 닥쳐도 희망과 용기를 잃지 않고 행복하게 살 수 있었다고 한다.

다윗 왕을 솔로몬이 계승하여 제3대 왕이 되었는데, 어느 날 여자 둘이서 한 아이를 왕 앞에 데리고 와서 서로 이 아이를 자기 아이라고 주장하며 이를 가려달라고 하였다. 왕은 신하에게 칼로 이 아이를 둘로 나누어주라고 판결하였다. 그러자 한 여인은 아무런 반응이 없었으나, 다른 여인은 가슴이 미어지는 소리로 이 아이를 저 여자에게 주라고 하면서 죽이지만은 말라고 하였다. 왕은 이렇게 하여 진짜 어머니를 가려냈다고 한다.(『구약성서』 열왕기상)

3. 서양인의 행복과 동양인의 행복

다음의 '제2절 서양철학의 행복론'에서와 같이 고대 서양철학자들은 행복을 중시하여 쾌락을 추구할 것을 말한 사람도 있고, 반대로 금욕(禁慾)을 통해서만 행복을 얻을 수 있다고 말한 사람도 있었다. 그러나 근세 르네상스 이후로 철학자들은 대체로 자연을 정복하고 물질적으로 풍요를 누리며 사는 것을 중시함으로써 적극적 행복을 추구하며 살아왔다. 그리하여 근대 서양인들은 과학의 획기적인 발달과 자본주의의 출현으로 말미암아 물질적 욕망을 실현하기 위하여 너나없이 적극적으로 노력하였다. 이리하여 그들은 행복을 얻으려고 자연과도 싸우고, 다른 나라 다른 민족과의 전쟁도 마다하지 않았으며, 사람들은 자기가 하는 일을 성취하려고 적극적으로 노력하여 왔다. 그 결과 서양에서는 물질문명이 크게 발달하였다.

이와는 달리 이후에 다룰 '제3절 동양철학의 행복론'에서 언급하는 바와 같이 동양인들은 욕망을 버리거나 절제하면서 가족이나 이웃들과 정을 나누고 정신적 만족을 누리면서 윤리적, 도덕적 인격을 중시하고, 부귀영화를 추구하는 것을 경시하여 현실이 불만스러워도 그것에 만족하면서 살아가려고 하였다. 그래서 현실 도피적이고 은둔적이었으며, 노동은 곧 불행이라고 생각하고 무사 안일을 일삼으면서, 현실을 개조하려는 적극적인 노력을 하지 않고 자연에 순응하면서 살았다. 그래서 물질적으로 뒤떨어질 수밖에 없었다.[134]

---

134 신일철, '동양인의 행복과 서양인의 행복', 김계숙 외, 『행복과 자유』 45면.

흔히 '행복=소유/욕망'을 행복의 공식이라 하는데, 벤자민 프랭클린은 '행복에는 두 가지 길이 있다'고 하고, 그것은 행복의 공식에서 말하는 '욕망을 줄이는 길'과 '소유를 늘이는 길'의 둘이 그것이라고 하였다. 그런데 근세 이후의 서양인들은 욕망을 줄이지 않고 소유를 확장하려고 노력하였다면, 동양인들은 고대 이래로 욕망을 억제하고 축소함으로써 행복을 얻으려고 하였다. 하지만 오늘날에는 동양인들도 물질적 욕망과 소유를 확장하려고 하고 있다.

그러나 인간은 육체와 정신으로 구성되어 있으므로 어느 한쪽으로 치우치기보다 육체적 욕구인 물질적 가치와 정신적 욕구인 정신적 가치를 다같이 중시하는 것이 바람직하다고 하겠다.

새옹지마 이야기

(이 새옹지마(塞翁之馬) 이야기는 유안의 『회남자』(이석호 옮김, 을유문화사)에 나오는 이야기로, 그 요지는 다음과 같다.)

중국의 북쪽 변방에 새(塞)라는 한 노인이 살고 있었다. 하루는 그 노인의 말이 이웃의 호(胡) 나라로 도망쳐버렸다. 마을 사람들이 그를 위로했는데, 얼마 후 도망쳤던 말이 호 나라의 준마를 한 마리 데리고 돌아왔다. 잃었던 자기 말이 돌아왔을 뿐만 아니라 좋은 말을 더 얻게 되었다. 그리하여 마을 사람들이 그를 복 있는 사람이라고 축복해주었다. 얼마 후에 그 노인의 아들이 그 준마를 타다가 말에서 떨어져 다리가 부러져 절름발이가 되었다. 이번에도 이웃 사람들이 노인을 위로하였다. 그 후에 호 나라와의 전쟁이 일어나서 마을의 청년들이 전쟁터에 끌려가 다수의 사상자가 나왔으나, 노인의 아들은 절름발이였으므로 전쟁터에 나가지 않아서 무사하였다.

이것은 인생에 있어서 행과 불행은 다반사로 일어나므로 예측하기 어려운 것이며, 그것들은 서로 붙어다닌다는 것을 말한 것이라고 하겠다. 그런가 하면 또한 행운이 온다고 너무 기뻐하거나 불행이 온다고 너무 슬퍼할 것이 아니라는 것을 말한 것이기도 하다.

제2절

✦

서양철학의 행복론

1. 고대 그리스철학의 행복론

1) 소크라테스는 인간이 행복을 추구하는 것은 자연스러운 것이므로 "'왜 인간은 행복을 추구하느냐'는 질문은 할 필요도 없다"라고 하였다. 그는 또 영혼의 완성(행복)을 이룩하기 위해서 자신의 삶을 성찰(철학)하면서 살라고 하였다.

그는 모든 사람들의 영혼에는 지혜(知)가 갖추어져 있으므로 사색을 통하여 참다운 지혜, 곧 영혼의 본질인 덕이 무엇인지를 알아야 하고, 그것을 알게 되면 실천하지 않을 수 없게 되며, 그것을 실천하면 행복하게 된다고 하였다. 따라서 그에 있어서 지(知)는 곧 덕(德)이요, 복(福)인 것이다(知德福合一說).

그에 의하면 도둑질은 나쁜 것이지만, 그 도둑질이 그에게 행복을 가져다줄 것이라는 잘못된 생각 곧 무지(無知)로 말미암아 도둑질을 한다고 하였다. 하지만 그것은 불행일 뿐이라고 하였다.

2) **아리스토텔레스**는 서양 최초로 윤리학 책 『니코마스 윤리학』을 써서 행복의 문제를 본격적으로 자세히 논의하였는데, 여기서 그는 인간의 삶의 궁극 목적은 행복이라고 하였다. 즉 그는 인간의 모든 행위를 목적과 수단의 관계에서 보았다. 예컨대 우리가 운동을 하는 것은 대체로 건강을 위해서이다. 이때 운동은 수단이요, 건강은 목적이다. 그런데 건강은 그 자체가 최종 목적이 아니고, 그보다 더 높은 목적이며 최후의 목적인 행복이 최고의 목적 곧 최고선(最高善)이라고 하였다.

그는 또 이 세상의 모든 생물들은 고유한 기능(목적)을 가지고 있는데 그 목적을 달성할 때 행복해지는 것으로 볼 수 있다고 하였다. 식물의 기능은 식욕과 번식이므로 식물에 있어 행복은 식욕과 번식을 풍성히 하는 데서 이루어지고, 동물의 기능은 식욕과 번식과 감각이므로 동물에 있어 행복은 식욕과 번식 이외에 감각적인 욕구를 충족하는 데서 이루어질 것이라 하였다.

인간에게는 식욕과 번식과 감각뿐만 아니라 이성이 있는데, 식욕과 번식과 감각을 정욕이라고 한다면, 정욕과 이성을 인간의 기능이라 할 수 있다. 따라서 인간은 감각에 따른 정욕을 성취하고, 이성에 따르는 능력을 십분 발휘함(문화의 창조—자아실현, 자기완성)으로써 행복에 도달할 수 있다고 하였다.

3) **아리스티포스**는 인생의 궁극적인 목적은 쾌락을 얻고, 고통을 피하는 것이기에 쾌락이 진정한 선이요, 행복이라 하였다. 그렇

다면 최선의 인간은 최대한의 쾌락을 얻게끔 행동하도록 식견을 발휘할 줄 알아야 한다고 하였다. 그리고 그는 영속적인 쾌락보다 순간적 감각적 쾌락을 더 중시하였다. 이리하여 그는 "과거의 일에 마음 쓰지 말라! 미래의 일을 걱정하지 말라! 현재의 쾌락에 만족하라!"라고 하였다.

4) **에피쿠로스**는 쾌락은 선이요, 고통은 악이라 하였으며, 고통을 피하고, 쾌락을 바라는 것이 인간의 본성이라 하였다. 즉 그는 "쾌락은 축복된 인생의 처음이며 끝이다"라고 하였다. 그러나 그는 아리스티포스와 달리 육체적인 쾌락은 일시적이며, 그 뒤에 고통이 따라오기 때문에 영속적으로 가치 있는 정신적 쾌락을 취해야 한다고 했으며, 정신적 쾌락을 얻기 위해서는 이성이 인도하는 데로 욕망을 억제하여 마음의 평온(平穩)을 유지해야 한다고 하였다.

5) **에픽테토스**는 사람들이 흔히 돈이나 명예나 지위나 권력 등의 물질적 · 외면적인 것에서 행복을 얻고자 하며, 이런 것들을 얻지 못하여 불행에 빠진다고 하였다. 그러나 행복은 마음, 곧 생각하기에 따라 달라지는 것이므로 '내 물건을 잃어버렸다.' '내 자식이 죽었다.' '내 아내가 도망갔다'고 해서는 안 되고, 그것들이 모두 '제 자리로 돌아갔다'고 생각해야 한다고 하였다. 그리고 '남의 물건을 탐내거나 그것을 부러워하는 것은 남의 노예가 되는

것'이라고 하였으며, '자신이 자유를 누리려면 남의 것을 바라지 말아야 한다'라고 하였다. 요컨대 그는 인간에게 고통을 주는 것은 일어난 일 그 자체가 아니라, 그 일에 대한 자신의 생각이라고 하였다.

디오게네스의 삶과 금욕주의

디오게네스(Diogenes. B.C. 412-323)는 흑해 연안의 소도시 시노페에서 고리대금업자이며 화폐위조범인 자의 아들로 태어났다.

일찍이 그는 아테네로 가서 금욕주의적인 키니크학파의 창시자 안티스테네스를 찾아갔다. 그러나 자신을 받아주지 않으므로 문 앞에서 기다렸다. 안티스테네스가 지팡이로 후려치려고 위협해도 그가 꿈쩍도 않고 있었으므로 마침내 입학을 허가했다고 한다. 그는 스승의 가르침을 잘 실천하였으며 스승이 그랬던 것처럼 지팡이를 짚고 자루를 메고 다니면서 거지생활을 하며 살았다.

그는 어린애가 두 손으로 물을 떠먹는 것을 보고 그의 유일한 재산인 물 컵마저 버렸으며, 무소유로 90세까지 살면서 많은 책을 썼다.[135]

알렉산더 대왕이 철학자들을 궁정으로 초청했을 때에 그도 초청했으나 참석하지 않았으므로, 어느 날 그 부근을 지나다가 디오게네스를 찾았는데, 이때 다음과 같은 대화를 나누었다고 한다.

대왕은 "나는 알렉산더이다"라고 하자, 그는 "나는 디오게네스다"라고 응수했다. 대왕이 "그대는 어떤 행동을 했기에 개로 불리는가?"라고 하자, 그는 "무엇인가 주는 사람에게는 꼬리를 흔들어 주고, 주지 않는 사람에게는 짖어대고, 나쁜 자들은 물어뜯기 때문이다"라고 대답했다. 대왕이 "그대는 내가 두렵지 않는가?"라고 하자, 그는 "도대체 당신은 어떤 사람인가? 선한 사람인가? 악한 사람인가?" 하고 물었다. 대왕이 "물론 선한 사람이다"라고 하자, 그는 "그러면 선한 사람을 누가 두려워하겠는가?!"라고 말했다.

대왕이 "당신이 원하는 것이 무엇인가?" 하고 묻자, 그는 "그늘지지 않도록

135 디오게네스 라에르티오스, 전양범 옮김 『그리스철학자열전』 272면 이하.

당신이 서 있는 곳에서 비켜주면 좋겠다!"라고 하며, 이어서 "세계를 정복한 사람은 아무도 없소! 그대는 세계를 정복하기 전에 죽을 것이오!"라고 충고했는데, 왕은 페르시아 원정 중 33세에 열병으로 죽었다.[136]

금욕주의

그는 "사람은 이성을 갖추어야 한다. 그렇지 않으면 (목을 졸라 죽을 수 있는) 밧줄을 가지고 있어야 한다"라고 하였다.(이성주의) 그리고 그는 또 "행복은 육체적, 감각적 쾌락에서 오는 것이 아니고, 동물처럼 최소한의 욕구를 취하는 것으로 만족하는 데서 온다"라고 하여(금욕주의), 정신적 행복을 중시하였다. 그는 또 사람을 사랑하고, 이성에 따라서 욕망을 버리고, 자연으로 돌아가는 것이 최고의 행복이라고도 하였다.

그는 헌 술통 속에서 아무런 욕망도 없이 살면서 금욕주의를 철저히 실천하며 개처럼 살았다고 한다. 그를 따라 통 속에서 산 사람들이 한때는 300여 명이나 되었는데, 이렇게 그를 따르는 제자들을 견유학파(犬儒學派)라고 하였다.

이러한 금욕주의 정신은 로마의 5현제(五賢帝) 가운데의 한 사람이면서 스토아 철학자이기도 한 마르쿠스 아우렐리우스에게 큰 영향을 미쳤다. 황제는 수차례의 전투에 참여하였는데, 그때마다 병사들과 같은 군복을 입고 같은 식사를 하면서, 병사들이 힘들게 운반해 온 황금침대를 옆에 두고도 병사들과 마찬가지로 지푸라기를 깔고 자는 등, 금욕을 철저히 실천하였다. 이러한 사실들은 그 후 2천 년 동안에 걸쳐 서양인들에게 커다란 영향을 미쳤다고 한다.[137]

---

136 이상, 디오게네스 라에르티오스, 앞의 책 272면 이하.

137 램프레히트, 김태길 외 옮김 『서양철학사』 138면.

2. 중세 기독교철학의 행복론

1) 아우구스티누스는 "선하기 때문에 행복한 것이다"라고 하여 선 곧, 하느님을 믿고 이웃을 사랑함으로써만이 행복으로 나아가게 된다고 하였다. 그리고 그는 주관적인 경향 때문에 이루어지는 행복이라는 것은 참다운 행복이 아니라 오히려 불행이라고 하였다. 그는 또 인간이 무절제한 욕망을 억누르고 참된 선으로 나아갈 때에라야 예수가 인간에게 약속한 복지(福祉)가 실현될 것이라고 하였다. 다시 말하면 하느님 안에서만 영원한 안식(安息)으로 나아갈 수 있다는 것이요, 궁극적으로 하느님의 명령에 복종해야만 행복을 얻을 수 있다는 것이다.

2) 토마스 아퀴나스는 아리스토텔레스가 말하는 행복, 즉 이성의 활동을 통하여 진리를 관조(觀照)함으로써 얻을 수 있는 행복은 현세에서 달성할 수 있는 불완전한 것이라 하였다. 그리고 완전한 행복은 하느님 곧 신의 직관(直觀) 속에서만 얻을 수 있다고 하였다. 즉, 인생의 최고 목적은 완전한 행복이요, 완전한 행복은 신을 믿음으로써 얻어지는 복지(福祉) 상태인 '신의 은총(恩寵) 속에서의 생활'이라는 말이다.

'신의 은총 속에서의 생활'이라는 것은 신을 인식하고 신을 사랑하면서 사는 것이다. 신을 인식하고 사랑하는 것이란 이성을 통한 것 — 이것은 신앙의 예비 단계에 불과하다고 함 — 이 아니고, 계시에 의한 신앙을 통해서 많은 공적을 쌓은 사람에게 주어진다고 하였다.

보에티우스의 삶과 행복론

보에티우스(480~524)는 로마에서 아니키우스 가문의 집정관 아들로 태어났다. 그런데 아버지가 일찍 죽어서 장인이 된 심마쿠스의 집으로 가서 살게 되었다. 장인은 집정관과 원로원 의장을 지낸 대학자로서 명성이 높았다.

그는 어려서는 신동으로 알려졌으므로, 장인은 그를 아테네로 유학까지 보냈다. 그는 아테네로 가서 공부하여 문학과 철학에서 재능을 발휘하였으며, 또한 웅변도 잘하였으며, 사람들을 잘 설득했다고 한다.

그는 왕에게 발탁되어 30세의 젊은 나이에 집정관이 되었으며, 42세에는 국가 최고 관직인 황제 비서실장이 되었으며, 그 후 두 아들도 집정관이 되었다. 그러나 그는 불의와 타협하지 않고 성급하게 개혁을 하다가 반대파의 모함으로 반역자로 몰려 사형선고를 받게 되었다. 그는 사형집행이 몇 달간 연기되는 동안에 아무런 불안이나 초조함도 없이 차분한 마음으로 『철학의 위안』을 썼다.[138]

참다운 행복

그는 모든 사람들이 추구하는 것은 행복한 삶이요, 사람이 일단 그것을 얻게 되면 더 이상 다른 것을 원하지 않게 되는 궁극적인 것이다. 따라서 그것이야말로 모든 선하고 좋은 것들 중에서 최고의 것이라 하였다. 어떤 사람은 재물을 얻기 위해서 애쓰고, 어떤 사람은 명예를 얻고자 업적을 쌓으려고 애를 쓰며, 또 어떤 사람은 권력을 얻으려고 권력자 옆에 붙어 있고자 하는가 하면,

138 보에티우스, 박문재 옮김 『철학의 위안』 9면 이하.

또 많은 사람은 쾌락을 누리려 한다고 하였다.[139]

그러나 사람들은 ① 부 곧 재물을 얻기 위해서는 엄청난 노력을 해야 하는데, 그렇게 얻게 되는 것은 영원히 내가 차지하고 있을 수 없는 것이요, 또 그것은 수중에 들어온 바로 그 순간부터 근심과 걱정을 가져다준다.

② 그리고 사람이 높은 관직을 얻게 되었다고 할지라도 어디까지나 그것은 국지적인 것이 될 것이고, 그것이 언제까지라도 지속될 수 있는 것도 될 수 없는 것이므로 하찮은 것에 불과하다고 할 수 있다.

③ 또한 권력도 그것을 얻으려면 권력자들에게 비굴하게 오랫동안을 굽신거려야 하기도 해야 하지만, 또한 그것은 결코 오래 갈 수 없는 것이다.

④ 그리고 또 육신의 쾌락은 그것을 누리고 나면 그 뒤끝이 쓰디쓰다는 것이 널리 알려진 사실이므로 그것은 마냥 좋기만 한 것이라고 할 수는 없다. 따라서 이런 것들은 참된 행복이 아니라고 하였다.[140]

---

139 보에티우스, 박문재 옮김 『철학의 위안』 126면 이하.

140 보에티우스, 위의 책 133면 이하.

3. 근세철학의 행복론

1) 칸트는 『실천이성비판』이라는 윤리학 책을 써서 '사람에게는 감성적 욕망에 따르는 경험적 의지와 오로지 선만을 행하려는 선의지(善意志, 순수실천이성)가 있다'고 하였다. 그리고 마땅히 선의지를 행하는 사람이 행복을 누리도록 되어야 한다고 하였다. 하지만 선의지를 실천한 유덕한 사람이 이 세상에서 행복을 누리지 못하고 불행을 당하는 경우가 적지 않은 현세에서는 덕과 복이 일치하지 않는 경우가 적지 않으므로 이러한 부조리를 바로잡아야 하기 때문에 '영혼은 불멸하다'고 할 수밖에 없다고 하였다. 다시 말하면 선을 행한 유덕한 사람이 반드시 행복을 누리기 위해서는 신이 지배하는 내세 곧 영혼의 세계가 반드시 있어야 하는데, 그러기 위해서는 진리를 추구하는 학문의 세계에서는 신은 인정될 수 없지만, 실천적 학문인 윤리 도덕의 세계에서는 이들을 인정할 수밖에 없다고 하였다.

2) 벤담은 '인간은 쾌락을 좋아하고, 고통을 싫어하는 존재'라고 하였으며, '최대다수의 최대 행복'이 선이라고 하였다.

그는 또 행복은 다름 아닌 쾌락이요, 불행은 고통이라 하였다. 즉 쾌락이란 단지 개인의 행복에 기여하기 때문만이 아니라, 그것이 우리를 즐겁게 해주기 때문에 좋은 것이라고 할 수 있다고 하고, 불행이란 고통이 압도적으로 많은 의식 상태에 대한 집합명사라고 하였다.

3) 밀도 벤담과 마찬가지로 '쾌락이 선이고, 고통이 악'이라고 하였다. 그러나 그는 여기서 더 나아가서 어떤 종류의 쾌락은 다른 종류의 쾌락보다도 질적으로 우월하다고 하여 쾌락을 양적 · 감각적 쾌락과 질적 · 정신적 쾌락으로 구분하였다. 또한 사람은 아무리 많은 양의 쾌락을 얻는다고 하여도 짐승 같은 쾌락에는 만족할 수 없으며, 따라서 사람은 양적으로는 적을지라도 질적으로 좋은 쾌락을 택하려 한다고 하였다. 이리하여 그는 "만족한 돼지보다 불만족한 사람이 되는 편이 좋다. 만족한 바보보다 불만족한 소크라테스가 되는 편이 좋다"라고 하였다.

그는 또 현실 사회에 있어서 개인의 쾌락과 공익이 상반되는 경우도 있는데, 이러한 경우에는 공익을 위하여 개인의 쾌락을 희생하지 않으면 안 된다고 하였다.[141]

---

141 김형석 교수는 서양 철학자들 가운데에는 쾌락을 행복의 근본적인 요소로 보아 쾌락과 행복은 끊을 수 없는 관계를 가지고 있다고 하는 사람이 많지만, 쾌락은 다분히 감정적이며, 만족감을 얻었을 때의 느낌이기 때문에 피동적이고, 순간적인 데 반하여, 행복은 비교적 정신적, 이성적이며 자발적인 경우가 많다고 하였다. — 김형석, 『윤리학』 124-138면.

스피노자의 행복한 삶

스피노자(B. Spinoza)는 1632년에 네덜란드의 암스테르담에서 부유한 유태인 상인 미카엘 스피노자와 그의 두 번째 부인인 한나 데보라 사이에서 둘째 아들로 태어났다.

7세에 유대인 학교에 입학하여 히브리어와 유대교 경전을 공부하고, 14세에는 모라틸라의 율법학교에 입학하여 히브리어와 율법을 더욱 깊이 공부하였다.

이듬해에 우리엘이라는 청년이 내세의 신앙을 회의하는 글을 발표하자 유대교회로부터 파문을 당하고, 다음 날 그 청년을 교회 문턱에 엎드려 있게 하고, 사람들은 그 청년을 밟고 교회 안으로 들어가게 하였다. 그 청년은 다음 날 아침에 격렬한 비난의 글을 남기고 자살하였다.

스피노자는 그 후 유대교에 의문을 품고, 유명한 유태인 신학자들의 저서를 닥치는 대로 읽고, 유태교를 본격적으로 연구하기 위하여 이단적인 신학자 반덴 엘데의 라틴어학교에 입학하여 라틴어와 신학, 그리고 코페르니쿠스 · 갈릴레이 등을 공부하였다.

이때 라틴어 선생의 딸과 사랑을 하게 된다. 그러나 얼마 후 다른 남자가 나타나서 값비싼 선물들을 보내곤 하자, 그녀는 스피노자를 버린다. 그는 떠나간 그녀를 원망하진 않았지만, 이것은 그에게 큰 충격을 주었다. 그는 한평생 결혼하지 않고 외롭게 살았다.

22세에 아버지가 돌아가시자(그의 형은 이미 죽었음) 그는 '스피노자 상회'의 주인이 되어 사업에 종사한다. 그러나 그는 사업에 마음이 없었으므로 24세에는 사업을 청산하고, 남은 재산은 여동생에게 주고, 철학과 신학 연구에 몰두한다. 이리하여 유대교회에 대한 태만과 무신론 사상 때문에 교회 장로들 앞에 호출되었다.

"네가 사람들에게 '신은 신체를 가지고 있을지 모른다. 천사는 환상일지도 모른다. 그리고 『구약성서』에는 영생(永生)에 관하여 아무런 말도 없다'고 말했느냐?"

이 질문에 대하여 그가 무엇이라고 대답했는지는 알 수 없으나, 신학에 대하여 침묵을 지켜주면 500달러의 연금을 주겠다는 회유를 받았으나 그는 거절하였다.

♦ **스피노자**(위키미디어)

이리하여 1656년에 유대교회에서 그는 가혹한 파문을 당하였다. 즉 "입으로 그와 말하지 말며, 글로써 그와 교통하지 말며, 누구든지 그를 돌보지 말며, 그와 함께 한 지붕 밑에 살지 말며, 4에르렌(약 2m) 이내로 접근하지 말며, 그가 쓴 글을 읽지 말 것"이라는 선고를 받았다.

그는 암스테르담 시외의 어떤 이해심 많은 사람을 만나서 이름을 베네딕트로 바꾸고, 지붕 밑 어두컴컴한 다락방에서 하숙을 하면서 숨어 살았다. 그는 떳떳한 직장을 구할 수 없었으므로 학생시절 습득했던 안경 및 렌즈를 깎는 일(하숙집 주인의 도움을 받아)로 생계를 유지해 나갔다. 그러면서도 그는 "나는 나날을 탄식과 슬픔 속이 아니라, 평화와 환희 속에서 살아가고 있다"라고 하였다.

33세에는 『지성개조론』과 『윤리학』을 썼다.

38세에는 『데카르트철학의 원리』와 『신정론(神政論)』을 자비로 출판하였다. 특히 후자는 신에 대하여 회의적인 내용이 있어서 익명으로 출판했는데도 곧 금서목록에 추가되어 판매가 금지되었다. 그러나 표지가 개장되어 여러 곳으로 팔려 나갔다. 이 두 권의 책 출판으로 그의 이름은 널리 알려지게 되었다.

이리하여 암스테르담의 한 상인은 스피노자를 존경한 나머지 천 달러의 증여금을 보내주었으나 그는 이것을 거절하였으며, 또 프랑스의 왕 루이 14세는 다음에 출판할 저서를 자신에게 바칠 것을 조건으로 연금을 주겠다고 제의하기도 했으나, "나는 나의 책을 오직 진리 앞에만 바치겠습니다" 하고 거절하였다.

41세에는 유트레히트로 거처를 옮겼다. 그런데 이때 하이델베르크대학에서 그의 연구에 있어 '완전한 자유를 보장하겠다'고 하면서 교수로 초빙하였다. 그러나 그는 '정신의 자유를 아무에게나 방해받고 싶지 않다'고 거절하였다.

1677년 2월 21일, 그는 지병인 폐병으로 그가 계획했던 저술도 끝내지 못한 채 조용히 운명하였다. 그의 나이 불과 44세였다.

노벨문학상을 받은 러셀은 그를 찾아간 우리나라의 어느 철학교수에게 2층 서재로 안내하여 벽에 걸어놓은 스피노자의 초상화를 가리키며 '이분은 나의 영웅입니다'라고 말했다고 한다.

영원한 것을 사랑하라

스피노자는 명예와 재물, 그리고 관능적 쾌락은 모든 사람이 그것을 얻고자 하는 것이지만, 그것들은 모두 물거품과 같이 곧 사라져버리는 일시적인 것들이므로 비록 그것들을 얻었다고 하더라도 오래도록 가질 수 없게 된다고 하였다. 그뿐만 아니라 그것을 잃을 때에 사람들은 참담한 불행에 빠지게 된다고 하였다.

그는 또 일시적인 것을 사랑하는 것은 끊임없는 불안의 원인이 되며, 영원하고 무한한 것(理神 ― '神 즉 自然')을 사랑하면 끊임없고 강렬한 기쁨과 참다운 행복을 가져다준다고 하였다. 그러므로 우리는 영원하고 무한한 것을 열망하고, 우리의 힘을 다하여 그것을 추구해야 한다고 하였다.(정진일, 『서양철학사』 스피노자)

4. 현대철학의 행복론

1) 쇼펜하우어는 우주 만물의 본질을 '맹목적 생존의지(盲目的生存意志)'라 하고, 이것이 인간을 지배하므로 인간 곧 사람은 누구나 쾌락 또는 행복을 얻고자 한다고 하였다. 그러나 이러한 욕구는 무한하기 때문에 그 수요는 결코 충족될 수 없으며, 또한 이 세상은 끊임없는 시기와 질투와 갈등과 싸움으로 가득 차 있어서 모든 가능한 세계 가운데 가장 나쁜 세계이므로, "인간이 이 세상에 태어났다고 하는 것보다 더 큰 비극은 없다"라고 하였다. 그는 결국 인간의 행복이란 따지고 보면 '고통이나 결핍의 일시적 중단'에 지나지 않는다고 하였다.

그리고 그는 이러한 고통으로부터 벗어나서 행복을 얻고자 하면 맹목적 생존의지를 소멸시켜야 하는데, 그러한 방법의 하나로는 예술의 세계에 몰입하는 일시적 해탈법이 있으며, 또 하나의 방법으로는 석가처럼 수행을 통해서 해탈 · 열반에 이르거나, 속세에 대한 집착을 완전히 버리고 수도원으로 들어가서 성자가 되는 길이 있다고 하였다.

2) 니체는 쇼펜하우어의 '우주 만물의 본질이 맹목적 생존의지'라는 주장을 받아들여 '힘에의 의지'를 우주 만물의 본질이라고 하였다. 그리고 인간을 신(神)의 창조물이 아니라 자연(自然)의 창조물이라 하였으며, 인간이 사회와 문화 세계를 창조해 나가는 창조주라고 하였다. 이리하여 그는 인간의 나아갈 목표는 세계를 창조해

나가야 할 초인(超人)이 되는 것이라고 하였다.

그리고 초인은 지성보다도 본능, 합리보다도 의지, 이성보다도 정열을 중히 여길 줄 아는 '의지의 인간'이라 하였다. 또한 인간은 자연이 주는 한계를 초월할 수는 없으나 항상 현실 속에서 자기 자신을 극복해 가며, 자신의 일을 알차게 수행해 가는 창조적 자유인이라 하였다. 한마디로 '힘에의 의지'의 구현자라 할 수 있으며, '힘에의 의지'를 구현할 때 참다운 행복에 이를 수 있다고 하였다.

3) 러셀은 인간에게는 소유의 충동과 창조의 충동이 있는데, 전자는 남에게 무엇인가를 빼앗지 않고는 만족을 얻지 못하는 것으로 자본가가 그 표본이며, 후자는 자기와 타인의 생활을 발전시키고, 그것 없이는 즐길 수 없는 충동적인 것이며 그 표본은 예술가라고 하였다. 소유의 충동은 생명적 · 본능적인 것으로 그 자체가 나쁜 것은 아니지만, 사회를 파괴하는 방향으로 작용할 때 그릇된 것이 된다고 하였다.

소유의 충동에 직결되는 물질적인 것은 소유하는 사람만이 기쁨을 느끼고 소유하지 못하는 사람은 소외되는 것이지만, 창조의 충동의 소산인 예술품은 정신적인 것이어서 여러 사람에게 배분되고 공감되는 것이기 때문에 그 가치가 풍성해지므로 인간의 진정한 행복은 창조에 있다고 하였다.

야스퍼스의 삶과 행복

야스퍼스(Karl Jaspers)는 1883년에 지금의 독일 니더작센 주의 울덴부르크에서 지사인 야스퍼스의 아들(同名)로 태어났다.

그는 9세에 울덴부르크 중고교에 입학하여 18세에 졸업하였다. 심장의 이상 등으로 발작을 일으켰기 때문에 반 년 동안 휴양을 하였다.

그해 가을에는 변호사가 되기 위하여 하이델베르크대학 법학과에 입학하였다가, 이듬해에는 뮌헨대학 법학과로 전학하여 공부하였으나, 법학의 무미건조함을 참지 못하여 그해 겨울학기에 베를린대학 의학과에 등록을 하였다.

24세가 되던 해의 여름에는 같은 의학도인 에룬스트 마이야와 알게 되어 일생을 친하게 지내게 된다. 그는 또 친구의 누이 게르트르트 마이야와 사랑하게 되어 3년 후에는 그녀와 결혼을 한다. 그 후부터는 자신과 의욕을 갖게 되어, 그는 '공부하고 연구하는 것 이외에는 내가 할 일은 아무것도 없다'고 생각하고, 건강을 위한 일과표를 만들어 규칙적인 생활을 하여 장수를 누렸다.

25세에는 의사국가고시에 합격하였으며, 이듬해에는 의학박사학위를 받았다. 30세에는 의학부 강사가 되었고, 그 해에 『일반정신병리학』을 써서 사계의 주목을 끌었다. 그 후로 키에르케고르의 저서를 읽고 감동을 받아 철학으로 방향 전환을 하고자 하였다.

38세에는 철학과 조교수로 전임하였으며, 이듬해에는 철학과 정교수가 되었다. 이때 철학과 주임교수인 리케르트는 그를 무자격자라고 반대하고 다른 사람을 추천했으나, 대학 인사위원회는 리케르트의 주장을 묵살하고 교수로 임명했다.

54세에는 히틀러 정부가 비당원인 야스퍼스를 못마땅하게 생각하다가, 그의 부인이 유태인인 것을 알고, 부인과 이혼을 하든지 교단에서 물러나든지 하라고 요구하자 퇴직하였다. 그 후 수많은 박해를 받아 자살을 하려고까지 하였다.

제2차 세계대전 말기인 1945년 4월 미군이 진주하자, 13인 위원회를 결성하여 그동안 폐쇄되었던 하이델베르크대학 재건의 중심인물로 활약하고 총장이 되었다.

65세에는 스위스 바젤대학으로 옮겨 강의하다가 정년퇴직을 하고, 그곳에서 저술에 몰두하다가 1969년(82세)에 사망하였다.

그는 『현대인의 정신적 상황』『철학』『이성과 실존』『니체』『실존철학』 등의 많은 저서를 남겼다.

그는 키에르케고르와 니체에게서 싹튼 실존철학을 체계화하여 이를 20세기 철학의 주류로 만드는 데 크게 기여하였다.

행복을 상실한 현대인

그는 현대 자본주의사회는 기술의 발전과 대중운동의 출현과 종교적 유대감의 와해(瓦解) 등으로 사람들이 참된 자기(實存 ; 現實存在)를 상실한 위기의 시대가 되었다고 하였다. 즉 인간이 기계와 대중의 세계 속에 묻혀서 개성과 인격을 상실하고, 기계의 부품이 되어버렸으며, 대중에 휩쓸려서 진정한 행복을 상실해 버리고, 오락, 스포츠, 섹스, 모험, 도박 등으로 불안과 공허를 메꾸어 보려고 하지만 이 같은 취미는 비록 일시적 흥분이나 만족을 가져올지 모르지만, 인간을 충심으로 만족시킬 수 없다고 하였다.

그는 또 인간은 다른 생물과는 달리 주체적으로 주어진 상황을 고치고, 바꾸고, 발전시키고 지배할 수는 있으나, ① 언제나 다른 사람과의 경쟁인 싸움 속에서 살아가는 것이며, ② 죄를 짓지 않고 살아가려고 하지만 인간인 이상 죄(교회에서의 죄)를 짓지 않을 수 없으며, ③ 가난의 고통, 병의 고통 등 수없이 많은 고통 속에서 한시도 벗어날 수 없으며, ④ 죽음으로부터 벗어날 수가 없다고 하였다.

다시 말하면 싸움 · 죄 · 고통 · 죽음 같은 한계상황(限界狀況)으로부터 벗어날 수 없다고 하였다. 그러므로 인간은 초월자(하느님) 앞에 서지 않을 수 없다고 하였다.(정진일, 『서양철학사』 야스퍼스)

제3절

✦

동양철학의 행복론

1. 도가의 행복론

1) 노자는 사람이 원래 도(道)로부터 본성인 덕(德)을 부여받아 태어났으므로 갓난아이처럼 순진무구하고 어리석은 사람처럼 무지 무욕하다고 하였다. 그러므로 사람은 타고난 대로 무위자연하게, 그리고 무사(無私)하고 무욕하게 살아가야 한다고 하였으며, 그러한 사람이 바로 성인이요 행복한 사람이라 하였다.

그는 성인의 덕을 여러 곳에서 언급하고 있는데, 그 가운데 중요한 것을 들면 다음과 같다.

첫째로 성인은 사사로움이나 욕망이 없으며, 둘째로 성인은 자애롭고 겸허하여 남을 해치지 않으며, 셋째로 성인은 다투지 아니한다고 하였으며, '최상의 덕은 물과 같다(上善若水)'고 하였다.

그리고 그는 이러한 성인의 모습을 다음과 같이 그려 놓았다.

"뭇 사람들은 희희낙락하면서 큰 잔치를 벌이는 것 같고, 따뜻한

봄날에 누대에 오르는 것 같은데, 나만 홀로 담박하구나! 낌새조차 알아채지 못하는 것이 마치 웃을 줄도 모르는 갓난아이 같으니!"

그는 '갓난아이나 어리석은 사람'은 자아의식이 없고, 대상에 대한 분별 의식이 없으므로 행복하다고 하였다.

♦ 장자

2) **장자**는 노자와는 달리 자아(自我)에 대한 집착을 버렸다. 즉 그는 "지극한 사람은 자기를 의식하지 아니하고, 신 같은 사람은 공을 생각하지 아니하며, 성스러운 사람은 명예를 얻으려 하지 아니 한다"라고 하였다. 이것은 명예와 이익을 초월하며, 좋아하고 싫어함을 초월하고, 옳고 그름을 초월하며, 삶과 죽음을 초월하여 이 세상의 속박으로부터 벗어나서 자유롭게 노니는 것(逍遙自在)이야 말로 최고의 행복이라는 것이다.

그는 또 광막하고 무궁한 대자연의 관점에 서서 삶을 살아감으로써, 인생의 우환이나 괴로움을 떨쳐버릴 수 있다고 하였다. 즉 "이 세상이 싫증나면 먼 하늘을 날아가는 새를 타고 세상 밖으로 나가 아무것도 없는 곳(無何有之鄕)에서 노닐고, 끝도 갓도 없는 들판에서 쉬겠다"라고 하였다. 그가 시공에 얽매임 없이 자유롭게 노닌다는 것은 육체적인 것이 아니라 정신적인 소요 곧, 혼의 여행을 말하는 것이다.

양주의 자애설

양주(楊朱)는 기원전 400년경 중국의 차오국(山西省)에서 태어났다. 그의 성은 양(楊)이요, 이름은 주(朱)이며, 자는 자거(子居)이며, 양자(楊子)로 호칭되기도 한다.

그는 젊어서 노자에게 배운 것으로 보인다. 그래서 그가 노자의 계승자로서 노자처럼 은둔자로 일평생을 보냈기 때문에 그에 관한 기록이 거의 없어서 그의 행적을 알 수 없다.

그는 기원전 330년(周 顯王 41년)경에 죽은 것으로 추정되고 있다.

맹자가 "양주와 묵적의 말이 천하에 가득 차 있다. 천하의 이론이 양주에 돌아가지 않으면 묵적에 돌아가고 있다"라고 말한 것으로 보아, 양주의 이론이 당시에 크게 유행했던 것 같다.

양주는 '인간은 누구나 그 운명에 따라 이 세상에 왔다가 운명에 따라 저 세상으로 가는 것'이라 하였다. 다시 말하면 인간의 삶과 죽음, 성공과 실패, 그리고 부귀와 빈천 등 모든 것이 운명에 의하여 결정될 뿐이라고 하였다.

그는 "사람들이 휴식을 취하지 못하는 것은 다음의 네 가지 일 때문이라 하였다. 즉 첫째는 수명이요, 둘째는 명예요, 셋째는 지위요, 넷째는 재물이다. 이 네 가지에 얽매인 사람은 귀신을 두려워하고, 사람을 두려워하며, 위세를 두려워하고, 형벌을 두려워하게 된다"(김학주 외 옮김 『열자 관자』 양주)라고 하였다.

그는 "황망히 한 때의 헛된 영예를 얻기 위하여 사람들과 다투면서 죽은 뒤에나 남게 될 영화를 도모하려고 우물쭈물 귀와 눈으로 듣고 보는 것을 삼가고, … 한시도 자기 마음대로 행동하지 못한다면 이것은 형틀에 매어 있는 중죄인과 무엇이 다르겠는가?"라고 하였다.(위의 책)

그리고 그는 또 자기 자신의 자연스러운 욕망만을 추구하는 사람을 달인(達人)이라고 하고, 달인이야말로 세상에서 가장 행복한 사람이라고 하였다.

이와 같이 그는 자애설(自愛說) 곧 자기 자신만을 위하여 사는 것이 사람의 본성이라 하고, 남을 위한다는 것은 본성에 배치되는 것이라 하였다. 따라서 그는 자기 이외의 다른 사람을 위해서 무엇을 한다거나 다른 사람을 사랑한다는 것은 주제 넘는 일이라고 하였다. 자기가 자기 몸을 사랑하고 자기의 삶을 살아가는 일에만 몰두해도 그것을 다 할까 말까 하는데 어떻게 남을 위할 수 있겠느냐는 것이다.

이러한 그의 사상은 묵적의 제자인 금활리와의 문답 속에도 잘 나타나 있다. 즉 금활리가 그에게 '당신 몸의 털 하나를 뽑아서 천하를 구제할 수 있다면 그렇게 할 수 있겠는가?'라고 묻자, 그는 '이 세상은 털 하나로 구제될 수 없다'고 하였다. 그러자 금활리가 '가령 구제할 수 있다면 하겠는가?'라고 다시 묻자, 그는 대답하지 않았다. 털 하나는 전신의 수만 분의 일에 불과하지만 그것을 가벼이 여길 수 없다는 것이었다.

양주와 동시대에 살았던 노나라의 묵적은 겸애(兼愛) 곧 '아울러 사랑할 것'을 주장하여 묵가(墨家)라는 새로운 학파를 창시하였다. 즉 공자가 자기의 부모 형제와 자기 자식을 사랑하고 나서 이웃 곧 다른 사람을 사랑하라는 것과는 달리, 묵자는 모든 사람을 똑같이 아울러 사랑하라고 하였다. 모든 사람이 서로 사랑하고 남을 위하여 노력해야만 혼란을 종식시켜서 평화로운 사회를 이룰 수 있다는 것이다.(정진일, 『중국철학사』 양주, 묵적)

2. 불교의 행복론

1) 석가는 앞의 '제1장의 불교의 인간관'에서 4법인의 하나로 열반 · 적정을 들었는데 거기에서 언급했던 바와 같이, 열반(涅槃)은 탐욕을 비롯한 번뇌의 뜨거운 불길이 꺼진 고요한 상태를 뜻하는 것이다. 그리고 적정(寂靜)은 번뇌가 완전히 사라진 마음이 평온한 상태에 이른 것을 말한다. 이러한 열반 · 적정은 수행을 통하여 도달하고자 하는 최고 경지로서 불교의 궁극적 목표인 극락의 경지라 할 수 있다.

그는 "나는 혼자서 멀리 떠나 고요한 곳에 머물러 … 무상(無想)의 안온한 열반을 구하여 늙음, 죽음, 근심, 걱정, 더러움이 없는 무상의 안온한 열반을 얻었다"라고 하였으며, '열반은 최고의 즐거움'이라고 하였으며, '적정보다 더 나은 안락은 없다'고 하였다.

이러한 열반의 경지는 무명(無明)을 벗어나서 참다운 진리를 깨닫고 탐욕(貪慾)과 성냄(瞋恚)과 어리석음(愚癡) 등의 번뇌를 떨쳐버리고, 인생의 괴로움(苦)에서 벗어난 적정의 경지에 이르렀다고 할 수 있는 것이며, 이러한 경지야말로 완전한 자유와 행복의 경지에 이른 것이라 할 수 있다.

2) 혜능은 '모든 만물은 자신의 마음속에 있다'고 하고,[142] 참다

---

142 강단에서 한 스님이 밖에는 '바람이 불어 깃발이 펄럭인다' 하자, 다른 스님은 '바람은 보이지 않고 깃발이 스스로 움직인 것이다'라고 하면서 다투자, 혜능은 움직인 것은 바람도 깃발도 아닌 그대들의 마음이라 하였는데, 이를 풍번문답(風幡問答)이라 한다.

운 지혜는 자신의 마음, 곧 본성인 불성(佛性)을 아는 것이라 하였으며, 사람은 누구나 마음속에 불성을 가지고 있는데, 그것은 언제나 맑고 깨끗하여 마치 해와 달처럼 환히 빛나는 것이지만, 깨닫지 못한 자의 그릇된 생각 곧 망념(妄念)이라고 하는 뜬구름에 가려져서 마음속에 갖추어져 있는 불성을 보지 못하므로, 망념을 버리는 것이 필요하다고 하였다.[143]

다시 말하면 사람이 망념을 제거한 무념(無念)의 상태에서 자신의 마음을 바르게 살펴봄(觀照)으로써 자신의 본성을 바로 보게 되고, 그리하여 자신이 부처임을 깨달을 수 있다고 하였다. 자신의 마음속에 있는 본성으로서의 불성 곧 청정한 마음을 깨닫게 되면, 사람은 누구나 부처가 되어 행복의 극치인 극락의 경지에 이르게 된다는 것이다.

---

143 달마대사가 인도에서 중국 양나라 때 선을 전하기 위하여 들어온 후로 2·3·4·5조의 조사를 거친 후, 당나라 때에 1자무식인 6조 혜능이 중국의 선종을 크게 발전시켜 중국을 대표하는 종파가 되었다.

조주 선사의 행복론

조주(趙州, 778-897, 당나라 말기)는 선종의 승려이며, 속성은 학(郝), 휘(諱)는 종심(從諗)이다.

어려서 그가 태어난 고장에 있는 호통원(扈通院, 龍興寺)에서 출가하였으며, 그 후 지양(池陽)으로 가서 남전보원(南泉普願) 스님을 찾았다. 스님이 누워 있는 채로 "어디서 왔느냐?"고 묻자,

그는 "서상원(瑞像院)에서 왔습니다"라고 답했다.

스님은 다시 "서상(瑞像 ; 상서로운 상)은 보았는가?" 하고 물었다.

그는 "서상은 보지 못하고 누워 있는 부처는 보았습니다" 하자,

누워 있던 스님은 벌떡 일어나서 "네가 주인이 있는 사미승(沙彌僧)이냐? 주인이 없는 사미승이냐?" 하고 물었다.

그는 "주인이 있는 사미승입니다"라고 하였다.

스님은 "주인이 어디에 있느냐?" 하고 또 물었다.

그는 이때 "동짓달 날이 매우 춥사온데 존체 만강하시나이까?" 하고 엉뚱한 대답을 하였다.

남전이 그를 기특하게 생각하고 입문을 허락하였다.

그 후 그는 숭악(嵩嶽)의 유리단(琉璃壇)에 가서 구족계를 받고 남전에게로 돌아와서 수행을 정진하였다.

조주의 나이 80세 때에 대중들이 청하여 지금의 하북성(河北省)에 있는 조주성(趙州城) 동쪽 관음원(觀音院)에 있게 하였는데, 이곳에서 조주 선사라고 불리게 되었다. 그는 건강하여 120세까지 장수하면서 그에게 배우기 위하여 사람들이 수천리 길을 걸어서 찾아와 그 제자가 수천 명에 이르렀다고 한다.

그는 죽음을 앞두고 "내가 죽으면 화장을 하되, 사리를 찾지 말라! 이 몸이

부질없으므로 사리가 있을 리 없다. 그러니 헛수고를 하지 말라!"라고 하였다.

그는 많은 공안(公案)을 남겼는데, 이것이 『조주어록(趙州語錄)』이다. 이것은 520개의 문답(公案)으로 구성된 최초의 공안집이다. 이것은 육조대사 혜능의 『육조단경』 다음가는 중요 선서(禪書)로서 평가 받으며, 어록 가운데 최고 어록으로 평가되고, 『임제어록(臨濟語錄)』과 더불어 선종에 커다란 영향을 미쳤다.

세발우거(洗鉢盂去)

조주 선사에게 어떤 수행자가 찾아와서 "저는 총림에 갓 들어왔습니다. 스승님의 가르침을 받고 싶습니다"라고 하였다.

선사가 "밥은 먹었는가?" 하니, 수행자는 "먹었습니다" 하였다.

그러자 선사는 "그러면 발우(밥그릇)나 씻으러 가게!"라고 하였다.

끽다거(喫茶去)

한가한 어느 날 조주 선사가 한 스님에게 물었다. "여기 온 적이 있었는가?" 스님이 "온 적이 있었습니다" 하자, 선사는 "차나 마시러 가게!"라고 하였다.

선사가 다른 스님에게 또 "여기 온 적이 있었는가?" 하고 물었다. 그 스님이 "온 적이 없었습니다"라고 하자, 선사는 "차나 마시러 가게!"라고 하였다.

이를 지켜보고 앉아 있던 원주스님이 "스님은 어찌하여 온 적이 있다고 하는 사람에게도 '차나 마시러 가라!' 하고, 온 적이 없다고 하는 사람에게도 '차나 마시러 가라!' 하십니까?"라고 하였다.

선사가 "원주야!" 하고 불렀다. 원주가 "예" 하고 대답하자, 선사는 "차나 마시러 가라!"고 하였다.

조주 선사는 이러한 공안을 통해서 행복은 높고 먼 곳에 있는 것이 아니라

밥 잘 먹고 발우 잘 씻고, 차 마시고 대소변 잘 보고, 잠 잘 자는 등의 일상사 속에 있다는 것을 말해준 것이다.(이상, 정영석, 『조당집 읽기』 304면 이하. 동국역경원 한글대장경 『전등록』 1, 371면 이하 참고)

3. 유교의 행복론

1) 공자는 『논어』의 맨 첫머리에서 "배우고 때에 맞추어 익혀서 그 뜻을 알게 되니 또한 기쁘지 아니한가? 벗이 있어 먼 곳으로부터 찾아오니 또한 즐겁지 아니한가? 사람들이 알아주지 아니하여도 노여워하지 아니할 수 있으니 또한 군자답지 아니한가?"라고 하였다. 배워서 알게 되는 기쁨, 뜻을 같이 하는 사람들 혹은 친구들과의 우정을 나눔, 그리고 자아실현의 흐뭇함의 인생삼락(人生三樂)을 행복의 요소로 말한 것이다.

그리고 그는 자연 속에도, 음악 속에도 즐거움이 있다고 하였다. 한가한 때 그는 몇 명의 제자들에게 각자의 포부를 말해보라고 하였는데, 대부분의 제자들은 각자 입신출세할 것을 말했으나, 증점은 "늦은 봄에 이미 봄옷을 입고, 갓을 쓴 성인 5~6인과 소년 6~7인을 데리고 기수(沂水)에서 목욕을 한 후, 무우(舞雩) 단 위에서 바람 쐬고 노래나 부르다가 돌아오고 싶습니다"라고 하였다.

그러자 그는 이에 감동하여 '나도 점과 같이 하겠다'라고 하였다.

그는 또 "도(道)에 뜻을 두고, 덕(德)을 굳게 지키며, 인(仁)에서 떠나지 아니하고, 예(藝→특히 음악) 속에서 노니는 것이 나의 삶이다"라고 하였다. 그런가 하면 그는 "제나라에서 순임금의 덕을 찬양한 노래인 소(韶)를 듣고, 3개월 동안 그것을 배우면서 고기 맛을 잊어버릴 정도였다"라고 하였으며, "하나의 음악의 힘이 이렇게 클 줄은 상상도 하지 못했다"라고도 하였다.

그리고 『논어』에는 또 "공자께서는 사람들과 더불어 노래 부르기를 좋아하셨는데, 길을 가다가도 어떤 사람이 노래를 잘 부르는 것을 보면 다시 한 번 부르도록 청하시고 따라 부르셨다"는 기록이 있다.

그리고 공자는 '행복은 부유함에서만 오는 것이 아니라, 가난한 가운데서도 얼마든지 얻을 수 있다'는 것을 여러 곳에서 말하고 있다. 즉 "군자는 먹는 데 배부름을 구하지 아니하고, 거처하는 데 편안하기를 구하지 아니한다"라고 하였으며, "거친 밥 먹고 물 마시며, 팔을 굽혀 베개를 삼고 사는 가운데에도 즐거움은 있는 것이다. 의롭지 못하게 부를 얻고, 높은 지위를 얻는 것은 나에게는 뜬구름일 뿐이다"라고 하였다.

그는 또 "훌륭하도다! 안회는! 한 소쿠리의 밥과 한 쪽박의 물로 누추한 골목에서 살고 있다. 사람들은 그러한 근심을 감당하지 못할 터인데, 안회는 그 즐거움을 바꾸지 않는다. 참으로 훌륭하도다!"라고 하였다. — 김용옥 교수는 한 인간에 대한 이와 같은 찬사는 없을 것이라고 하고, 그 누추한 삶에서 오는 근심과 괴로움에서 즐거움을 발견할 줄 아는 지혜 곧 현명함을 상찬하고 있는 것이라 하였다.[144]

2) 맹자는 "군자에게는 세 가지 즐거움이 있으나 천하의 왕 노릇을 하는 것은 여기에 들어있지 않다. 부모가 살아계시며 형제가 무고한 것이 첫째 즐거움이요, 우러러 보아 하늘에 부끄럽지 않는

144 김용옥, 『논어 한글역주 2』 442면.

것이 둘째 즐거움이며, 천하의 영재를 모아서 가르치는 것이 셋째 즐거움이다"라고 하여, 이른바 인생의 세 가지 즐거움(人生三樂)을 말하였다. 그는 특히 이 세상에는 수많은 종류의 직업이 있는데, 그 가운데서 사람을 가르치는 것 곧, 사람을 만드는 교육처럼 중요하고 즐거운 직업은 없다고 하였다.

3) 주자는 그의 『논어집주』(머리말)에 "『논어』를 읽고 나서도 전혀 아무렇지도 않은 사람이 있으며, 읽은 후에 그 가운데서 한두 구절을 얻어서 기뻐하는 사람도 있고, 또 읽은 후에 배움을 즐기는 경지에 오른 사람도 있다. 그런데 또 다 읽고 나서 곧바로 자기도 모르게 손이 덩실거리고(舞), 발이 들먹거리는(蹈) 사람도 있다"는 정자의 말을 옮겨 놓았다. 『논어』를 읽고 나서 너무나 기뻐서 춤을 추는 사람도 있다는 것이다. 이것은 고전을 읽어서 지혜를 넓혀 나가는 것으로도 우리는 얼마든지 즐거움을 얻을 수 있다는 것을 말한 것이다.

♦ 주자의 자화상

도연명의 행복한 삶

도연명(陶淵明, 365~427)은 성은 도이며, 이름은 잠(潛), 호는 오류(五柳), 시호는 정절(靖節), 자는 연명이다. 그런가 하면 이름이 연명, 자가 원량(元亮)이라고 하는 설도 있다.

그가 29세에 벼슬하기 전의 젊은 시절에 관한 기록은 거의 없다. 그는 중국의 위진 남북조시대에 소지주 집안에서 태어나 어릴 때 부모를 잃고 가난하게 살았던 것으로 보인다.

그는 유교와 도가와 불교의 경전을 모두 섭렵하였는데, 특히 유교의 『중용』을 즐겨 읽고 '중용' 철학을 받아들여서 인생을 원만하고 조화롭게 살려고 하였다.

29세에는 나이든 조모를 더 잘 봉양하기 위하여 하급관리인 제주(祭酒)로 근무하였으나 곧 사직하였다. 그 이후로 농사를 짓고 살다가 36세에 다시 환현(桓玄)의 막부(幕府)에서 하급관리로 취직한 후, 여러 곳을 전전하다가 41세 되던 해의 11월에 팽택(彭澤) 현령(縣令)을 끝으로 퇴직하였다.[145]

일설에 의하면 조정에서 사자가 왔을 때, 주위 사람들이 '관복을 입고 그를 정중히 맞이하라'고 하자, 그는 탄식하여 "내가 어찌 다섯 말 쌀(월급) 때문에 허리를 굽혀서 향리의 젊은이를 대할 것이냐?"라고 하면서 관직을 사임하고, 그 유명한 '귀거래사(歸去來辭)'를 지었다고 한다.(林語堂, 『생활의 발견』 124면)

그 후 낮에는 농사일 하고, 밤이면 경전을 읽으면서(晝耕夜讀), 때로는 마을 사람들과 어우러져 술을 마시면서 즐겁게 살면서 틈틈으로 시를 지었다. 그가 남긴 시는 모두 130여 편이 된다. 그는 두보(杜甫)와 이백(李白)과 더불어

---

145 김창환, 『도연명의 사상과 문학』 34면.

중국의 3대 시인으로 존경을 받게 되었다. 그 가운데서도 원만한 인격을 갖춘 인물로서 존경을 받아왔다.

귀거래사

돌아가련다. 논밭에 잡초가 무성하거늘 어찌 돌아가지 않겠느냐!

…

나무들은 무럭무럭 자라고, 샘물은 졸졸 흐르는구나!

만물이 때를 만나 번성한데, 나의 삶 살면서 쉬어가야 하겠구나!

두어라! 이 세상에 맡겨진 몸 산다고 한들 얼마나 살겠는가?!

가고 머무름 마음대로 하지 못하고, 황황히 어디로 가려는 것인가?

부귀도 내 바라는 바 아니고, 신선의 세계도 기약할 수 없으니!

봄볕이 그리워 홀로 거닐고, 지팡이 세워두고 밭의 풀을 뽑는다.

동편 언덕에 올라 마음껏 외치고, 맑은 시내에 이르러 시를 읊는다.

섭리 따라 잠깐 살다 가리니, 천명을 즐길 뿐 무엇을 바라겠는가?!

제4절

✦

행복한 삶을 위하여

1. 행복은 마음가짐에 달려 있다

1) 행복한 삶과 마음가짐

(1) 앞에서 언급한 바와 같이 행복은 보람, 기쁨, 즐거움, 흐뭇함 같은 정신적 만족감이라 할 수 있으므로 그것은 결국 마음의 문제라고 할 수 있다. 따라서 자신의 마음가짐이 바로 행복의 토대가 되는 것이다. 그래서 칼 힐티는 행복이라는 것은 어떤 형태이거나 소유물이 아니고, 오히려 하나의 정신력이라 하였다.

대부분의 사람들은 부와 권력과 지위와 명예 같은 외면적, 물질적인 것으로부터 행복이 온다고 생각하고, 그래서 많은 사람들은 그런 것들을 얻지 못하면 괴로워하고 불행해한다. 그러나 소박한 삶, 곧 작은 것 특히 정신적인 것에 만족하고 사는 사람들은 항상 행복하게 산다. 이것이 바로 '컵에 물이 절반이나 남아 있다'고 생각하는 사람이 '컵에 물이 벌써 절반이나 비었다'고 생각하는 사람보다 더 행복하다는 것이다.

이 세상을 살아가면서 직장을 잃거나, 큰병을 얻거나, 자식이나 배우자를 잃으면 불행해한다. 하지만 새로운 일을 찾아서 재기할 수도 있으며, 병은 치료할 수도 있으며, 사람을 잃는 것은 잃은 것이 아니라 '먼저 제자리로 돌아갔다'고 생각함으로써 마음을 다잡아서 행복을 찾기도 한다. 이렇게 볼 때 행복한 삶을 살 수 있는 가장 중요한 것, 곧 행복의 토대는 마음가짐이라 할 수 있다.

이종목 교수는 "행복은 우리 안에 있다. 행복은 마음의 상태이며, 지각하는 방식이고, 우리가 살고 있는 세상과 자신이 접근하는 방식이다. 그렇기 때문에 남은 삶 동안 행복해지고 싶다면 당신의 마음상태를 변화시키고 그 변화를 유지하겠다고 결단해야 한다"라고 하였다.[146]

김형석 교수는 외면적, 물질적 가치만을 추구하는 사람은 그 욕망이 끝이 없으므로 불행할 수밖에 없으나, 정신적 가치를 추구하는 사람은 언제나 행복할 수 있다고 하였다. 그래서 사람들은 건강이나 수명이나 명예나 지위나 재물 같은 외면적, 물질적인 행복의 요소를 전혀 갖추지 못하였어도 정신적인 행복의 요소, 곧 마음만 흡족하다면 얼마든지 행복할 수 있다는 것이다.

그리고 보에티우스는 반역죄로 사형집행을 기다리면서도 마음을 다잡고 몇 달 만에 『철학의 위안』이라는 좋은 책을 썼는데, 이

146 이종목, 『행복이야기』 177면.

책은 서양에서 『성경』 다음으로 많이 읽힌 책이 되었다고 하니, 우리는 마음가짐이 행복에 있어서 얼마나 중요한가를 잘 알 수 있다.

2) 낙관주의와 비관주의

(1) 이와 관련하여 '우리가 살아가는 이 세계에서 인간의 행복한 삶은 가능한가 불가능한가'에 관한 의견이 대립되어 왔다. 전자를 낙관주의라 하고 후자를 비관주의라 한다.

서양철학의 정초자인 소크라테스와 플라톤이나 기독교는 인간의 현실 세계를 비관적으로 보고, 내세 곧 영혼의 세계를 긍정하여 현세보다 내세에서의 행복을 더 중요시하였다.

근세 이후 서양철학에서는 자연을 관찰하여 그 법칙을 발견하고 그것을 잘 응용하면 현세에서 잘 살 수 있다고 하는 낙관주의의 사상이 제기되었다. 베이컨은 '아는 것은 힘이다'라고 하고, 자연의 법칙을 탐구할 것을 제창하여 낙관주의를 제시하였다.

라이프니츠는 '이 세계는 모든 가능한 세계 가운데서도 가장 완전하고 가장 살기 좋은 세계'라고 하였으며, '악이 존재하는 것은 세계의 내용을 더 풍부하게 해주는 것이요, 그것을 극복함으로써 더욱더 빛나고 가치 있도록 해주게 되는 것'이라 하였다.

루소는 "해가 떠서 일어나니 행복했다. 어머니를 보니 행복했다. 어머니 곁을 떠나니 행복했다. 숲을 지나고 언덕을 오르고 골짜기를 헤매고 책을 읽고 빈둥거렸다. … 그러는 동안 행복은 어디든 나를 따라다녔다"라고 하였다.[147]

---

147 시셀라, 노상미 옮김 『행복학개론』 24면.

(2) 이들과는 달리 자연 상태를 비관적으로 본 볼테르는 『깡디드』를 써서 라이프니츠의 낙관주의 인생관을 신랄하게 비판하였다. 그는 주인공인 깡디드의 입을 통하여 "인간은 지금처럼 옛날부터 서로 살육을 벌여왔다고 생각합니까? 인간은 항상 거짓말쟁이이며, 사기꾼이며, 배신자이며, 배은망덕하며, 도둑놈이며, 멍텅구리이며, 불량배였다고 생각합니까?"… "물론입니다"라고 말하면서, 이 세계를 부정적으로 묘사하였다.(윌 듀란트, 임헌영 옮김 『철학이야기』 227면)

그리고 비관주의자 쇼펜하우어는 '이 세계는 끊임없는 시기와 갈등과 싸움으로 가득 차 있는 가장 나쁜 최악의 세계'라고 하면서 인간은 고통 속에서 불행에 시달리고 있다고 하였다.

(3) 비관주의자는 흔히 모든 일을 어둡고 부정적인 시각으로 보기 때문에 자신의 앞날에 대해서 비관하고 절망하여 노력을 하지 않으므로 발전이 없다. 그러나 낙관주의자는 모든 일을 밝고 긍정적인 시각으로 보기 때문에 어떤 경우에도 비관하지 않고 희망을 가지고, 자기가 할 수 없는 일은 그냥 잊어버리고 자신의 긍정적인 목표를 달성하기 위하여 노력하므로 성공할 가능성이 많으며, 수명도 10년이나 연장된다고 한다.[148]

---

148 마르타 자라스카, 『건강하게 나이 든다는 것』 58면.

루소와 볼테르의 문명관

루소는 '문명 상태보다 자연 상태에서의 인간의 삶이 더 행복했다'고 하며, 교육은 주입식이 아닌 자유로운 교육을 실시할 것을 제창하고, 문명과 학문을 반대하였다. 그런데 그는 새로 쓴 '동물이나 미개인처럼 살아라'라고 말한 『인간불평등기원론』을, '인간에게는 자연 상태보다 문명 상태가 훨씬 바람직하다'고 주장한, 볼테르에게 보냈다. 볼테르는 이 글을 읽고 나서 "인류의 진보에 반대하는 새로운 저서를 받았습니다. … 저서를 읽으니, 네 발로 기어 다니고 싶어집니다"라고 비꼬는 편지를 루소에게 보냈다.(윌 듀란트, 앞의 책 244면)

볼테르는 왕의 추방으로 스위스에서 망명생활을 하였는데, 1778년에 83세로 병약해진 상태에서 의사의 만류를 뿌리치고 마차로 프랑스를 횡단하는 힘든 여행을 강행하였다. … 파리에 도착했을 때 뼈가 으스러지지 않았나 생각할 정도였다. 그는 친구의 집으로 가서 하루를 보냈다.

이튿날 아침 쇠약한 몸으로 마차를 타고 학술원으로 이동하였다. 거리에는 그를 보기 위하여 수십만 명의 군중들이 몰려들었다. 군중들 가운데에는 마차에 올라타 러시아의 여왕 에카테리나가 '생각날 때면 가끔 한번씩 러시아를 향하여 얼굴만이라도 돌려봐 달라'고 하면서 예물로 보내온 값비싼 외투를 찢어 기념품으로 가져가는 사람들도 있었다. 철학이 있는 문학의 위력을 보여주는 한 장면이었다.(앞의 책 247면 이하)

학술원에서 연설을 마친 후, 그는 최근 자기가 쓴 『이렌』의 공연을 보려고 극장으로 갔다. 별 것 없는 것이었지만, 초만원을 이룬 관객들의 박수갈채 때문에 대사는 들리지 않았다. 끝날 무렵 그는 쓰러졌고, 치료를 받았으나 결국 일어나지 못하고 3개월 후 숨졌다.(앞의 책 248면 이하)

2. 행복한 사람에게는 희망이 있다

1) 앞에서 어떤 철학자가 "무엇인가 할 일이 있으며, 저녁이면 집에서 사랑하는 사람을 만날 수 있으며, 미래에 대한 희망이 있다면 행복한 사람이라 할 수 있다"라고 말해서, 일(제2장 제1절)과 사랑(제3장)에 관해서는 자세히 알아보았으므로, 여기서는 희망에 관해서만 언급하겠다.

희망은 어떤 일을 이루고자 하는 바람이나, 좋은 일이 나의 노력으로 이루어지기를 기대하는 마음으로서, 존재할 수 없는 것을 상상하는 환상과는 다르며, 우리들의 모든 것이 잘 되리라고 기대하면서 기뻐하는 소망 혹은 소원과도 다르다.

알랭은 '희망은 보다 좋은 미래에 대한 신앙과도 같은 것'이라고 하였다. 희망은 본디 자기의 목표나 그 대상의 해결을 기대한다. 예를 들면 '누구나 돈을 가질 수 있다.' '누구나 일을 즐길 수 있다.' '병은 치유될 수 있다.' '아이들이 잘 자란다.' '어떤 문제도 정말로 바란다면 그것이 해결된다'고 한다. 따라서 희망 곧 진정한 목표는 그것을 충심으로 바란다면 반드시 실현된다는 것이다.[149]

희망이란 말과 비슷한 말로 꿈이라는 말이 있는데, 이 말은 젊은 사람들 사이에 잘 쓰이는 말로서 희망보다 좀 더 구체적이고 명확한 것이라 할 수 있다. 즉 구체적인 목표를 세워서 열정적으로 노력을 하는 것이라 할 수 있다.

---

149 알랭, 방곤 옮김 『행복론/ 인간론/ 말의 예지』 473면.

요컨대 사람들은 흔히 희망을 가지고, 또는 꿈을 가지고, 꾸준히 노력하면 그것이 이루진다고 생각한다.

2) 인간에게 희망이라는 관념은 일찍이 농경정착시대부터 생겨났을 것으로 보인다. 처음에는 그날그날의 먹을 것을 찾느라고 수렵 채취를 하면서 불안하게 지냈을 것이다. 그러나 가축을 기르고 씨를 뿌려서 가꾸는 목축과 농업을 하면서 생활의 안정을 찾게 되었으며, 희망을 가지고 살게 되었을 것이다. 가축이 성장하고 번식하며, 씨를 뿌려 가꾸어서 가을이 되면 농산물을 거두어 들여서 보다 더 잘 먹고 살 수 있으리라는 희망을 갖게 되었으며, 그것은 인간에게 활력과 힘을 주었을 것이다.

그러나 때로는 희망하는 대로 성과가 이루어지지 않을 때도 있었을 것이며, 이때에는 절망하게 되고, 고통에 빠지기도 하면서 신에게 기도하여 절망이나 고통에서 벗어나려고 하는 가운데 무속이나 종교가 생겨났을 것이다. 아무튼 희망, 그리고 믿음은 유진 오닐의 말에 따르면 '우리 인간이 살아가는 데 큰 힘을 주며, 그리하여 그것은 죽음을 물리치는 유일한 무기'가 되기도 하였으며, 인간은 안정된 정착생활을 하게 되어 문명이 비로소 탄생하게 되었던 것이 분명하다.[150]

150 조지 베일런트, 김한영 옮김 『행복의 완성』 65면 이하.

『나는 희망의 증거가 되고 싶다』

(이 책의 저자 서진규는 자신의 삶을 '희망은 이루어진다'는 좋은 증거라고 생각했다. 그녀는 이 책에서 초등학교 5학년 때부터 큰 꿈을 가지고 노력하여 자신의 꿈인 하버드대학의 석사 박사과정을 밟게 되기까지를 써 놓았다.)

서진규는 1948년 경상남도의 작은 어촌에서 가난한 엿장수의 2남 2녀 가운데 둘째 딸로 태어났다. 아버지는 엿장사, 이발사 등을 하다가 철도청 말단 공무원으로 취직하여 충북 제천으로 이사하였으며, 어머니는 주막에서 술장사를 했는데, 그녀는 낮에는 학교(초등 5학년 때부터 중학교 졸업)를 다니고 오후부터 밤늦게까지 어머니를 도왔다.

제천에서 중학교를 마치고 반대하는 부모를 설득하여 육군대령인 작은 아버지의 서울 집에서 얹혀살면서 풍문여고를 졸업하였다. 그녀는 대학 진학을 못하고 가발공장, 식당 종업원 등으로 일하다가, 미국의 가정집의 식모를 구하는 광고를 보고 미국으로 가서, 여기저기의 식당 종업원 등을 하면서 여러 야간대학을 14년 만에 대학 4년 과정을 마쳤다.

그녀는 그동안에 미국에 와 있는 조모씨와 사랑하고 결혼하여 딸을 낳았으나 그가 손찌검을 하자, 미 육군 일등병으로 군에 입대하여 버렸다. 그 후 그녀는 한국 근무를 자원해서 용산의 미군부대로 배치받아 남편과 살면서 아들을 낳았다. 그러나 역시 손찌검을 하므로 딸만 데리고 미국으로 옮겨, 간부후보생에 합격하여 소위가 된 후 이혼하였다.

1990년 42세에 그녀는 하버드 대학교의 석사과정에 입학하여 수료한 후 박사 과정에 합격하였으나, 휴학계를 내고 군에 복귀하였다. 1996년 말 그녀는 소령으로 제대하고, 이듬해 봄에 하버드대 박사과정에 등록하였다.

3. 행복은 스스로 쟁취하는 것이다

법정 스님은 "자기 스스로 행복하다고 생각하는 사람은 행복하고, 마찬가지로 자기 스스로 불행하다고 생각하는 사람은 불행하다. 그러므로 행복과 불행은 밖에서 주어지는 것이 아니라, 내 스스로 만들고 찾는 것이다"라고 하였다.(법정, 『살아있는 것은 다 행복하여라』 69면)

노먼 빈센트 필은 "당신의 생각을 바꿔라. 그러면 세상이 바뀔 것이다. 행복은 마음먹기 습관을 바꾸려는 노력이다. '나는 행복하다'는 생각을 매일 하라. 즐거운 생각을 하면 삶은 끊임없는 즐거움으로 가득찰 것이다"라고 하였다.[151]

러셀은 행복이 요행으로 주어진 운명적인 것이 아니라, 그것은 오로지 스스로가 쟁취하여 얻은 것이라고 하였다. 그는 만일 누구나 행복한 삶을 살고 싶다면 반드시 모든 일에서 긍정적인 점을 찾아내는 법을 배워야 한다고 하였다. 연애에 실패했다거나, 사업에 실패했다거나, 실직자가 되었다고 해서 모두 절망한 것은 아니다. 누가 봐도 좌절할 수밖에 없는 상황에서도 행복하게 살아가는 사람이 있다. 반면에 남부러울 것이 없어 보이는 환경에서도 실망에 빠져 괴로워하는 사람이 있다. 행복한 삶을 살고 싶다면 모든 일을 낙관적으로 볼 필요가 있다고 하였다.[152]

---

151 김병완, 『성공이 목표일지라도 행복이 우선이다』 126면.

152 강영석, 앞의 책 85면.

웨인 다이어는 "행복한 이기주의자는 자신의 삶에 관한 모든 것을 애정을 가지고 좋아한다"라고 하였다. 즉 무슨 일을 하더라도 즐거워하며, 자신의 삶 속에서 최선의 것을 구하려고 하고, 하는 일에는 무슨 일이나 열의를 다하며, 나들이 · 영화 · 책 · 스포츠 · 동물 · 등산 등 거의 모든 것을 즐긴다고 하였다. 그는 또 평범한 일상 속에서도 갖가지 즐거움을 얻는 놀라운 능력을 가지고 있다고 하며, 날이 푹푹 찌고 비가 오든, 길이 차로 막혀 오도가도 못하든, 사람들과 함께 있든, 혼자 있든 현실에서 기쁨을 찾는 놀라운 능력을 발휘할 뿐이라고 한다.[153]

안병욱 교수는 "나의 행복은 나의 의지, 나의 노력, 나의 정성으로 쌓아 올린 공든 탑이다. 그것은 나의 피와 눈물과 땀으로 만든 창조의 기념비이다"라고 하였는데, 이와 같이 자신의 노력에 의해서 얻은 행복은 유산이나 복권 당첨으로 얻은 것과는 달리 나의 몸과 일체가 되어 있다고 하였다.

153 웨인 다이아, 오현정 옮김 『행복한 이기주의자』 277면 이하.

스펜서의 삶과 공리주의

스펜서(Herbert Spencer)는 1820년 4월 27일, 영국 중부지방의 더비에서 교사인 조지 스펜서의 9남매 중 장남으로 태어났다. 그러나 동생들은 모두 일찍 죽었다.

그는 어려서부터 병으로 학교에도 다니지 못했으며, 건강을 회복한 뒤에도 공부가 싫어서 학교에 다니지 않았다. 교사인 아버지는 그에 대하여 무관심하였다.

17세에 철도회사의 기사로 취직하여 9년 동안 기사로 근무하였다.

24세에 칸트의 『순수이성비판』의 첫 장만을 읽어보고, '칸트는 바보'라고 하면서 던져버렸으며, 그 후로는 거의 책은 읽지 않았다고 한다. 그러고도 그는 『사회정학』 『심리학』 『생물학』 『사회학』 등의 책을 썼다.

그 후 불황이 닥치자 철도회사에서 퇴직하였으며, 29세에는 『이코노미스트』지의 부 편집인으로 활동하였다.

30세에 조나단 다이먼드의 『도덕원리론』을 읽고 나서 혹평을 하자, 아버지가 그 말을 듣고, "그렇다면 그와 같은 주제로 그만한 책을 써 보아라!"라고 하였다. 이에 그는 '그까짓 것을 못 쓰겠느냐?'라고 하고, 『사회정학』을 쓰기도 하였다.

40세에는 『종합철학』의 저술 계획을 발표하였다. 유산은 곧 바닥이 났으므로 그는 저서의 예약금을 받아 힘들게 살았다.

42세에는 『종합철학』의 제1권인 『제일원리』를 출판하였다. 그 후 그는 책을 계속 발행하였으나, 책이 팔리지 않자, 더 이상 출판을 계속할 수 없다는 성명서를 냈다. 미국 독자들까지 돈을 보내와서 그는 다시 두문불출하고, 장장 40여 년간 노력한 끝에 『종합철학』 전 10권을 인쇄에 회부하였다. 의지의 위대한 승리였다.

그는 1903년 12월 8일 83세를 일기로 생애를 마쳤는데, 윌 듀란트는 그를 세계 10대 철학자로 평가하였다.

진화론적 공리주의

그는 원래 인간은 동물과 마찬가지로 본능적 충동에 의하여 움직이는 이기적인 존재이지만, 점차 후손을 위하여 자기의 이해를 희생하는 이타적 감정을 갖게 되었다고 하였다. 따라서 그는 공리주의 입장을 취하여 쾌락을 행복이라 하고, 그것이 바로 인생의 직접 목적이요, 또한 도덕의 표준이라고 하였다.

그러므로 자신이나 동포의 생활에 유익한 행위는 선행으로서 많은 사람들에게 쾌락을 가져오게 하지만, 이에 반하여 불쾌를 가져오게 하는 행위는 악행으로서 많은 사람들에게 고통을 가져오는 것이라고 하였다. 다시 말하면 인류의 생존에 적합한 행위를 하면 쾌락이 생기지만, 이에 반하는 행위를 하면 고통이 생겨난다고 한다.(이상, 정진일, 『서양철학사』 스펜서)

4. 행복한 사람은 현재에 산다

1) 톨스토이는 50세 무렵에 자기의 삶에 회의를 느끼고 크게 방황한 적이 있다. 이때에 『우리는 무엇을 할 것인가』 『인생론』 등에 관한 많은 책을 썼다. 이때 썼던 책들 가운데에 『세 가지 의문』이라는 글이 있는데, 그는 여기에서 이 세상에서 가장 중요한 시간은 현재라고 하였다.[154]

비트겐슈타인은 '대부분의 사람들이 행복하지 못한 것은 과거를 후회하고 미래를 걱정하기 때문'이라고 하였다. 그는 "행복한 사람은 항상 현재에 산다. 행복한 사람은 회한에 젖을 과거가 없으며, 불안해할 미래가 없기 때문에 삶 전체가 현재화되어 있다"고 하였다.(김병완, 앞의 책 104면 이하) 과거에 얽매어 우울하게 사는 사람이 있는가 하면, 미래에 사로잡혀서 불안하게 사는 사람들이 없지 않으나, 이렇게 과거나 미래에 살아서는 행복한 삶을 살기가 어렵다는 것이다.

박목월 교수는 '행복은 현재에서만 발견되는 것이며, 그것은 바로 지금 발견하는 자에게만 존재하는 것'이라고 하였다. 행복한 사람은 과거의 삶이나 미래의 삶에 연연해하지 않는다는 것이다. 그래서 행복한 사람은 현재만을 중시하고 현재를 붙잡으며, 현재에 사는 사람들이라고 하고, 행복한 사람은 '지금 이 순간 최선을 다할 뿐 결코 과거나 미래에 매여 살지 않는다고 하였다.

154 안병욱, 『사랑과 지혜 그리고 창조』 259면.

2) 윌리엄 제임스는 "사람은 행복해서 웃는 것이 아니라 웃기 때문에 행복해지는 것이다"라고 하였으며, 쇼펜하우어는 "웃는 사람은 행복하고, 우는 사람은 불행하다"라고 하였다. 실제로 웃음치료라는 것을 통해서 암 같은 불치병에서 벗어난 사람이 많다고 한다.(김병완, 앞의 책 143면-)

아마존 밀림에서 사는 피다한족은 행복을 좇지 않지만, 마냥 행복하게 살아가고 있다고 한다. 이들에게는 행복이란 말조차 없으며, 행복하기 위한 최소한의 조치인 음식을 저장하거나 인생의 계획을 세우지도 않는다. 그럼에도 그들은 마냥 행복하게 살아가고 있다는 것이 MIT 연구원들의 조사결과 확인되었다. 그들의 웃는 시간은 세상의 어떤 집단보다도 많았고, 가족이 죽어도 울지 않았으며, 소유라는 개념이 없이 참으로 단순하게 현재만 중시하고 항상 웃으면서 살고 있었다고 한다.(김병완, 앞의 책 178면)

비트겐슈타인의 검소한 삶

비트겐슈타인(Ludwig Wittgenstein)은 1889년 4월 26일, 오스트리아의 수도 빈에서 아버지 카를과 어머니 레오폴디네 사이에서 5남 3녀의 막내아들로 태어났다.

아버지는 미국으로 건너가 바텐더, 야간 경비, 학교 교사 등을 하면서 다양한 경험을 쌓은 후 귀국하여 철강업을 하여 크게 성공하였다.

그는 14세 때까지 가정교사에게 교육을 받았다. 그 후 그는 린쯔에 있는 중학교에 들어가서 공부하고, 17세에는 베를린공업학교 기계공학과에 입학하여 공부하였다.

♦ **비트겐슈타인**(위키미디어)

19세에는 영국으로 건너가, 맨체스터대학교 기계공학과에 등록하여 3년간 항공학을 공부하였다. 그는 프로펠라 설계를 위해서 수학이 필요하였으므로 러셀의 『수학원리』를 읽었는데, 큰 감명을 받았다.

1911년(22) 가을에는 러셀이 강의(철학)하고 있는 케임브리지대학교로 옮겨서 1913년 가을까지 5학기 동안 러셀에게 강의를 들었다. 첫 학기가 끝났을 때 그는 러셀을 찾아가서 자기가 '바보천치가 아닌가?'를 말해주라고 하였다. 이에 러셀은 "왜 그것을 내게 묻는 거냐?" 하고 반문하자, 그는 "만일 제가 바보천치라면 비행사가 되고, 그렇지 않으면 철학자가 되렵니다"라고 하였다. 이에 러셀은 방학 동안에 철학에 관한 논문을 써오라고 하였다. 새 학기에 그가 논문을 써오자, 러셀은 논문의 첫 장만 읽어보고, "자네는 비행사가 되어서는 안 되겠어!"라고 하였다.

1913년(24) 초에 아버지가 암으로 돌아가시자, 오스트리아 제1부호였던 아버지의 유산이 그에게 분배되었는데, 문인들에게 희사해버렸다. 이것은 톨스토이의 글을 읽고, 검소하게 살기로 마음먹었기 때문이라 한다.

1914년 제1차 세계대전이 일어나자마자, 오스트리아군에 지원하여 포병 장교로 전투에 참여하여 수차례 훈장을 받았다.

1918년(29)에는 11월 휴전이 성립된 지 2일 후에 이탈리아군의 포로가 되었다. 참전 중에 그는 떠오르는 생각을 그때그때 메모해 두었는데, 포로수용소에 있는 동안에 이를 정리하여 『논리 철학 논고』의 원고를 러셀에게 보냈다. 이것은 매우 난해하여 러셀 이외에 아무도 그 내용을 이해하지 못하여 출판을 해주는 곳이 없었다. 1921년 가을에 러셀의 추천으로 잡지에 게재되었다.

이 책에서 그는 당시 어떤 재판에서 교통사고에 관계된 길 · 자동차 · 사람들 · 주위 건물 등을 모형으로 만들어 놓고 재판을 했는데, 여기서 힌트를 얻어 그 모형들을 언어로 대치하게 되면 결국 언어가 사실에 대한 그림 역할을 하게 된다고 하였다.

1919년(30) 8월에 석방되어 빈으로 돌아왔다. 9월부터 이듬해에 걸쳐 초등학교 교사 양성소에 들어가 교육을 받아, 벽촌에 있는 트라텐바흐의 초등학교 교사가 되었다. 그는 가장 작은 방을 골라 세를 얻어 살면서, 나라의 공식 교재가 아닌 자기가 만든 교재로 재치가 넘쳐나게 가르쳤다. 그러나 학부모들이 이를 불안해하였으므로 사임하였다.

1926년(37) 4월 빈으로 돌아갔는데, 6월에 어머니가 돌아가셨다. 가을부터는 셋째 누나의 저택을 설계하여 건축하는 데 2년을 보냈다.

그 후 슐리크와 카르납 등의 빈학단 회원들과 만나게 되어 철학에 대한 자극을 받아 철학을 등진 지 10년 만에 케임브리지대학에 등록하였다. 케임브리지대학은 그의 전쟁 전 등록을 인정하여, 그에게 학위 논문을 위한 자격을 부여해주고, 『논리 철학 논고』를 심사해서 1929년 6월에 철학박사학위를 수여

하였다. 이듬해에는 철학과 강사가 되었다.

1936년(47)에는 노르웨이로 가서 1년 동안 오두막에서 살면서, 전심전력을 다하여 『철학적 탐구』(188절까지)를 쓰기 시작했다.

이듬해 말에는 다시 케임브리지로 돌아가서 강의를 하였다.

1938년(49)에 히틀러가 오스트리아를 합병하자 영국에 귀화하였다. 이듬해에는 무어가 퇴직하자 그 후임으로 철학과 교수가 되었다.

1940년(51)에 제2차 세계대전이 일어나자, 영국군에 지원해서 런던의 한 병원에서 간호보조원으로, 혹은 실험실에서 기술자로 일하였다. 1944년 봄, 전쟁이 끝나자 대학으로 복귀하여 강의하였다.

1947년(58) 12월에는 철학연구에 몰두하려고 교수직을 사임하고, 아일랜드 서해안 갈웨이에 있는 한 오두막으로 가서 사색과 저술에 전념하였다. 1948년에는 『탐구』 1부를 완성하였다.

1951년(62) 4월 29일, 암으로 케임브리지에서 생을 마쳤다.

그는 평생을 독신으로, 그리고 금욕주의적인 간소한 삶을 살았다. 그는 모자를 쓰거나 넥타이를 매거나 하는 형식적인 옷차림은 거의 하지 않았는데, 학교 근처의 숙소에서 연구하다가 시간이 촉박하면 슬리퍼를 신고 잠옷 바람으로 강의실에 들어가서 강의를 하곤 하여 교수의 품위를 손상한다고 말성을 부리자 총장이 사표를 받았다. 그러자 학생들이 총장이 물러나라고 시위를 함으로써 다시 복귀하기도 하였다.

그의 집에는 침대와 테이블, 나무의자가 그의 가구의 전부였다. 그는 그림이나 사진 한 장도 없는 그의 황량한 방에서 언제나 딱딱한 나무 의자에 앉아서 사색을 즐겼다.

그는 20세기에 가장 탁월한 철학자로 인정받게 되어 20세기의 철학계의 영웅으로 불리기도 하였다. 그의 『논리 철학 논고』는 이미 현대철학의 고전이 되었다.(정진일, 『서양철학사』 비트겐슈타인)

5. 행복한 사람은 감사한다

1) 전술한 바와 같이 사람은 누구나 다른 동물들과는 달리 미숙아로 태어나서 오랫동안 부모와 스승들을 비롯한 많은 사람들의 도움을 받으면서 살아가고 있다. 그러므로 우리는 도움을 준 사람들에 대한 은혜를 알고 감사해야 한다. 그래서 불교는 지은(知恩) · 보은(報恩)을 중시하고 있으며, 유교에서는 '부모에게 효도하라'는 등 사람들을 '사랑하고 배려하라'는 인(仁)의 덕을 실천하라고 하였다.

다시 말하면 사람은 감사하는 마음으로 다른 사람들에게 베풀어서 행복하게 해주는 가운데, 나 자신도 참된 행복을 느끼게 된다는 것이다. 우리 인간의 존재 목적은 단순하게 자기만 먹고 마시고 즐기면서 사는 삶이 아니라, 나를 도와준 사람에게 감사하고 그 은혜에 보답함으로써, 그리고 더 나아가서 다른 사람이나 사물들을 사랑하고 배려함으로써, 혹은 남을 행복하게 해줌으로서 의미 있고 가치 있는 행복한 삶을 살게 된다는 것이다.

2) 행복도가 높은 사람들의 공통된 특징 가운데 하나는 자신에게 주어진 것에 항상 만족하면서 모든 일에 감사하고 모든 사람들에게 감사할 줄 아는 사람이라고 하였다. 찰스 스펄전은 "불행할 때에도 감사하면 불행이 끝나고, 행복할 때에 감사하면 행복이 연장된다"라고 하였다. 그리고 칼 힐티는 "감사하라! 그러면 젊어진다. 감사하라! 그러면 발전이 있다. 감사하라! 그러면 기쁨이 있다"

라고 하였다.[155]

'몸도 아프고, 잘 되는 일도 없이 고통스럽고 불행하게 하루하루를 살아가는 사람들에게 감사할 것이 무엇이 있겠느냐?'고 말할 사람도 있겠으나, 일찍이 1885년에 우리나라에 와서 일생 동안 장애자들을 돌보면서 선교활동을 하였던 언더우드의 기도문을 보면 건강한 우리들은 우리의 생을 감사하지 않을 수 없으며, 행복하다고 하지 않을 수 없을 것이다.

155 김병완, 앞의 책 152면 이하.

언더우드의 삶과 기도문

언더우드(H.G. Underwood)는 1859년에 영국 런던에서 아버지 존과 어머니 엘리자베스 사이에서 6남매 중 4남으로 태어났다.

그는 소년학교를 졸업하고 개인지도를 받아 공부하고, 23세 때에는 아버지를 따라 미국으로 이주하였다.

1881년에는 미국의 뉴욕대학교에 입학하여 4년 후에 졸업하였다. 그 후 뉴브런츠윅에 있는 신학교에 입학하여 졸업하고, 석사학위를 받고 목사 안수도 받았다.

1884년 미국 장로교 선교본부에서 우리나라 최초의 장로교 선교사로 임명받아, 그해 말에 한국에 도착하였다. 이듬해 제중원에서 근무하였다.

1886년에는 고아원을 설립하고, 이것을 경신학교로 발전시켰다. 그 후 평안도지방을 순회 전도하였고, 한국 최초의 교회인 정동교회(새문안교회)를 설립하였고, 성서번역위원회를 조직하여 성서를 번역하였다.

1889년에는 『한국어문법』과 『한영사전』을 간행하고, 제중원 여의사 릴리어스 호튼과 결혼하였으며, 이듬해에는 아들 원한경을 낳았다.

그 후 건강이 악화되어 미국으로 건너갔는데, 뉴욕대학에서 명예신학박사학위를 받았다. 그 후 명예법학박사도 받는다.

1897년에는 주간지인 『기독교신문』을 창간하였으며, 1903년 기독청년회(YMCA) 조직하였다. 1910년부터 2년간 경신학교 교장을 하였고, 그 후 조선 예수교 장로회 회장에 취임하였다.

1915년에는 경신학교에 대학부를 세웠으며, 2년 후에는 연희전문학교로 인가받았다. 이것이 연세대학교의 전신이다.

1916년 신병으로 미국으로 가서 치료를 받았으나 결국 그곳에서 별세하였다.

그는 일제시대에 그들로부터 여러 가지로 협박과 괴롭힘을 받았음에도 전혀 두려워하거나 굴하지 아니하고, 우리나라를 위하여 헌신적으로 노력하여 우리나라의 종교, 정치 등에 커다란 공헌을 하였으며, 여러 곳에 병원을 세워 가난한 사람들을 구제하였다. 특히 그는 교육만이 암울한 우리의 미래를 밝힐 수 있다고 생각하여 이에 전력투구하였다.[156]

기도문

걸을 수만 있다면 더 큰 복을 바라지 않겠습니다. …

설 수만 있다면 더 큰 복은 바라지 않겠습니다. …

들을 수만 있다면 더 큰 복은 바라지 않겠습니다. …

말할 수만 있다면 더 큰 복은 바라지 않겠습니다. …

볼 수만 있다면 더 큰 복을 바라지 않겠습니다. …

살 수만 있다면 더 큰 복을 바라지 않겠습니다. …

부자가 되지 못해도 … 날마다 감사하겠습니다. …

…[157]

---

156 아광린, 『초대 언더우드 선교사의 생애』 257면 이하.

157 장영석, 『행복과 교육』 124면.

6. 행복한 사람은 용서한다

행복한 사람은 나를 배신한 사람, 돈 떼먹고 도망간 사람 등 사람으로서 차마 할 수 없는 짓을 나에게 행한 사람을 용서하는 사람이다. 하버드 의대 교수 조지 베일런트는 "용서란 정확하게 말하면 나에게 해를 가한 사람에게 분개, 부정적 판단, 무관심한 행동 등을 행할 권리를 자진해서 포기하고, 가해자를 향해서 연민과 관대함 등을 마음에 품는 것을 말하는 것이다. 그러나 이것은 가해 사실을 망각한다거나 가해자를 너그러이 봐주는 것을 의미하지는 않는다. 즉 과거의 고통을 제거하는 것은 아니고 미래의 고통을 제거하는 것뿐이기 때문이다. 그렇게 하게 되면 놀랍게도 우리는 복수의 갈망을 불태우는 증오에서부터 벗어날 수 있으며, 그렇게 함으로써 마음에 보다 더 큰 평화가 찾아올 수 있게 되며, 따라서 더 행복해질 수 있다"라고 하였다.[158]

남아프리카 공화국의 만델라는 백인정권에 의하여 억울하게 27년이라는 긴 세월을 죄도 없이 억울하게 감옥생활을 하고 난 후에, 대통령에 당선되어 권력을 잡았다. 그는 자기의 원수들을 모두 용서하고, "이 나라에 복수와 앙갚음과 보복은 있을 수 없습니다. 우리는 함께 인종차별이 없는 남아공을 건설해야 합니다"라고 선언하고, 평화로운 남아공을 건설하였으며, 노벨평화상을 수상하고, 행복한 생애를 마쳤다.

---

158 조지 베일런트, 김한영 옮김 『행복의 완성』 117면.

달라이 라마는 “모든 생명체와 마찬가지로 모든 인간은 자신의 행복을 최대의 목표로 삼는다. 그러므로 우리는 진정한 행복이 어디서 오는 것인가를 잘 알아서 그것들을 키우는 일에 힘을 기울여야 하며, 그것에 해가 되는 것들을 뿌리 뽑아야 한다”라고 했다. 즉, 우리들 가운데 많은 사람들은 상처와 고통을 끌어안고 미움과 질투와 원한의 감정을 가지고 살아가는데, 이러한 생각들을 뿌리 뽑아버리고, 친절 · 관용 · 용서 같은 긍정적이고 건강한 마음을 갖도록 해야 한다고 하였다.[159]

그는 또 나를 고통스럽게 하고 상처를 준 사람에게 미움이나 나쁜 감정을 키워나가면 내 마음의 평온만 깨어질 뿐이다. 하지만 내가 그를 용서한다면 내 마음은 그 즉시 평온해질 것이며, 진정으로 행복하게 될 것이라 하였다.

그는 ‘나에게 상처를 안겨준 이들을 용서하는 것은 쉬운 일이 아니지만, 용서하면 자연히 자신의 마음도 평온해지며, 그렇게 되면 행복한 삶에 이를 수 있게 된다’고 말하였다.

159 달라이 라마, 류시화 옮김 『달라이 라마의 행복론』 324면.

달라이 라마의 삶과 용서

달라이 라마(티베트 불교인 라마교의 宗正의 명칭)는 1933년에 티베트 동북부의 작은 마을에서 소작농의 아들로 태어났다. 이름은 라모 톤둡이며, 1933년에 제13대 달라이 라마가 죽자, 제14대 달라이 라마로 선정되었다. 그리하여 포탈라 궁에서 라마교의 종정을 잘 수행할 수 있는 여러 가지 교육을 받으며 성장하였다.

1945년에 티베트는 중국의 국민당 정부로부터 독립하였다가, 1949년 마오쩌뚱이 중화인민공화국을 세운 뒤 티베트 정부에 대하여 중국의 일부로서 지역자치를 권유했으나 이를 거부하자, 중국은 티베트를 무력으로 점령하고 말았다.

1959년에 티베트에서 민중 봉기가 일어났다. 그러자 중국 정부는 티베트 민중을 12만 명이나 학살하였다. 그리고 6,000여 개의 불교사원과 수많은 불상 등 인류문화유산을 무자비하게 파괴하였다.

그는 국제적 지원과 티베트 독립운동을 지속하기 위하여 인도로 망명하였다. 이때 10만여 명이 그를 따랐다.

달라이 라마는 인도의 동의를 얻어서 인도의 동북부 히말리아 산맥 기슭의 다랑살리에 티베트 망명정부를 세우고, 1963년 티베트 헌법을 기초하고, 수공예공장, 예술학교 등을 설립하여 티베트 문화의 정체성을 지켜나가면서 티베트 독립운동을 전개하였다. 1989년에는 노벨 평화상을 받았으며, 1994년에는 루즈벨트 자유상 등 많은 상을 받았다.

용 서

그는 "나의 조국 티베트는 파괴와 죽음과 여러 가지 불행한 일이 일어난 땅입니다. 그것은 말할 수 없이 고통스러운 경험이었습니다. 그렇다고 복수를 한다는 것은 더 큰 불행을 낳게 됩니다. 따라서 더 넓은 시각에서 생각해야 합니다. 용서는 당신에게 과거를 잊어버리라는 뜻이 아닙니다. 하지만 나는 용서하는 것만이 유일한 길이라 생각합니다"라고 하였다.(달라이 라마 외, 류시화 옮김『용서』 130면 이하)

그리고 그는 또 다음과 같이 말하였다. "나를 고통스럽게 만들고 상처를 준 사람에게 미움이나 나쁜 감정을 키워 나간다면 내 자신의 마음의 평화만 깨어질 뿐이다. 하지만 그를 용서한다면 내 마음은 평화를 찾을 것이다. 용서해야만 진정으로 행복해질 것이다."[160]

---

160 달라이 라마 외, 위의 책 뒷 표지.

7. 웃음(미소)은 행복을 가져다준다

데일 카네기는 "웃음 곧 미소는 '나는 당신을 좋아해요. 당신 덕분에 정말 행복해요. 당신을 만나서 기뻐요'라고 말하는 것과 같다"라고 하였다.

웃음은 많은 종류가 있으나, 여기서는 웃음은 기쁜 상태에서 우러나오는 자연스러운 웃음을 가리킨다. 그래서 데일 카네기는 "마음에도 없는 거짓 웃음, 기계적인 웃음은 도리어 불쾌한 마음이 들게 한다. 마음에서 우러나는 따뜻한 미소만이 천만금의 가치를 갖는 것이다"라고 하였다.

앞에서도 언급한 바와 같이 과거 우리나라에서는, 웃음은 그 사람의 인격을 저락시킬 우려가 있다고 하여 웃지 않으려고 하였다. 그러나 웃음은 인체에서 엔도르핀, 세르토닌 등 유익한 호르몬을 분비하고, 종양이나 바이러스 세균 등을 억제하는 면역력을 높여주며, 스트레스 해소에 도움을 주며, 손상된 세포를 복구해주고, 더 나아가서 두뇌를 활성화시켜 기억력과 집중력을 강화시켜준다고 한다.[161]

또한 사람이 웃을 때(헛웃음일지라도)에는 전신의 신경이 활발히 움직여서, 위에서 위액이 많이 분비되어 소화기능이 왕성해지는 등 건강에 매우 유익하다고 한다. 카사데발 교수는 크게 웃으면 650개의 근육과 206개의 뼈마디가 움직여 체온이 올라가는데, 체

161 최문환 외, 『사회와 가정』 319면 참고.

온이 1도만 올라가도 면역력이 500~600% 올라간다고 하였다.[162] 그리고 화이트는 질병의 90%는 마음에서 발생하므로 웃음이 건강에 중요하다고 하였다. 그래서 웃음은 어떤 병도 치유할 수 있는 강력한 약이 된다고 하였다.

의대교수 버크와 탠은 10명에게 1시간짜리 배꼽 잡는 비디오를 보여주고 혈액 속의 면역체 증감을 관찰한 결과 항체가 많이 분비되었음을 확인하였다. 그 후 미국의 550개가 넘은 병원에서 간호사 웃음부대를 운영하고 있다고 한다.[163]

이와 같이 웃으면 건강하게 되는 것은 물론 더 나아가서 기억력과 집중력이 향상되며, 낙관적이 되어 하는 일도 즐겁게 할 수 있다고 한다. 그러므로 성공하려면 웃을 환경이 아니라도 매일같이 거울을 보고 웃으면서 '나는 성공할 수 있다' '나는 행복하다'는 등의 구호를 조용히 그러나 힘차게 다짐하기를 권하는 사람도 있다.

그런가 하면 세계 최고 장수촌으로 알려진 파키스탄의 북부 훈자마을 사람들에게는 장수 유전자인 폭소(爆笑) 유전자가 있어서 마을 사람들이 모두 항상 자주 웃으며 살고 있는데, 100세 이상의 노인이 가장 많으며, 60세가 넘은 여자도 출산한 예도 있다고 한다.

---

162 박봉주, 『유머를 알면 인생이 바뀐다』 145면.

163 이종목, 『행복이야기』 209면-.

크리스마스의 미소

(이 글은 크리스마스 기간 동안 뉴욕의 어느 백화점 광고문에 실린 글의 일부이다.)

미소는 돈 한 푼 들이지 않고도 많은 이익을 냅니다.
미소는 아무리 주어도 줄지 않고 받는 사람은 부유해집니다.
미소는 한순간이지만 때로는 영원히 기억에 남기도 합니다.
미소 없이 살아갈 만큼 부자인 사람은 없고,
미소를 누리지 못할 만큼 가난한 사람도 없습니다.
미소는 가정을 행복하게 하고,
미소는 사업을 번창하게 합니다.
미소는 우정의 암호이고,
지친 사람에게는 휴양이며,
실의에 빠진 사람에게는 빛이 되고,
슬픈 사람에게는 희망이 되고,
고민하는 사람에게는 위로가 됩니다.
미소는 모든 문제에 대한 자연의 묘약입니다.[164]

164 데일 카네기, 정재헌 옮김 『인간관계론』 86면.

8. 행복은 가까운 곳에 있다

인간은 자아를 실현하는 존재이므로 누구나 성공하기를 원한다. 그러나 성공 특히 능력에 미치지 못한 큰 성공을 바라는 사람들이 모두 성공할 수는 없으므로 문제가 있다. 성공이 행복이라고 생각하는 사람에게 실패는 불행이 될 것이다. 그러나 행복은 마음의 문제이므로 그가 어떻게 스스로 만족할 수 있는가에 따라 누구나 행복할 수도 있는 것이다.[165]

다시 말하면 대부분의 사람은 성공을 추구한다. 그리고 모든 사람들은 자기가 갖지 못한 것을 욕구한다. 그러나 그러한 추구와 욕구가 실패와 절망으로 떨어졌다 할지라도 그 속에서 즐거움과 만족을 발견하고 이를 스스로 즐길 줄 안다면 그는 행복의 지혜를 가진 사람이라 할 것이다.[166]

흔히 사람들은 행복을 멀리 떨어져 있는 무지개와 같은 것, 곧 잡았다고 생각하면 잡힌 것이 아니라 더 한층 먼 곳에서 손짓하고 있다고 생각한다. 그러나 행복은 결코 무지개처럼 멀리 떨어져 있는 것이 아니다. 행복은 항상 자기 자신의 마음속에 있을 뿐이며, 결코 도망갈 수도 없는 것이기 때문이다.

모리스 마테를링크의 『파랑새』는 사람들이 흔히 바로 자기가 가지고 있는 즉 가까이 있는 자신의 행복을 버려두고, 남이 가지고

---

165 조연현, '행복의 사상', 김소운 외, 『행복』 43면.

166 조연현, 위의 책 44면.

있는 혹은 커다란 행복만이 행복인 것으로 알고 밖에서 찾으려고 하므로 그것을 찾지 못한다는 것을 잘 말해주는 이야기이다.

크리스마스 전날 밤, 가난한 나무꾼의 오두막에 사는 치루치루(오빠)와 미치루(여동생)가 행복의 상징인 파랑새를 얻으려고 여행을 떠나서 여러 곳을 돌아다닌다. 그들은 자기 집에서 파랑새를 기르고 있었으나, 그 날개의 빛이 그다지 파랗지 않았으므로 보다 더 파란 새 곧 행복의 새를 구하기 위하여 여행을 떠났던 것이다.

그들은 추억의 나라에서 파랑새를 얻었으나 현실로 돌아오자 곧 바로 죽어버렸고, 그리고 밤의 궁전에서 잡은 파랑새는 대낮의 햇빛을 보자마자 까맣게 되어버렸다. 그들은 결국 파랑새를 얻지 못한다. 집에 와서 보니 자기 집 새장의 새가 파란 색으로 빛나고 있었다.

이 이야기는 행복은 가까운데 있으므로 나의 일상사, 곧 내가 더불어 살면서 마주 대하는 가족들과 이웃들과 친지들과 더불어 일하고 살아가는 일상의 생활 속에서, 곧 사랑하며 즐겁게 일하는 가운데 있다는 것을 말한 것이라 할 수 있다.

어떤 여인의 행복

(이 글은 딸은 다른 곳으로 시집 보내고, 아들은 취직해서 도시로 나가고, 노부부 단둘이서 프랑스의 한 산골짜기에서 농사를 지으며 살고 있는 노부인과 나눈 대화이다. — 알베레스, 정명환 옮김 『20세기 지적 모험』 91면)

여로에 올랐던 알프레도 판치니는 우유를 한 잔 청하려고 길거리에서 걸음을 멈추었다. 가난한 사람의 행복을 찾아보고 싶었던 것이다. 그는 어느 초가삼간에 안내를 받아 들어갔다. … 그가 에그 밀크 한잔을 얻어 마시면서 그 노부인에게 물었다.

"어디서 배우셨길래 이렇게 맛있게 끓이셨소?"

"20년 동안 남의 집에서 살았답니다." …

"그럼 주인 양반은?"

"밭에 타작하러 나갔답니다."

"그게 할머니네 밭이어요?"

"네, 우리 내외를 파묻기에도 부족한 좁은 땅덩어리지만…."

"이 집도 역시 할머니네 것인가요?"

"이 오막살이 말씀이죠? 네, 그렇습죠." …

"그러면 참 행복하시겠군요?"

"아아, 행복하다니요! 그저 편안하게 지낼 뿐이죠."

마치 편안하게 지내는 것만으로는 행복이 아니라는 듯한 말투였다.

제5절

✦

철학과 함께하는 행복한 삶

1. 사랑하고 배려하는 삶

1) 대체로 사람들은 남녀가 만나 사랑하면서 결혼하여 자식을 낳아 부모가 되고, 부모는 자식을 사랑하면서 양육하는 가운데 즐거움과 보람을 느끼면서 행복하게 살아가고 있다. 즉 개인은 이러한 욕구를 성취하는 가운데서 행복한 삶을 살아간다. 그러나 여기서 만족하지 못하고, 자신이 속해 있는 공동체(이웃, 지역사회, 국가, 인류 등)의 성장을 성취하는 가운데 보다 더 큰 행복을 얻기도 한다.

특히 철학이나 종교에서는 자신의 개인적 욕구의 성취에서 한 걸음 더 나아가서 공동체에 대한 욕구를 성취하게 될 때, 더 큰 행복을 얻는다는 것이다. 나의 욕망만을 추구하는 이기적 행동에서는 깊은 보람을 느끼기 어렵지만, 크건 작건 간에 남에게 베풀고 봉사하는 이타적 행동에서 보다 큰 행복을 얻을 수 있다는 것이다.

플라톤은 "다른 사람을 행복하게 할 수 있는 사람만이 진정한 행복을 얻을 수 있다"라고 하였다. 그리고 아리스토텔레스는 인간은 동물과 마찬가지로 자기보존 본능과 종족보존 본능을 가지고 있으나, 순전히 감각적인 동물들과는 달리 영혼 내지 이성을 가지고 있어서, 동물적 자기보존 본능과 종족보존 본능의 충족만으로 만족과 행복을 얻을 수 없고, 무엇인가 의미가 있고 가치가 있으며 보람 있는 일, 곧 남을 사랑하고 배려하는 선한 일을 행함으로써 커다란 행복을 얻을 수 있다고 하였다.

예수는 "네 이웃을 사랑하라!"라고 하였으며, "겉옷을 빼앗아가거든 속옷도 거절하지 말라!"라고 하였다. 그런가 하면 봉사의 본보기를 보이기 위하여 제자들의 발을 씻어주기도 했다.

노자는 지나친 욕망을 버려야 한다고 하고, "나에게는 세 가지 보배가 있다. 자애로움과 검약함과 겸손함이 그것이다"라고 하였으며, "검약하기 때문에 널리 베풀 수 있다"라고도 하였다.

석가는 탐욕을 버리고, 모든 중생에게 자비를 베풀라고 하였다. 대승불교에서는 해탈 · 열반에 이르기 위하여 행해야 할 6바라밀 중에 실천 덕목으로 보시(布施) 곧 남에게 베푸는 것을 첫째 덕목으로 제시하여 그것을 행할 것을 역설하고 있다. 그리고 또 오만하고, 난폭하며, 무자비하고, 친구를 배신하며, 인색하여 누구에게도 베풀지 않는 사람은 비천한 사람이라고 하였다

공자는 사람은 누구나 선천적으로 '사랑하고 배려하는 마음' 곧 인의 덕을 간직하고 있으므로 그것을 두텁게 하여 사람을 사랑하

고 배려해야 한다고 하였다. 다시 말하면 부모를 비롯한 다른 사람들로부터 받은 은혜에 보답할 것은 물론 더 나아가서는 남을 위해서 자기를 희생해서라도 인을 행하라(殺身成仁)고도 하였다.

요컨대 사람은 보다 더 큰 행복한 삶을 얻기 위해서는 부모 형제를 사랑하고 배려하는 것은 물론 이웃과 공동체, 그리고 다른 존재들까지도 사랑하고 배려해야 한다는 것이다.

2) 55세 때에 세계 제1의 부호였지만, 당시까지는 악덕 기업주였던 록펠러는 (1년을 넘기지 못할 것이라는) 진단을 받기 위해 병원으로 들어섰을 때, 로비에 '베푸는 자에게는 복이 온다'고 쓰여 있는 글귀가 시야에 들어왔다. 그때 원무과에서 돈이 없는 가난한 어머니가 딸을 입원시켜 살려 달라고 애원하고 있는 것을 보고 비서를 시켜 익명으로 입원치료비를 대납해주었는데, 그 후 그 소녀가 병원 치료를 받아서 목숨을 구했다는 소식을 전해 듣고, "나는 지금까지 살면서 이렇게 행복한 삶이 있는지 몰랐다"라고 하였다. 그는 그 후 수많은 기부를 했는데, 자신의 (불치)병도 낫게 되어 98세의 장수를 누리며 행복한 삶을 마쳤다고 한다.[167] — 마르타 자라스카는 자원봉사자는 22%까지 사망위험도를 낮춘다고 하였다.[168]

167 이우영, 『록펠러와 세계의 부호들』 148면.

168 마르타 자라스카, 『건강하게 나이 든다는 것』 59면.

사랑과 배려의 상징, 젓가락 문화

이어령 교수는 서양 지식인들이 동아시아 유교국가의 성장의 원동력이라고 지적하는 교육열 · 근면 · 저축 등은 유교의 본질적인 것이 아니고, 인(仁)이 유교의 본체에 해당하는 것이라고 하였다.

그는 또 젓가락 문화는 바로 인의 마음 곧, 음식을 만드는 사람이 그것을 젓가락으로 먹기 좋게 썰어 놓았기 때문에 생겨난 것이라고 하였다. 만약 음식을 만드는 사람이 음식을 잘 썰어 놓지 않았다면 우리나라에도 서양에서와 마찬가지로 전쟁 도구인 삼지창과 검을 본떠서 만든 포크와 나이프 같은 살벌한 도구가 우리 식탁에도 올라왔을 것이라고 하였다.[169]

우리나라와 중국과 일본의 세 나라 가운데 우리나라만 유일하게 수저와 젓가락을 동시에 사용하고 있다. ― 한국을 방문했던 노벨상 수상작가 펄 벅이 한식당에서 어린 학생이 숟가락으로 밥을 먹고 젓가락으로 콩자반을 집어먹는 것을 보고 '저것은 서커스다'라고 했다고 한다.

그리고 우리의 젓가락은 쇠 젓가락이기 때문에 술을 마시고 흥이 나면 젓가락으로 그릇이나 상을 두드리며 노래를 부르며 살아왔다.

(나무젓가락을 사용하는 중국에서는 연간 약 450억 개의 나무가 잘려 나가므로 2006년부터는 나무젓가락에 세금을 물린다고 한다.)

아무튼 프랑스 기호 학자 롤랑 바르트는 서양 사람들이 포크와 나이프로 음식을 먹는 것은 고양이가 발톱으로 먹이를 갈기갈기 찢어서 먹는 것 같이 매우 살벌하며, 동아시아 사람들이 젓가락으로 음식을 집어먹는 것은 마치 새가 부리로 모이를 쪼아 먹는 것처럼 매우 평화스럽다고 하면서, 동양 유교 국가들

---

169 이어령 외, 『21세기의 도전, 동양윤리의 응답』 17면 이하.

의 젓가락 문화를 높이 평가하였다.[170]

이와 같은 인 곧 사랑과 배려를 상징하는 젓가락 사용의 장점을 들어보면 첫째로, 젓가락을 사용하면 손가락뿐만 아니라 손목과 팔꿈치까지 30여 개의 관절과 60여 개의 근육이 움직이므로 포크를 사용하는 것보다 두 배나 많은 근육운동이 되고, 두뇌의 발달을 촉진한다고 한다.

그리고 2005년 6월 17일 EBS TV에서 방영한 바에 의하면 즉, 초등 1년생을 대상으로 나무젓가락과 포크와 쇠젓가락(한국)을 사용하게 한 후에 뇌파를 조사하였는데, 쇠젓가락을 사용한 학생의 집중력이 가장 높았으며, 기억력과 정서를 담당하는 측두엽이 30~50% 이상 활성화되는 것이 확인되었다고 한다.

그리고 한국의 젊은 피아니스트들이 국제무대에서 뛰어난 활약을 펼치게 된 이유 가운데 하나로 유연한 손재주를 들었으며, 일찍이 삼성전자에서 1993년부터 반도체 세계 판매 1위를 지속적으로 지키고 있는 것은 우리의 젓가락 문화를 비롯한 공동식생활(한식) 청결문화(온돌)로 말미암은 것이라고 발표한 적이 있다.

170 이어령 외, 앞과 같음.

2. 희생하고 봉사하는 삶

인류의 역사를 살펴보면 수많은 사람들이 이렇게 ‘사랑하고 배려하는 삶’을 살아왔을 뿐만 아니라, 이런 차원을 뛰어넘어서 자신을 버리고 완전히 남을 위하여 헌신적인 노력과 희생과 봉사로 살아간 사람들도 많았음을 알 수 있다. 다시 말하면 다른 사람을 위해서 자신의 몸을 바친 살신성인(殺身成仁)을 실천한 사람도 많았다. 그중에서도 가장 대표적인 사람으로 슈바이처를 들 수 있을 것이다. 그는 아프리카 가봉의 오지로 가서 수많은 병자들을 사랑으로 치료하는 데에 온 몸을 다 바쳤다.

♦ 다산학의 산실인 다산초당 (강진)

우리나라에서도 남을 위하여 희생과 봉사를 행한 분들이 많지만, 특히 유교의 이념 특히 맹자가 역설한 ‘임금은 대단치 않고 백성이 가장 귀하다’는 민본 사상 내지 민주사상을 받아들여, 나라의 주인인 백성을 위하여 충(忠)과 성(誠)을 다한 세종대왕, 왜적의 침략을 막아내어 나라 곧 백성을 위하여 살신성인을 실천한 이순신 장군, 간신배들의 모략과 박해(18년 귀양)를 꿋꿋하게 이겨 내고 인내하면서, 오직 나라 곧 백성을 위하여 많은 책을 써서 실학을 완성하는 등 커다란 업적을 남긴 정약용 선생은 우리를 감동시킨다.

세종대왕께서 창제하신 한글로 말미암아 우리는 이루 말할 수 없는 혜택을 받고 있으며, 오늘날 우리나라는 명실상부한 선진국으로 대접을 받고 있다. 그리고 이순신 장군이 임진왜란 때 일본의 침략을 분쇄하지 못하였다면 어떻게 되었을까? 만일에 정약용 선생의 지혜를 활용하고 충고를 받아들였더라면 어떻게 되었을까?

법정 스님은 "남도에 내려간 김에 전남 강진에 있는 다산초당에 들렀다. 나는 이곳을 열 번도 넘게 찾았었는데, 세상일이 답답할 때면 다산 같은 이 땅의 옛 어른이 몹시 그리워지기 때문이며, 꼿꼿한 기상으로 시대의 어둠을 헤쳐 나간 그 자취가 그립기 때문이다"라고 하였다.

슈바이처의 삶과 생명외경의 실천

♦ **슈바이처** (위키미디어)

슈바이처는 1875년 독일 알자스의 한 교회 부목사인 아버지 루드비히 슈바이처와 어머니 아델 사이에서 태어났다. 11세에는 그곳의 김나지움(중고교 병합)에 입학하여 좋은 성적으로 졸업하였다. 이때 그는 진로를 생각한 끝에 30세까지만 자신을 위해서 살고 30세 이후에는 다른 사람을 위하여 살기로 목표를 세웠다고 한다.

19세에는 파리의 스트라스부르 대학에 입학하여 철학을 공부하고 1년간은 파리에 가서 음악을 공부하기도 하였다. 29세에 철학박사학위를 받았으며, 그 후 신학박사 학위도 받았다. 그 후 교회의 목사가 되었고, 스트라스부르 대학의 신학부 강사가 되기도 하였다.

그는 30세가 되자 아프리카에 의사의 도움이 필요하다는 광고를 보고, 의사가 되어 아프리카로 가기로 결심하였다. 이를 말하자, 부모는 물론 동료교수들까지도 반대하였다. 그는 이들을 설득하여 35세에 의과대학에 입학하여, 한편으로는 교수로서 강의하면서, 다른 한편으로는 6년간 의학을 공부하여 의사가 되었다.

이듬해에는 그동안 간호학을 공부한 헬렌과 결혼하고, 2년 동안 병원을 짓고 병원 기구를 구입하고, 치료할 비용 등을 확보하기 위한 모금을 하였다. 그리고 프랑스 식민지였던 아프리카 가봉 공화국의 작은 도시 오고우 강변의 랑바레네로 갔다. 강변에 있는 부서진 닭장을 개조하여 병원으로 만들고, 이

질 · 말라리아 환자를 비롯하여 나병환자들까지 치료하면서 무더위와 열악한 풍토환경, 그리고 심지어 식인종까지 있는 낯선 곳에서 수많은 장애와 싸우면서 이겨 나갔다.

제1차 세계대전이 일어나자, 그는 귀국하여 7년 동안 저술과 강연 등으로 자금을 모았다.

전쟁이 끝나자 다시 병원으로 가서 병원을 증축하고 환자들을 치료하였다. 그는 또 세계 여러 나라의 수많은 사람들의 성금을 받기도 하였으며, 이러한 그의 봉사 소식이 점차 전 세계로 널리 알려지기 시작하자, 나중에는 수백 명의 백인 의사와 간호사들이 몰려들어 도움을 받게 되었다. 이리하여 자신의 이상인 '모든 생명을 두려워하며 공경하는' 생명외경사상(生命畏敬思想)을 몸소 실천할 수 있었다.

1952년에는 노벨 평화상을 수상하였으며, 이듬해에는 엘리자베스 여왕으로부터 영국 최고 훈장을 받고, 케임브리지대학교 등 여러 대학으로부터 명예박사학위를 받았으며, 수많은 상을 받았다.

1965년에는 랑바레네의 병원에서 91세의 나이로 영면하였다. 그의 유해는 그곳의 아내의 무덤 옆에 묻혔다.

그의 저서로는 『예수전』 『물과 원시림 사이에서』 『문화철학』 『불멸의 괴테』 『나의 생활과 사상에서』 등이 있다.

그는 "자기를 정말로 완전하게 바칠 수 있는 사람은 말할 수 없이 행복할 것이다"라고 했던 자신의 말대로 남을 위하여 자기의 생애를 완전하게 바친 최고의 성자였다.(박상규 외, 『세계사상대전집 10』. 이창수, 『아프리카의 성자 슈바이처』. 등 참고)

나가는 말

✦

사랑과 지혜, 그리고 창조

1. 오늘의 세계 문제를 극복하기 위한 철학

1) 우리가 살고 있는 '이 세계는 어떤 곳인가?' '인간이란 어떤 존재인가?' '우리 인간은 어떻게 살 것인가?' 하는 문제는 철학(또는 종교)의 근본 문제로서, 그에 관한 주장은 철학에 따라 서로 다르다. 그런데 서양 문명을 이끌어온 것은 서양철학과 기독교이다. 고대에는 그리스의 소크라테스와 플라톤 등의 이성을 중시하는 관념론과 개인을 중시하는 개인주의가 서양인들에게 큰 영향을 미쳤다.

중세에는 예수의 기독교가 그리스 · 로마에 전파되어 서양인들에게 커다란 영향을 미쳤다. 그런데 기독교는 사랑을 역설하였으나, 인간을 이 세계의 주인으로 보고, 오로지 자연을 인간의 욕구 충족의 대상으로 보았다.[171] 그리고 인간은 단독으로 하느님과의

---

171 토인비는 창세기 제1장은 신은 인간 이외의 일체를 인간이 좋을 대로 이용할 것을 허용했다고 하였다고 하였다. — A.J. 토인비 외, 번역위원회 옮김 『21세기를 여는 대화』 48면. // 『성서』는 "하느님의 모습대로

대화를 통해서 천국에 가서 영생할 수 있다는 가족주의가 아닌 개인주의 윤리를 제시하였다.[172]

이상과 같이 개인주의적이고, 관념적인 플라톤의 고대 그리스 철학과 개인주의적이고, 배타적이며, 독선적이고, 내세지향적인 예수의 기독교를 정신적 지주로 삼고 살아온 서양인들은 아무런 죄의식도 없이 자연을 파괴하고 착취하였으며,[173] 이교도들을 살상하면서 살아왔다. 그들은 자연을 개발하고, 이교도나 다른 민족 혹은 다른 나라를 제압하기 위한 힘을 기르기 위하여 노력을 한 끝에 중세 이후 과학 기술을 크게 발전시켰으며, 그것들을 활용하여 산업을 발전시킴으로서 풍요롭게 살게 되었다.

2) 오늘날 대부분의 사람들은 이러한 서구화를 지향하고, 물질적 풍요를 누리면서 살아가고 있다. 하지만 그로 인하여 개인주의와 물신주의(物神主義)와 향락주의가 사람들의 의식을 지배함으로써, 인류가 21세기에 살아남을 것인가 아닌가 하는 위기에 직면하게 되었다. 인간의 무한한 욕망과 향락의 추구로 말미암아 한편으로는 오랜 역사를 통해서 정립된 가족제도와 도덕이 붕괴되어 흉

사람을 지어내시되, … '자식을 낳고 번성하여 온 땅에 퍼져서 땅을 정복하여라. 바다의 고기와 공중의 새와 땅 위를 돌아다니는 모든 짐승을 부려라!'"라고 하였다. — 공동번역 『성서』 창세기.

172 김태길은 서양의 개인주의는 그리스 사상과 기독교에 연원한다고 말하였다. — 김태길, 『유교적 전통과 현대 한국』 51면 이하.

173 윤사순, 『신실학의 탐구』 246면. 임길진, 『21세기의 도전』 73면.

악한 범죄, 마약중독자, 이혼 등이 증가하고, 자식들이 부모를 학대하고, 어머니가 어린 자식을 살해하는 등의 범죄가 행해지고 있다.[174]

또한 환경론자들은 인류가 지금과 같이 개발을 지속하여 산림파괴와 환경오염 등이 진행되면 대기가 오염되어 오존층이 파괴되고, 지구가 온난화되어 바닷물의 온도가 상승하여 폭우·폭설·한발·혹한·혹서 등의 이상 기후가 야기되고, 지하수가 오염되고, 강수량의 감소로 물이 부족하게 되고, 생태계가 파괴되어 동식물이 멸종되고, 각종 불치병이 발생하여 21세기에 인간이 파멸할 것이라고 한다.[175]

♦ 망가져가는 地球像 (바티칸 성당 뜰)

이리하여 사람들은 인생의 참다운 의미와 목적이 물질적 풍요

174 싱어는 개인주의 사회인 미국은 세계에서 범죄증가율이 가장 높고, 빈부의 격차가 가장 심하며, 마약중독자와 알코올 중독자, 그리고 정신질환자가 많다고 하였다.(싱어, 『이렇게 살아도…』 51면) 또 유교국가인 일본인들은 삶의 의미를 물질적인 것에서 찾지 않으므로 범죄가 매우 적다고 하였다.(같은 책, 185면-)

175 김동규, 「과학기술문명으로 환경문제의 …」, 『廣場』 210호, 28면 이하. // 좀더 자세한 것은 폴 케네디, 변도은 외 옮김 『21세기 준비』 129면 이하.

에만 있는 것인가, 정신적 가치 속에서는 찾을 수 없는가 하는 문제를 깊이 되새겨 보게 되었다. 그리하여 20세기 말에 이미 서구 지성인들이 정신적 가치를 더 중시하는 동양철학에 관심을 갖게 되었으며,[176] 그중에서도 특히 유교에 그 해답이 있다고 하였다(파리선언). 그러므로 대표적 유교국가인 우리나라가 유교를 바탕으로 하여 만들어 놓은 혹은 만들고 있는 우리 문화가 인류를 이끌어갈 것이라고 한다.[177]

(유교는 공자가 창시한 후 오랫동안 중국인들의 이념으로 신봉되어 왔다. 그러나 1949년 毛澤東이 공산당정부 수립한 후 '타도공가점[打倒孔家店]'이라는 기치 아래 수많은 유교 유물이나 그 전통을 파괴하여 버렸다. 정말로 커다란 야만 행위요, 가슴 아픈 인류의 비극이었다. 모택동 사후 21세기 초에 북경사회과학원장 高起祥 등 고위 국책 관리들이 성균관, 향교, 도산서원 등지를 시찰하고 나서, **"중국에는 한동안 유교 전통이 단절되어 공맹의 고향인 曲阜에 생명이 없는 유물만 남아 있으나, 한국인들의 삶 속에는 유교가 살아 숨 쉬고 있다"고 감격하였으며, 그리고 그들은 "이제 유교의**

---

176 그 대표적인 사람 러셀은 북경대학 유학 후 쓴 『중국의 문제』('22년)에서 물질문명을 추구하는 서양철학은 이미 그 한계에 이르러 쇠퇴의 길로 가고, 정신적 가치를 중시하는 유교와 도가가 세계를 이끌어 갈 것이라고 하였다.

177 유교를 이념으로 삼고 살아왔던 우리조상들은 땅이나 나무나 돌에도 영혼이 있다고 생각하여, 집을 지을 때에는 자연의 신에게 祭를 올렸으며, 집을 지으면서 나무 하나에도 아파할까 봐 쇠못을 박지 않았다. — 정진일, 『한국문화 2』 20면.

본고장은 한국이다"라고 솔직하게 말하였다.[178] 그런가 하면 우리나라 작가 최인호는 '유교는 우리 민족정신의 原形質과 같은 것'이라고 말했는데, 이런 것들로 볼 때 우리나라는 현재 세계에서 가장 대표적인 유교 국가라고 할 수 있다.

— 중세의 서양 기독교도들의 10여 년에 걸친 이슬람교도들에 대한 이른바 십자군 전쟁을 비롯하여 근세 독일에서의 신 · 구교도 간의 30년 전쟁, 미국으로 건너간 청교도들의 미국 인디언 살상행위 등을 보아서 알 수 있듯이 서양의 기독교도들은 '원수를 사랑하라'는 근본 교리를 외면하고, 聖戰이라는 미명 아래 수많은 죄 없는 이교도를 살해하여 왔다.[179]

조선조 말기에 유교적 원형질을 가진 남인유학자들이나 백성들에 받아들여진 우리의 기독교도들은 불교도들과 갈등이 없이 공존하고 있다(주 3 참조). 따라서 우리의 기독교도들이야말로 그 근본 교리인 '원수를 사랑하라'는 교리를 가장 잘 실천하고 있는 예수의 진정한 사도들이라고 할 수 있다.)

---

178 「東亞日報」 2002. 7. 3.

179 라즈니쉬, 김석환 옮김 『삶의 춤, 침묵의 춤』(2) 382면.

2. 인간은 어떤 존재인가

1) 이 세계에서 살아가는 '인간은 어떤 존재인가?'라는 물음도 철학에서 끊임없이 이어져 온 중요한 문제 가운데 하나이다. 제1장에서 중요 동 · 서양철학이 말하고 있는 인간관에 관해서 그 대강을 언급하였지만 그것은 아직도 완전히 풀지 못한 문제이다.

'인간은 어떤 존재인가?'라는 문제에 대하여 일찍이 스위스 제네바에서 1주일 동안에 걸쳐 열렸던 세계 휴머니스트 대회에 세계의 석학들이 모여서 진지한 토론을 하였는데, 그에 대한 결론은 "아무런 정의도 내릴 수 없다"는 것이었다. 그런가 하면 노벨 물리학상 수상자 데니스 가보르는 그의 『성숙한 사회』에서 "우리는 인간에 대해서 아직 아무것도 아는 것이 없다고 할 수 있다"고 하였으며, 철학자 니콜라이 베르자에프는 '인간'처럼 이 세상에서 풀기 어려운 수수께끼는 없다고 하였다.(김은우, 『사랑의 철학』 118면) 아무튼 수많은 사람들이 '인간이란 어떤 존재인가?'에 대하여 말하여 왔지만 누구나 받아들일 만한 정의를 말한 사람은 아직 없다.

2) 제1 · 2차 세계대전의 비극을 겪으면서 많은 실존철학자들이 나와서 '인간은 어떤 존재'이며, '어떻게 살 것인가?' 하는 문제를 진지하게 검토하고 자기들의 주장을 제기하였는데, 그 가운데서도 니체와 하이데거의 견해가 돋보인다.

니체는 '나'라고 하는 존재가 지금 여기에 존재하고 있다는 것은 하나의 커다란 수수께끼이다. 내가 왜 이 시간과 이 공간에 이런 존재로 태어났는가? 이것을 풀어줄 사람은 아무도 없다. 그래서 우리는 그것을 운명이라 한다. 나에게 주어진 운명, 우리는 그것을 사랑하면서 살아가야 한다고 했다. 그에 대하여 불만 · 불평하는 것은 아무 소용이 없으므로 자기의 운명을 깊이 들여다보고, 오로지 자기 자신을 사랑하면서 살아가지 않으면 안 된다고 하였다.

그는 또 인간을 비롯한 모든 만물의 본질을 '힘에의 의지'라 하고, 따라서 자기를 부단히 확장하고 증대시키며 다른 것을 지배하고 흡수하여 강해지려 하며 또 성장 발전하려 하며, 부단히 자기 자신을 극복하려고 하는 존재라고 하였다. 그리고 또한 인간은 신의 창조물이 아니라, 자신이 사회와 문화 세계를 창조해 나가는 창조주라고 하였으며, 인간이 행하여 나아갈 목표는 '힘에의 의지의 구현자', 곧 세계를 창조해 나가야 할 초인(超人)이 되는 것이라 하였다.

하이데거는 "우리 인간은 어디서 와서 어디로 가는지도 알지 못한 채 이 세계 안에 던져졌다"고 하였다. 즉 인간은 피동적으로 이 세계 안에 내던져진 존재 곧 피투성(被投性)의 존재이며, 또한 인간은 자기가 능동적으로 미래를 향해서 자신을 내던질 가능성을 가지고 있는 존재 곧 기투성(企投性)의 존재라고도 하였다. 그런데 여기에서 피투성은 필연적인 결정의 세계를 의미하고, 기투성은 가능성 있는 자유의 세계를 의미한다. 피동성과 능동성, 피투성과 기투성의 두 계기를 가지고 살아가고 있는 것이 인간(實存)의 특성이라는 것이다.

즉 인간은 피투성의 존재로서 자기 자신의 의지로 이 세상에 태어나지 못했지만, 또한 기투성의 존재이므로 세계 속에서 자기 자신의 의지로 자신의 삶을 창조하면서 살아가는 존재라는 것이다.

3. 우리는 어떻게 살 것인가

1) 사랑하면서 살아야

우리는 어떻게 살 것인가? 하는 문제와 관련하여 "인한 사람(仁者)은 근심하지 아니하고, 지혜로운 사람(知者)은 미혹하지 아니하고, 용기 있는 사람(勇者)은 두려워하지 아니한다"는 공자의 말이 가슴에 와 닿는다. 우리가 행복한 삶을 살기 위해서는 무엇보다도 사랑과 지혜와 용기의 덕이 필요하다는 것이다.

♦ **아놀드 토인비**(위키미디어)

토인비의 다음과 같은 말도 우리가 인생을 살아가는데 좋은 지침이 될 것으로 보인다. 즉 그는 "사람이 어떻게 살아야 할 것인가?" 하는 물음에 대하여 다음과 같이 말하였다.

"나는 사람이 사는 목적은 사랑하고, 예지(叡智)를 활용하며, 창조하는 것이라고 말하고 싶습니다. 나는 사람이 이 세 가지 목적을 수행하기 위하여 모든 능력과 정력을 바쳐야만 된다고 생각합니다. 그리고 필요하다면 이 목적을 성취하기 위하여 자신을 희생하지 않으면 안 된다고 생각합니다. 희생이 없이 이러한 목적을 달성할 수 있다면 오죽 좋겠습니까만, 가치 있는 것은 자기희생을 요구할지도 모르며, 또한 만일 가치가 있다고 여겼을 경우에 여러분은 자기희생조차 서슴지 않을 마음가짐을 가져야 한다고 생각합니다."[180]

전술한 바와 같이 톨스토이는 사람에게 있어서 가장 중요한 시간은 현재라고 하였으며, 가장 중요한 사람은 바로 옆에 있는 사람이라고 하였다. 그리고 가장 중요한 일은 바로 옆에 있는 사람에게 선을 행하는 것이라 하였다. 항상 지금 현재를 중시하고, 바로 옆에 있는 사람부터 사랑하고, 더 나아가서 사람은 물론, 모든 사물들까지 사랑하고 배려하면서 살아가는 사람이야말로 인간답게 사는 것이요, 진정한 행복을 누릴 수 있을 것이기 때문이다.

2) 지혜롭게 살아야

사람은 인생을 두 번 다시 살 수 없으므로 우리는 단 한시라도 허비하거나 무의미하게 살아서는 안 될 것이며, 올바르고 값있게 충실하게 살아가도록 해야 할 것이다. 그렇게 하려면 지혜가 필요하다. 지혜는 무엇은 해야 되고, 무엇은 해서는 안 되는지를 아는 슬기요, 사리판단력이다. 이것은 인생을 잘 살아가는 데 매우 중요한 것이다. 그래서 소크라테스는 "너 자신을 알라"라고 하고, 자신의 "무지를 자각하라"라고 하였으며, "음미함이 없는 삶은 살 가치가 없다"라고 하여 음미함 곧 생각함 곧 철학함을 통해서 지혜롭게 인생을 살아가라고 역설하였다. 그리고 일찍이 함석헌 선생은 우리 국민들이 생각함 곧 철학함이 없이 살아가고 있는 것을 안타깝

---

180 A. 토인비, 홍사중 옮김 『대화』 22면.

게 생각하고 쓴 논설을 묶어서 『생각하는 백성이라야 산다』는 책을 냈다.

아무튼 우리들이 인생을 보다 더 의미 있고 보람 있고 지혜롭게 살아가기 위해서 우리들은 생각하면서 곧 철학하면서 살아가야 할 것이다. — 이런 뜻 곧 생각 곧 철학하면서 살았으면 하는 마음으로 나는 국보 금동반가사유상(金銅半跏思惟像)을 이 책의 맨 앞에 올렸다.[181]

3) 창조하면서 살아야

끝으로 중요한 것은 창조하면서 사는 것이다. 인간의 충동에는 소유의 충동, 향락의 충동, 창조의 충동 등이 있는데, 이들 중에서 창조는 사람들에게 가장 큰 보람을 가져다준다. 보람이란 무엇인가? 어떤 가치 있는 일을 했을 때에 마음속에 느껴지는 흐뭇한 정신적 만족감이다. 진정으로 이러한 보람 곧 행복을 얻으려고 한다면 먼저 자기가 이룩하고자 하는 목표를 세워서 그것을 성취하여야 할 것 곧, 자아실현을 이룩하고 또한 남을 사랑하고 배려하며 살아야 할 것이다. 그렇게 함으로써 인간의 본질적 욕구인 '사람들

---

181 라즈니쉬는 knowledge란 경험이 없이 얻어지는 지식을 뜻한다. 학교에서 얻는 그런 지식을 말한다. wisdom이란 삶의 경험 곧 체험을 통해서 얻어지는 그런 지식을 뜻한다. 그러므로 젊은 사람은 많은 지식을 축적할 수는 있으나 결코 지혜롭지는 못하다. wisdom은 그 자신의 경험 곧 체험을 통해서 얻어진 삶에 대한 올바른 판단력을 뜻하는 것이기 때문이라고 하였다. 지혜가 담겨져 있는 철학책으로는 '동 · 서양철학개론서'와 '동 · 서양철학사'를 읽고 난 후에, 철학의 명저들을 하나하나 읽어 나가야 할 것이다. — 라즈니쉬, 석지현 옮김 『반야심경』 32면.

의 인정과 칭찬'을 받으며, 보람 곧 행복에 이르게 될 것이다.

창조란 글을 쓰는 문인, 미술과 음악 등에 종사하는 예술인, 학자, 발명가, 건축인, 사업가, 종교인, 봉사자 등의 노력으로 이루어지는 것이다. 또 넓게 보면 의료인, 교사, 정치인, 공무원, 그리고 직업인 등의 활동 결과물이 많은 사람들에게 유익함을 가져다주기 때문에, 이들도 창조인이라 할 수 있을 것이다.

아무튼 우리는 매일 같이 '나에게는 인생의 목표가 있다' 혹은 '나는 오늘도 행복하다'고 마음속 깊이 외치면서, 자신의 목표를 달성하기 위하여 또는 자신의 행복을 성취하기 위해서 열심히 공부하고 성실하게 일하면서 건전한 취미생활 등을 통해서 인생을 즐겁고 건강하게 살아야 한다. 그리고 지금 나와 가까이 있는 사람들부터 사랑하고, 이웃 사람들은 물론 사물들까지, 그리고 자연을 사랑하고 배려하면서 지혜롭게 살아가야 할 것이다.

유교가 이끌어 가는 대한민국의 미래

1) 지금 세계는 20세기 말에 노벨상 수상자들이 선언한 바와 같이 즉, 21세기에는 공자의 지혜인 유교철학이 세계를 이끌어 갈 것이라고 선언한 대로 발전하고 있다. 그 후 서구의 지성인들(모리스 버만은 『미국 문화의 몰락』-2002년)은 미국을 비롯한 서구의 몰락을 전망하기도 하였으나 그 후 수십 년이 지난 지금 그러한 조짐은 보이지 않는다.

미국인들이 신봉하고 있는 실용주의에는 이미 유교의 경전인 『대학』에서 말한 '나날이 새롭고, 또 날로 새로워야 한다(日日新 又日新. 『대학』 2장. ㅡ 般나라를 세운 湯王이 세숫대야에 새겨놓고 날마다 세수하면서 읽고 다짐하면서 나라를 다스렸다고 한다)'는 말이 있어서 날마다 발전하기 위하여 끊임없는 혁신을 거듭하기 때문이며, 또한 토인비가 그의 『역사의 연구』에서 세계의 역사는 '도전과 응전'의 발전사라고 깨우쳐주었기 때문이라 할 수 있다. 지금 러시아, 중국, 북한 같은 공산 독재국가들이 끊임없이 침략을 시도하고 있기 때문이다. ㅡ 도전이 없어지지 않는 한, 그리고 혁신이 멈추지 않는 한 미국이나 우리나라 같은 선진 민주국가들은 토인비의 말대로 성장하고 발전하여 나갈 것이다.

여기서 확실하게 알아야 할 것은 전술한 바와 같이 유교의 종주국이었던 중국의 현재 공산당정권은 지금도 인(仁)을 중시하는 유교와 정 반대되는 '증오를 근본으로 하고 대립과 투쟁을 중시하는 공산주의'를 국가 이념으로 삼고 있다. 그리하여 모택동 사후 파견된 중국사회과학원장 등이 "한국인들의 삶 속에는 유교가 살아 숨 쉬고 있다"고 매우 부러워하면서, "이제 유교의 본고장은 한국이다"라고 말했던 바와 같이 현재 우리나라는 가장 대표적인 유교 국가가 되었다. 우리나라는 유교를 삼국시대부터 숭상하여 오다가, 이조 때(500여

년)부터는 나라의 통치이념으로 삼아 정치, 경제, 사회, 문화 등의 모든 방면에 영향을 미쳐서 '민족정신의 원형질 같은 것이 되었기 때문이다. 이제 21세기의 인류의 유교 이념의 사실상 중심국이 된 우리는 인류를 이끌어 나갈 위치에 서게 되었다.

2) 유교의 '백성이 나라의 주인'이라는 사상은 역사 이래 최초로 『논어』 『맹자』 등의 유교경전을 200번까지 읽고, 그 민본주의(民本主義) 정신을 확실하게 파악한 세종대왕에 의하여 잘 구현되었다. 대왕은 유교 곧 공맹이 말한 대로 나라의 주인이 백성이라고 생각하고, 오직 백성을 위하여 곧, 나라의 안정과 성장을 도모하면서, 백성을 위하여 문자 창제에 온 몸을 바쳐 훈민정음을 만들었다. 이로 인하여 우리나라는 지금 문맹률이 거의 0%인 세계 유일의 나라가 되어 세계인의 존경과 부러움의 대상이 되어가고 있다.

유교의 '교육을 중시하는 사상'을 받아들인 결과, 지금 우리 학생들이 세계 유명 대학의 우등생 자리를 석권하고 있으며(전술), 우리 국민의 평균 IQ가 100을 넘어 세계 1위가 되었다.(스위스 취리히 대학의 '민족 I.Q연관 조사'에서 한국이 1위를 차지했는데, 그 배경으로서 ① 한글의 우수성, ② 높은 교육열, ③ 한국의 지세, ④ 전통문화, ⑤ 오랜 역사를 들었다.)

유교의 따뜻한 사랑이 넘쳐나는 '가족주의 윤리 도덕'은 서구 지성인들이 높이 평가하고 부러워하고 있다. 그리고 이러한 가족주의의 전통 속에서 유교철학을 바탕으로 하여 만들어진 우리의 문화, 특히 영화 · 연속극 · 노래 · 게임산업 등등은 세계의 많은 사람들로부터 훌륭한 것으로 인정받아 앞으로 인류를 이끌어 갈 것으로 보인다.

유교의 천지인(天地人) 사상이나 우주 만물의 생성원리인 '음양오행설'에 입각하여 만들어진 태극기처럼, 여러 요소가 화합하고 잘 어우러져 만들어진 우리의 여러 가지 문화들 가운데에는 세계 최고의 것으로 인정받는 것들이 갈

수록 늘어나고 있다.

끝으로 모든 인류가 실천해야 할 중요한 덕으로 제시된 유교의 본체라고 할 수 있는 '인(仁)' 곧 우리들의 마음속에 선천적으로 간직되어 있는 '사랑하고 배려하는 마음'을 행하고, 의(義) 곧 정의 · 공정 · 정당함을 강조했으므로 우리들은 지금도 비교적 안전하게 살아가고 있다. ㅡ 공평한 기회를 부여받고, 공정하게 배분받으며, 그 과정 또한 차별 없이 이루어지는 것은 무척 중요한 문제이다. 이것은 인간의 본능이자 권리이며 존엄과도 관계된 일이기 때문이다.

이제 21세기 유교시대의 본격적인 도래와 더불어 대표적인 유교국가인 우리들이 인의 덕을 실천함으로써, 공산주의 이념인 대립과 갈등을 지양(止揚)하고 모든 인류가 사랑과 화합을 지향(指向)하는 데 앞장섬으로써, 온 누리에서 거짓과 악이 사라지고 전쟁도 없어지도록 하여 인류의 꿈이며, 유교의 이상이기도 한 평천하(平天下)의 대동(大同) 사회로 나아가도록 하여, 폴 케네디의 전망대로 21세에는 우리나라가 세계의 중심이 되어 거짓이나 부정부패나 범죄 없는, 정의가 행해지고 인이 행해지는 평화로운 사회와 아름다운 자연 속에서, 사람들이 편안하고 건강하고 행복하게 살 수 있도록 인류를 이끌어 가야 할 것이다.

(1913년 인도의 시인으로서, 동양 최초의 노벨 문학상을 수상한 타골은 '아시아의 빛나는 황금시대에 그 빛을 밝힌 한 주인공이었던 한국이 다시금 그 등불을 켜게 될 날에는 동방이 온 세계를 밝힐 것이다'라는 시를 써서 한국의 발전을 예언을 하였다. ㅡ 타골 선집(을유문화사). 그리고 일본의 대지진, 6.25 발발 등을 정확하게 예언하였던 呑虛 스님[1913-1983]은 56개 민족으로 이루어진 중국은 궁극적으로 분열될 것이며, 7도~8도의 지진이 일어나고 자동적 핵폭발로 재난이 잦을 것이다. 또 지구의 온난화로 북극 등의 빙하가 녹아 수면이 높아져서 일본 영토의 3분의 2가 가라앉게 되고, 우리나라는 동

해안이 일백 리가 가라앉고, 서해안은 이백 리가 솟아올라서 면적이 넓어지며, 만주의 일부도 편입되어 大國이 될 뿐만 아니라, 북한은 불장난을 하다가 스스로 붕괴된다고 하였다. 그리고 우리의 우수한 문화가 국력과 함께 세계의 중심이 될 것이라고 예언하였다.

후 기

일찍이 노벨상 수상자들이 파리에 모여 토론한 끝에, “현재의 인류가 처해 있는 사회 환경의 도덕적 위기와 자연환경의 생태적 위기를 극복하여 21세기에 인류가 살아남기 위해서는 반드시 공자한테서 그 지혜를 빌리지 않으면 안 된다”고 선언하였고, 폴 케네디 교수는 21세기는 동아시아 유교국가들 중에서도 한국이 세계를 이끌어 갈 것이라 하였다.

그리고 이병도 교수는 유교가 중국, 일본, 베트남에서도 오랫동안 국민의 지도 이념이 되어 온 것으로 보아 오늘에도 유익한 장점이 있을 것이므로 첫째로, 이에 대한 자유로운 비판이 있어야 할 것이며, 둘째로, 경전들이 언행록이나 격언집으로 되어 있으므로 학적 체계가 수립되어야 하고, 셋째로, 서양사상과 절충해서 오늘의 인류에게 적용되도록 해야 할 것이라 하였다. 나는 이것을 옳다고 여겨, 『철학개론』을 쓴 후로, 『유교철학원론』과 『유교윤리』 등을 체계적으로 썼으며, 조선조에서 유교에 입각하여 완성된 우리 문화를 『한국문화』 1, 2권으로 썼다. 그리고 광주향교에서 ‘유교의 대중화, 체계화, 현대화’를 내걸고 만든 ‘광주유교대학’ 학장을 맡아 일반인들에게 강의하면서, 『동양철학개론』을 썼다. 이것들을 바탕으로 이 책을 쓴 것이다.

이제 고교를 다니는 손주들에게 10여 년 걸려 쓴 이 책을 읽히게 되어 흐뭇하다. 이 책을 잘 읽고 생의 목표를 세워 성실하게 노력하여 취업해서 즐겁게 일하고, 좋은 짝을 만나 귀여운 자식 낳고, 잘 살기를 바란다. 만일 어떤 어려움에 부딪친다면 이 책을 읽고 또 읽어서, 그 해결책을 찾아 반드시 행복하게 살도록 하여라.

☆ 사진의 사용에 관하여

본문에 쓰인 사진들 대부분은 저자가 촬영한 것이고, 일부의 것은 권리자들의 허락을 얻어 사용한 것입니다. 권리자를 찾지 못하여 허락을 얻지 못한 일부의 것은 추후 연락을 주시면 사용에 대한 허락을 구하도록 하겠습니다. 자료를 쓰게 해주신 기관이나 권리자들께 감사드립니다.

더 읽어야 할 책들

반룬, 박성규 옮김 『인류이야기』 아이필드.

이광규, 『문화인류학개론』 일조각.

이문웅 외, 『인간이란 무엇인가』 민음사.

후쿠야마, 이상훈 옮김 『역사의 종말』 한마음사.

아놀드 토인비, 강기철 옮김 『도설 역사의 연구』 일지사.

아놀드 토인비 · 池田大作, 『21세기를 여는 대화』 일조각.

폴 케네디, 변도은 외 옮김 『21세기 준비』 한국경제신문사.

최정식 외, 『인간이란 무엇인가』 민음사.

한자경, 『동서양의 인간관계』 서광사.

박이문, 『노장사상』 문학과지성사.

나폴레온 힐, 이한이 옮김 『생각하라 그리고 부자가 되어라』 반니.

달라이 라마, 류시화 옮김 『달라이 라마의 행복론』 김영사.

안병욱, 『안병욱 인생론』 아카데미. 『사랑과 지혜, 그리고 창조』 정우사.

— 『한 우물을 파라』 『논어인생론』 자유문학사.

— 『네 영혼이 고독하거든』 중앙출판사.

이희승, 『소경 잠꼬대』 『먹추의 말참견』 『벙어리 냉가슴』 일조각.

하루야마 시게오, 반광식 옮김 『뇌내혁명』 사람과책.

이시형, 『이시형처럼 살아라』 비타북스.

강영석, 『행복과 교육』 지식과감성.

김태길, 『한국윤리의 재정립』 『삶과 그 보람』 철학과 현실사.

— 『삶과 일』 정음사.

이민수 옮김 『공자가어』 을유문화사.

구상, 『삶의 보람과 기쁨』 자유문학사.

시울라, 안재진 옮김 『일의 발견』 다우.

러셀, 김영호 외 옮김 『행복의 정복』 박영사.
이숭녕, 『산 좋아 산을 타니』 박영사.
김병완, 『성공이 목표일지라도 행복이 우선이다』 아비모.
새뮤얼 스마일스, 정준희 옮김 『인격론』 21세기북스.
제러미 리프킨, 이영호 옮김 『노동의 종말』 민음사.
엘렌 러펠 셸, 김후 옮김 『일자리의 미래』 예문아카이브.
임어당, 김병철 옮김 『생활의 발견』 을유문화사.
구본준 외, 『서른살 직장인 책읽기를 배우다』 위즈덤하우스.
에밀 파게, 이휘영 옮김 『독서술』 서문당.
사이토 다카시, 황선종 옮김 『독서력』 웅진지식하우스.
정덕환, 안재용, 윤헌구, 『등산이 내 몸을 망친다』 비타북스.
원종민, 『산에서 읽는 등산책』 스마트비즈니스.
김용옥, 『논어 한글역주』 1 · 2 · 3. 『중용, 인간의 맛』 『노자』 통나무.
김동성 옮김 『장자』 을유문화사.
라즈니쉬, 석지현 역주 『반야심경』 일지사.
존 포웰, 박성희 옮김 『인간의 욕구와 사랑』 자유문학사.
에리히 프롬, 황문수 옮김 『사랑의 기술』 문예출판사.
김중술, 『사랑의 의미』 서울대 출판부.
주창윤, 『사랑이란 무엇인가』 마음의 숲.
레오 버스카글리아, 이종관 옮김 『사랑하며 살며 배우며』 지문사.
박목월, 『사랑은 고독한 것』 자유문학사.
피천득 외, 『사랑』 민예사.
소냐 류보머스키, 이지연 옮김 『행복의 신화』 지식노마드.
우문식, 『행복과 교육』 물푸레.
법륜, 『법륜스님의 행복』 나무의 마음.
이종목, 『심리학 노트에 쓴 행복이야기』 오래.
풀 아난드, 건양대 웰다잉융합연구회 옮김 『무엇이 행복을 좌우하는가』 느낌이 있는 책.

최준식, 『한국인에게 문화가 없다고?』 사계절.
윤방부, 『건강한 인생 성공한 인생』 예지.
볼프 슈나이더, 박종대 옮김 『진정한 행복』 을유문화사.
칼 힐티, 곽복록 옮김 『행복론』 동서문화사.
아리스토텔레스, 『니코마코스 윤리학』 을유문화사.
보에티우스, 박문재 옮김 『철학의 위안』 현대지성.
윌 듀런트, 임헌영 옮김 『철학이야기』 동서문화사.
시셀라 복, 노상미 옮김 『행복학개론』 이매진.
피터 싱어, 정연교 옮김 『이렇게 살아가도 괜찮은가』 세종서적.
애덤 잭슨, 장연 옮김 『책의 힘』 씽크 뱅크.
김소운 외, 『행복』 민예사.
김은우, 『사랑의 철학』 도서출판 일념.
이기문, 『역대 시조선』 삼성문화재단.
홍정욱, 『홍정욱 에세이』 위즈덤하우스.
홍성현, 『유머 잘하는 사람이 세상을 리드한다』 작은 씨앗.
이규태, 『한국인의 의식구조』 상 · 하, 문리사.
법정, 류시화 엮음 『살아 있는 것은 다 행복하라』 조화로운 삶.
조지 베일런트, 김한영 옮김 『행복의 완성』 흐름출판.
모리스 마테를링크, 유혜영 엮음 『파랑새』 한국셰익스피어.
A. 토인비, 홍사중 옮김 『대화』 삼성미술문화재단.
쑤린, 원년경 옮김 『어떻게 인생을 살 것인가』 다연.
마르타 자라스카, 김영선 옮김 『건강하게 나이 든다는 것』 어크로스.
이우영, 『석유왕 록펠러&세계의 부호들』 내외신서.
정진일, 『동양의 지혜』 『서양의 지혜』 『철학개론』 『유교윤리』 『동양철학개론』 박영사.
— 『서양철학사』 『중국철학사』 『한국문화』1 · 2 해동.
— 『유교철학원론』(조선대출판부), 『도가철학개론』 『주역』 서광사.

저자 정진일(鄭眞一)은 조선대 법학과에 입학하였다. 1학년 때부터 『전쟁과 평화』 등 220여 권의 문학서 등을 읽었고, 졸업 후 중고교 교사를 하면서 30세까지 소설을 읽고 습작까지 썼다.

30세 때에 김동리 선생의 '철학을 모르고 글을 쓰고 있는 우리나라 3~40대의 젊은 작가들의 작품들은 대중소설에 불과하므로 앞으로 3~40년 안에 우리나라 작가는 노벨문학상 후보에도 오르지 못할 것'이라는 말을 듣고, 30대 10년간 독학으로 힘들게 철학을 공부하였다. 그러면서 철학 입문서를 쓰고 모교의 전임 강사가 되었으며, 건국대 철학과에서 동양철학 석사과정을 마치고 철학과로 전임하였다.

그리고 누구나 쉽게 이해할 수 있는 철학책을 쓰는 일을 과업으로 삼고 『철학개론』(박영사)을 썼으며, 그 후로 최초로 『유교철학원론』(조선대) 『유교윤리』(박영사) 『도가철학개론』(서광사) 등을 썼다. 정년 후에는 국립 경찰대학의 외래교수, 광주향교의 유교대학 학장을 역임하고, 『한국문화』1,2(해동) 『동양철학개론』(박영사) 『서양철학개론』 『불교철학개론』(미출간) 등 20여 권의 철학 관련 책을 썼다. 그 후 쓴 것이 바로 이 책이다.

철학과 함께하는 행복한 삶을

초판발행 2023년 5월 24일

지은이 정진일
펴낸이 안종만 · 안상준

편 집 박송이
디자인 BEN STORY
제 작 고철민 · 조영환

펴낸곳 (주) 박영사
서울특별시 금천구 가산디지털2로 53 210호(가산동, 한라시그마밸리)
등록 1959. 3. 11. 제300-1959-1호(倫)
전 화 02)733-6771
f a x 02)736-4818
e-mail pys@pybook.co.kr
homepage www.pybook.co.kr
ISBN 979-11-303-1659-8 03100

copyright©정진일, 2023, Printed in Korea

* 파본은 구입하신 곳에서 교환해 드립니다. 본서의 무단복제행위를 금합니다.

정 가 18,000원